美国高校
内部质量指标研究

王桂艳　著

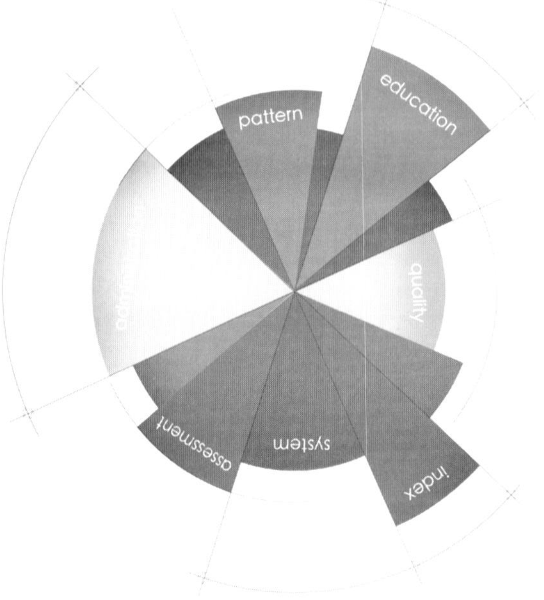

中国社会科学出版社

图书在版编目(CIP)数据

美国高校内部质量指标研究/王桂艳著.—北京：中国社会科学出版社，2018.10

ISBN 978-7-5161-9707-3

Ⅰ.①美… Ⅱ.①王… Ⅲ.①高等学校—教育质量—研究—美国 Ⅳ.①G649.712.1

中国版本图书馆CIP数据核字(2017)第010516号

出 版 人 赵剑英
责任编辑 刘志兵
特约编辑 张翠萍等
责任校对 李 莉
责任印制 李寡寡

出 版 中国社会科学出版社
社 址 北京鼓楼西大街甲158号
邮 编 100720
网 址 http://www.csspw.cn
发 行 部 010-84083685
门 市 部 010-84029450
经 销 新华书店及其他书店

印刷装订 环球东方（北京）印务有限公司
版 次 2018年10月第1版
印 次 2018年10月第1次印刷

开 本 710×1000 1/16
印 张 16.5
字 数 239千字
定 价 69.00元

目　录

第一章　绪论

第一节　选题缘起与背景分析

之所以将“美国高校内部质量指标研究”作为研究内容，其直接原因是在美国的一段时间让我感受了美国高校教育评估的课程研究与发展之成熟，让我开始对美国高等教育评估有了想要研究的兴趣；真正让我坐下来开始深入思考美国高校质量的监控与评估问题，是加入美加院校研究协会与参加第45届美加院校研究协会的学术年会。协会同人的网络交流与大会研讨的专题让我对美国院校研究机构的任务与工作价值有了深入的了解，有关“美国高校质量管理与监控”的研究成为我关注的焦点，有了尝试研究美国高校如何控制与提升质量的冲动。据此，我将美国高校内部质量监控指标的研究作为博士论文研究主题。从理性分析的层面来看，当前我国高等教育由“外延”向“内涵”发展的政策选择与美国高校内部质量指标有诸多的契合之处，深入剖析美国高校内部质量指标对于提升我国高校人才培养质量具有重要指导意义和价值。

一　高等教育由“外延”向“内涵”发展是质量提升的核心问题

《国家中长期教育改革和发展规划纲要（2010—2020年）》（以下简称《纲要》）是在中国高等教育迅速发展，基本实现高等教育大众化的背景下提出的近十年来中国高等教育发展的总方向。《纲要》

指出高等教育承担着培养高级专门人才、发展科学技术文化、促进社会主义现代化建设的重大任务。提高质量是高等教育发展的核心任务，是建设高等教育强国的基本要求。

美国著名的教育社会学家、加利福尼亚大学伯克利分校公共政策研究生院教授马丁·特罗（Martin Trow，1926—2007）以美国为样本，以欧洲（尤其是英国）为参考系，考察美英高等教育规模发展的历程，并于20世纪70年代提出高等教育进程分为精英、大众、普及三个重要阶段。高等教育大众化是一个量与质统一的概念。量的增长指的是适龄青年高等学校入学率要达到15%—50%；质的变化包括教育理念的改变、教育功能的扩大、培养目标和教育模式的多样化、课程设置、教学方式与方法、入学条件、管理方式以及高等教育与社会的关系等一系列变化。量的增长与扩张是高等教育大众化的外显形式。高等教育大众化是世界高等教育发展到一定阶段的必然产物。首先进入高等教育大众化行列的是欧洲及美国等发达国家。

美国高等教育大众化阶段始于20世纪五六十年代，这与美国国际国内形势紧密相关。1944年，美国国会通过了《军士权利法案》，其宗旨非常明显：一是为了减轻战争结束时从海外归国的数百万退伍军人对就业市场的压力，二是为了从战场中转回国内的青年重新获得进入大学深造的机会。该法案颁布与实施后，美国高等学校的就学人数激增，1945—1956年共有223.2万名退伍军人进入学院和大学。美国大学生数占传统大学学龄（18—21岁）青年人口的比例，1950年为20.01%，1970年上升为47.84%。[①]《军士权利法案》的颁布与实施可以说加速了美国高等教育从“精英教育”向“大众教育”的转变进程。[②]

英国高等教育自产生之日起，即是传统的精英教育，改革的步伐比较慢，但为英国社会培养了大批高质量的人才。20世纪50年代，人们要求改变国家的精英教育，扩大高等教育规模。60年代初，社

---

① 参见谢作栩《中国高等教育大众化发展道路的研究》，福建教育出版社2001年版，第251页。

② 参见王英杰《美国高等教育的发展与改革》，人民教育出版社1993年版，第37页。

会问题矛盾尖锐：国内经济发展速度下降，人力资本理论盛行，青年要求升学更加迫切，教育民主化运动蓬勃发展。“无论是从经济、社会、人口，还是教育本身发展的状况来看，迅速制订新的高等教育政策，采取新的措施发展高等教育成为历史的必然。”[①] 1963 年以《罗宾斯报告》为标志，英国走上了高等教育大众化的道路。该报告提出了发展大众化高等教育的指导性原则，即“高等教育课程应该向所有能力上和成绩上合格、并希望接受高等教育的人开放”。1963—1972 年，英国全日制大学生数从 11.9 万人增长至 23.5 万人，高等教育总人数从 16.7 万人增至 61.6 万人，同期高等教育毛入学率也几乎翻了一番。[②] 1995 年，英国里兹（Leeds）大学教育政策研究中心皮特·斯科特（Peter Scott）教授以马丁·特罗教授所界定的精英、大众和普及高等教育三个概念为基础，在《大众高等教育的意义》（*The Meanings of Mass Higher Education*）一书中描述和解释英国高等教育从 20 世纪 60 年代中期（当时高等教育毛入学率约为 8%）至 90 年代初（1992 年高等教育毛入学率为 38.9%）的变化情形及其社会背景，并引用高等教育“大众化”这一概念作为这个阶段的概括，突出了高等教育从精英向大众阶段演进的“变化过程”。[③]

为了促进高等教育事业和经济社会的发展及综合国力的提高，中国高等教育从 1999 年起开始扩大招生规模。高等教育毛入学率迅速从 1998 年的 9.8% 提高到 2002 年的 15.0%，跳跃式地实现了从“精英教育”向“大众教育”的转变。截至 2009 年，中国高等教育毛入学率达到 24.2%。

高等教育规模的迅速发展，满足了更多的人接受高等教育的需求。但同时，快速扩张也让人不禁为高等教育质量担忧。以美国和英国为代表的发达国家从高等教育精英化向大众化甚至向普及化快速发展的过程中，高校在资源、人力与财力等方面未能达到与此相应的教

---

① 许明：《英国高等教育发展研究》，辽宁师范大学出版社 1998 年版，第 145 页。

② 参见谢作栩《中国高等教育大众化发展道路的研究》，福建教育出版社 2001 年版，第 80 页。

③ 同上书，第 16 页。

育条件，高等教育质量不断下降。20 世纪 80 年代以来，高等教育质量成为各国关心问题，政府工作报告及各种研究论著不断出现，“质量问题（高等教育中各方面的保管人如何保证质量）几乎到处蘑菇似的增长成为高等教育政治日程上的一个优先考虑的问题”。① 美国高质量高等教育研究小组在 1984 年 10 月提出了题为《投身学习：发挥美国高等教育的潜力》的报告，指出了当时美国高等教育质量方面存在的诸多问题。“每一个时代，每一个国家，都有其独特而具体的需求和目的。因此，适用于各个时代、各个国家的统一的大学模式是不存在的。每一个时代都有自己的创造活动和改造工作，每一个国家也一样。但我们并没有因此而陷入毫无疑义的变化之中。人类拥有判断质量优劣的理智标准。主题在变，问题在变，活动在变，但理念和质量继续存在。”②

教育质量，尤其高等教育质量，是 80 年代以来教育界最为热门的话题。这并非毫无根据，而有其深刻的历史背景。其一，经历了 70 年代的经济危机，各国政府出现了财政问题，对规模日益庞大的高等教育体系无条件地进行经济资助越来越感到无能为力；其二，发达国家高等教育的规模从精英阶段向大众化与普及化阶段发展的过程中，人们对高等教育的诟病集中体现在高等教育质量上，高度关注高校培养出来的人才是否适应社会发展和需要，是否能够在国际竞争中处于优势，是否在知识经济中体现高等教育的价值等问题；其三，作为纳税人与利益相关者，越来越关注作为准公共部门的高校如何支配和消费教育投资，人们不断加强对高等教育的问责。因此，各国政府和各界人士纷纷成立各种评鉴机构，用于监控和评估高校质量。但这种外部评估只能监督高校管理情况和运行情况，高校是提高高等教育质量与不断追求卓越的主要缔造者。我国学者胡建华教授在《高等教育质量内部管理与外部监控的关系分析》一文中指出：“在现代高

① ［美］弗兰斯·F. 范富格特主编：《国际高等教育政策比较研究》，王承绪等译，浙江教育出版社 2001 年版，第 429 页。

② ［美］亚伯拉罕·弗莱克斯纳：《现代大学论：英美德大学研究》，徐辉等译，浙江教育出版社 2003 年版，第 34 页。

等教育质量保证体系内，确立高校内部的质量管理制度并发挥高校内部管理在保证与提高质量方面的主要作用应是最为基本的。”

二 “绩效指标”为高等教育由“表”及“里”的质量管理提供了切入点

绩效指标是企业管理中非常重要的概念，是用于衡量工作人员工作绩效表现的量化指标，是绩效计划的重要组成部分。绩效指标是通过对组织内部流程的输入端、输出端的关键参数进行设置、取样、计算、分析，衡量流程绩效的一种目标式量化管理指标，是把企业的战略目标分解为可操作的工作目标的工具，是企业绩效管理的基础。绩效指标是数值，它提供评估一个系统质和量绩效的一种方法。绩效指标在国际范围内真正使用（Dochy，Segers & Wijien，1990），可以作为信号进行教育质量、效率、效能的国际比较（Gaither，Nedwed & Neal，1994）。美国著名教育研究者马丁·凯夫、斯蒂芬·汉内、莫利斯·科根在其合著的《高等教育绩效指标使用指南：行动中的分析》一书中，将绩效指标引入了高等教育质量管理领域，他们认为绩效指标是一种权威标准（评估），通常以数量形式展示与表达高等教育机构的活动属性。绩效指标引入高等教育领域后，人们通常以质量指标代替绩效指标。①

不论企业质量管理的绩效指标，抑或高等教育质量管理的质量指标，都与 20 世纪 80 年代出现的新公共管理理论有着重要的关系，其本质是相同的。20 世纪 80 年代中期以来，西方发达国家公共部门的管理方式发生了变化，传统的以官僚制为基础的行政模式正在转变为一种以市场为基础的“新公共管理”模式。所谓“新公共管理”（New Public Management，NPM，又称“新管理主义”）是指以采用商业管理的理论、方法和技术，引入市场竞争机制，提高公共管理水平及公共服务质量为特征，往往被人们描述为一场追求“3E”（E-

① Martin Cave, Stephen Hanney, Maurice Kogan, *The Use of Performance Indicators in Higher Education: A Critical Analysis of Developing Practice*, Vol. 3, No. 192, Jessica Kingsley Publishers, 1991.

conomy，Efficiency and Effectiveness，即经济、效率和效能）目标的管理改革运动。新公共管理运动起源于英国、美国、澳大利亚和新西兰，并逐步扩展到其他西方国家乃至全世界。①

新公共管理理论的兴起与发展，主要与当时各国财政危机密切相关。20 世纪 70 年代以后，西方国家出现了低经济增长、通货膨胀、财政赤字、高失业率等为特征的“滞胀”现象。同时，长期以来形成的官僚制政府也由于权能过度膨胀所导致的机构臃肿、人浮于事、公共开支不堪重负、行政效率低下等问题日益突出，导致政府由此陷入了财政和信用危机。直到 20 世纪 80 年代中、后期，在政府公共行政管理改革浪潮的推动下，西方学术界逐步形成了新公共管理主义。新公共管理主义主张市场中心论，主张政府职能集中于基础科技和义务教育等核心公共服务领域，主张私人部门和非政府部门参与半公共产品的提供，提倡公共机制与市场机制的结合、政府与市民社会的合作。新公共管理主义侧重于把经济学原理和私营部门管理的方法与精神引入公共管理之中，提出了顾客导向、绩效管理、分权原则、公共责任等一系列重要的管理理念，从而把公共管理的范畴延伸到了政府之外。②“新公共管理”改革具有三个典型特征：精简、重建以及不断改进。③ 从内涵看，不断改进就来自质量运动，通过启动一道持续的程序改进组织产品的质量，从而寻求对顾客需求的更大回应。④

新公共管理理论的兴起与应用，对高等教育产生了重要影响。各国政府因经济危机而减少了对高等教育的投入，以质量为条件采用竞争的方式调整教育经费的划拨方式，加强了对大学的宏观控制。高等教育作为准公共产品的生产者与输出者，对政府的宏观管理必然作出

---

① 参见许杰《论“新公共管理”对我国大学组织权力运行模式的影响》，《高教探索》2007 年第 2 期。

② 参见周刚、储祖旺《新公共管理主义下的高等教育管理研究》，《湖北社会科学》2006 年第 6 期。

③ 参见陈振明《政府再造——西方“新公共管理”述评》，中国人民大学出版社 2003 年版，第 5 页。

④ 参见许杰《对西方国家加强高等教育质量监控的政策分析——新公共管理理论的视角》，《教育科学》2007 年第 3 期。

相应的回应，其实质就是不断提高高等教育质量。

质量指标引入高等教育质量管理领域，政府对高校的管理方式发生巨大变化，一方面高校必须关注并加强质量管理与提升，另一方面高校的研究者从质量指标入手，开始对高等教育质量管理的理论与实践进行深入的研究与探讨。

三 美国高校质量管理模式分类解读的价值

辩证唯物主义认为，任何事物都是发展的，发展具有其规律性。事物的运动变化发展是由内因和外因共同作用的结果，其中，内因是事物内部的各因素之间的矛盾关系，外因是事物与其他事物之间的矛盾关系。在事物发展的过程中，内因是根本，是事物变化的根据，决定事物发展的方向；外因只有通过内因才能起作用，是事物变化的必要条件。内因的变化直接导致事物的变化，因此，外因对事物的发展起加速或延缓的作用，使事物发展显示出特定的具体形式和形态。同样，作为维持教育质量的培养机构与作为监督教育质量的利益关系人之间的矛盾与统一，促使整个社会教育质量的改进与发展，逐渐走向卓越。教育质量是培养机构在整个教育过程中把握、维持、提高与改进的基准。

美国高等教育的历史并不长久，从 1636 年哈佛大学成立，距今只有 300 多年历史。但它在高等教育领域的成就令人瞩目。美国形成了多类型、多层次、具有特色的高等教育体系。从最初的十几所高校发展为目前的几千所高校。[①] 涵盖了博士研究型大学、硕士研究型大学、学士学位授予大学、副学士学位授予大学、专业学院及部落院校与大学。[②] 如此庞大的高等教育体系，高校如何保持正常运转且不断发展？高校如何制定发展规划与策略？各种类型高校如何判断是否达成教育目标？各所高校如何满足社会对人才不断提出的新要求？也就是，面对社会的快速发展和人才激烈竞争，高校如何监控自己的内部

---

① 2000 年卡内基教育促进会统计为近 4000 所高校。

② 2000 年美国卡内基高等教育机构分类。

质量并促使其不断提高，以达到追求卓越的目的？

美国院校研究会是美国高等教育的一大特色，也是各所高校研究和控制学校发展与质量的一个重要机构。院校研究协会（AIR，American Institutes for Research）在 2004 年对院校研究的最新定义为："通过信息的收集、分析和总结，促进相关人士对高等教育的理解，以利于高等学校制定科学的发展规划，不断地提高学校的管理水平。"蔡国春博士在他的论文《美国"院校研究"的性质与功能及其借鉴》中指出，"院校研究"是流行于欧美高等教育领域的一个专门术语。就美国的经验而言，"院校研究"可以理解为研究者基于本校情境、针对院校运行中的实际问题所做的应用性研究，是高等学校为改进管理决策、促进院校发展而设定的一个专门的实践领域。根据 AIR 与蔡国春博士的界定，可以得出院校研究的主要任务：一是收集信息、分析信息、总结信息，呈现高校基本运行态势；二是为高校制定管理决策和解决实际问题提供依据。

美国院校研究会前会长彼得森（1985）认为，战后美国院校研究基本上经历了三个阶段，这三个阶段也有各自不同的研究领域和具体任务。从 20 世纪五六十年代描述的、比较的资料收集转向了六七十年代的定量分析和评估研究；70 年代后期起进入了效益研究、政策分析、组织分析和计划研究；而 90 年代后则开始强调预测、计划、提前行动以及组织管理再设计。在美国院校研究的发展中，自院校研究成立之初，有些学校就在着手进行大学信息的编写，后来称之为院校统计年鉴（factbook），每年统计一次。开始是纸制信息，随着计算机的广泛应用，目前基本是电子版信息，记录着高校基本情况和基本数据资料，涵盖入学人数、学生状况、入学成绩、毕业情况、教师职称与学历、获得联邦与州政府的财政支持以及图书馆与电子设备等情况。院校统计年鉴是各大学的晴雨表，直接能够总结出高校的现实情况和基本问题，大学可以据此寻找高校存在的问题与解决对策，制定未来发展规划。

高校统计年鉴的研制与编撰，有利于高校决策者、高校教师、学生及利益相关者更容易了解高校发展的态势，掌握高校发展的质量及其未来发展目标。同时，高校决策者可以根据统计年鉴的发展变化，了解高校发展的优势与弱势，解决高校面临的各种问题并寻求解决的策略，评价高校发展任务与培养目标的实现程度，调整高校教育政策与发展步伐，制定高校未来发展规划，促使高校寻求并拓宽自我发展空间，向着卓越目标发展。

第二节 研究意义分析

《纲要》指出，高等教育承担着培养高级专门人才、发展科学技术文化、促进社会主义现代化建设的重大任务。提高质量是高等教育发展的核心任务，也是建设高等教育强国的基本要求。《纲要》是在中国高等教育迅速发展，基本实现高等教育大众化的背景下提出的近十年来中国高等教育发展的总方向。本研究以内部质量指标作为研究对象，在研究高等教育质量管理模式与美国高等教育质量管理的发展进程的基础上，研究美国高等教育内部质量指标的发展；在此基础上，以2000年卡内基美国高校分类为标准，对美国四种不同类型高校的内部质量指标进行整理、分析，归纳、总结不同高校内部质量指标的特点，探讨内部质量指标体系对美国高等教育质量监控与提升的表现形式，进而构建高等教育内部质量指标体系的基本原则。因此，本研究具有重要的理论意义与实践价值。

一 理论研究意义

全面提高高等教育质量，是《纲要》对高等教育提出的总任务、大方向，也是世界高等教育一直追寻的目标。高校内部质量指标研究，其本质引入企业管理的绩效指标（质量指标），通过量化的数据与质化的指标的统计分析，进而探究高等教育质量指标体系。因此对于高校质量的深入研究，从研究方法上彻底改变了一直停留在哲学思辨与逻辑推理，采用数量统计方法研究高等教育质量的方式，是研究方法的重大突破；同时，将企业管理理论中的绩效指标纳入高等教育准公共产品的培养中，有利于高等教育评价“产品”的质量高低优劣。另外，高等教育内部质量指标的研究，为高等教育质量管理理论的深入研究提供了方向。

（一）有助于深化高等教育质量管理理论

辩证唯物主义认为，事物的运动变化发展是内因和外因共同作用的结果。在事物发展的过程中，内因是根本，是事物变化的根据，决定事物发展的方向；外因只有通过内因才能起作用，是事物变化的必要条件。内因的变化直接导致事物的变化。同样，高等教育质量如何，既要受到高校的影响，又要受到利益相关者的制约，还要受到外部环境的左右等，但诸多影响高等教育质量的因素中，高校是最重要的角色。

虽然高等教育质量问题，受到诸多外界机构、社会中介、利益相关者的影响，但从历史视角出发，高等教育承载着人才培养、科学研究与社会服务等多种社会功能，并且随着社会的发展，高等教育必将承担更多的社会功能。但是，从高校存在之初直至高等教育高度发展的今天，人才培养的社会功能都没有发生任何变化，人才培养是高校的最根本的任务。高校是人才培养质量的“经营者”，是高等教育质量直接控制者和提升者，是高等教育质量的主角。抛弃高校这一重要角色，全面提高高等教育质量，如天方夜谭。

本研究以高校为视角，从人才培养的内部诸要素的分析为出发点，探析美国不同类型高校在人才培养过程中诸要素的差异，从根本上剖析影响教育质量提升的关键因素，深入高等教育质量的内部层次及其关系，有助于加大高等教育质量研究的深度与广度。

（二）进一步丰富高等教育质量管理理论

绩效指标是企业管理中非常重要的概念。绩效指标是通过对组织内部流程的输入端、输出端的关键参数进行设置、取样、计算和分析，衡量流程绩效的一种目标式量化管理指标，是把企业的战略目标分解为可操作的工作目标的工具，是企业绩效管理的基础。绩效指标是用于衡量工作人员工作绩效表现的量化指标，是绩效计划的重要组成部分。高校作为一个组织机构，虽然不同于“自主经营、自负盈亏”的企业，但高校与企业有很多相同或相似之处。在目标方面，两者都是以质量提升与满足需求作为生存发展的方向。其中，企业将如何在降低成本的同时提升产品质量、不断满足需求者的要求作为战略目标；高等教育的战略目标为如何培养出既符合人自身生存发展需要又符合社会需要的高素质的人才。在过程方面，企业需要对组织内部流程的输入端、输出端的关键参数进行设置、取样和分析，衡量流程绩效；高校为提高人才培养质量，需要监控学生的入校成绩、毕业人数、毕业率、班级规模、生师比和反映教师素质以及教育教学能力的职称与学位获得情况、学校经费情况等关系学生从入校到毕业的整个过程各个环节，并且要面对利益相关者的“问责”。因此，将企业质量管理的绩效指标纳入高校内部质量研究中，更方便把与人才培养相关的各个部分、要素等细化为各项指标。高校通过监控人才培养的各项质量指标，掌握各项指标的影响程度，将各项指标的劣势转变为强势，从而提升人才培养的质量，满足学生作为个体的生存发展需要，同时满足社会需求。尤其重要的是，美国经济是高度发达的市场经济，市场对高校管理具有不可忽视的重要作用。将绩效指标引入高等教育，拓宽教育质量研究视角，将高等教育质量管理研究由“表”及“里”地剖析，深入探讨质量指标的深层次结构及表现水平，进一步丰富教育质量管理理论。

（三）助推高等教育质量管理理论的发展

20 世纪 80 年代中期以来，西方发达国家公共部门的管理模式发生了变化，传统的以官僚制为基础的行政模式正在转变为一种以市场为基础的“新公共管理”模式。

新公共管理理论的兴起与应用，对高等教育产生了重要影响。其原因：第一，新公共管理理论兴起时，英美发达国家因经济危机而减少了对高等教育的投入，须以质量为条件采用竞争的方式调整教育经费的划拨方式，加强了对大学的宏观控制；第二，新公共管理理论兴起之时，正是美英发达国家完成高等教育大众化向普及化迈进的过程，高等教育质量问题在当时诟病最为猛烈，高等教育对于利益相关者的“问责”须作出积极的反应。

据此，高等教育作为准公共产品的生产者与输出者，对政府的宏观管理、改革及利益相关者的“问责”必须作出回应，其实质就是不断提高高等教育质量。于是新公共管理理论便以市场竞争机制为中心，提出顾客导向、绩效管理、公共责任等一系列重要的管理理念，恰好与高等教育质量管理不谋而合。美国的高等教育，在受到政府经费缩减与公众问责的背景下，开展了美国质量运动，其目的就是精简、重建以及不断改进，其实质就是高校必须持续不断提高教育质量，从而寻求对“顾客”需求的更大满足。可见，新公共管理理论在高等教育的应用，助推了高等教育质量管理理论的发展。

二　实践研究意义

高等教育质量研究，既是一个理论问题的研究，又是一个实践问题的研究。从某种程度上，实践操作层面的研究更直接与深入。高等教育质量直接是高等教育的核心与生命线，是高等教育得以生存与发展的基本，研究高等教育质量，尤其是高校如何在实践中监控与提升质量，具有重要的实践意义。

（一）理清美国各类高校内部质量指标体系

多方面收集整理美国高校内部质量指标，厘清美国高校内部质量多年的真实状态，是深入研究美国高校内部质量，把握提升与发展的方式方法以及形成美国高校内部质量体系的基础，对他国或地区高校内部质量管理模式的研发具有借鉴意义。

虽然美国院校研究机构成立已有 50 余载，但院校研究机构着手高校统计年鉴的撰写并电子公开发布却是近 20 年的事情。本研究从确定题目开始，就着手收集整理美国高校统计数据，截止到 2008 年，美国高校内部质量指标的收集仅限于授予博士学位高校与授予硕士学位高校，并且一定数量的指标并没有呈现，授予学士学位高校与授予副学士学位高校还处于起步阶段；2010 年重新收集后发现，美国四种类型高校的指标都有所发展，但仍然无法形成体系，更难真实反映美国高校内部质量水平；直到今日，除了授予副学士学位的高校没有形成自身质量体系，其他类型高校仅有几项指标不同年度存有空白，基本形成了各自的质量指标系统，并真实反映了美国不同层次与水平高校的质量水平。

本研究以美国高校为研究对象，以内部质量指标为研究内容，以2000年卡内基分类标准作为依据，随机抽取美国不同层次与水平高校作为本类型高校的典型范例，收集整理从2001年到2010年连续10年的质量指标（有些指标发布较晚，还没有获得2010年的），从而真实描述出不同类型高校质量水平，并试图厘清不同类型高校质量指标的特征。

（二）探析美国高校内部质量的真实态势

按照2000年卡内基分类标准，将美国近4000所高校分为6种类型，每种类型的高校数量不同，同类型高校地区分布差异较大。即使是同种类型的高校，在质量水平的某些方面也不尽相同。比如授予博士学位高校中，美国斯坦福大学学生入学成绩与芝加哥大学学生入学成绩一定有所差异。再如授予硕士学位的高校中，不同州的州立大学由于地理位置、发展历史差异等，教师职称与教师获得学历学位也会不完全相同。

本研究在收集整理美国不同类型高校内部质量指标的基础上，构建不同类型高校内部指标体系，找寻不同类型高校各项指标的区间范围，一方面可以区分不同类型高校之间相同指标之间的差异，从而判断某所高校处于美国高校体系的位置与等级，另一方面可以帮助高校认清与上一级类型高校的差距，促使高校安心当前的类型，并在此类型中根据自身质量水平合理定位，确立发展规划与提升质量水平方案。最后，比较同类型高校质量差异，彼此参考并借鉴同类型高校质量提升方式方法，寻求高校发展空间与特色，在同类型高校中追求卓越。

（三）进一步完善美国高校内部质量指标体系

正如前文所述，虽然美国院校研究机构成立已有50余载，但是，院校研究机构着手高校统计年鉴的撰写并以电子版形式公开发布，却是近20年的事情，美国虽然基本形成了既有普适性又有特色性的不同类型高校内部质量指标体系，但其成熟与完善程度仍需要进一步加强。

本研究收集整理的美国不同类型高校内部质量指标，不论是美国顶级的授予博士学位的高校，还是处于蓬勃发展的授予副学士学位的社区学院及技术学院，想要寻找高校全面完整的数据如蜀道之难。从收集整理数据的整个过程来看，相比之下，授予博士学位的高校内部质量指标体系最好，授予硕士学位的高校与授予学士学位的高校次之，授予副学士学位的高校还无法形成内部质量指标体系。同种类型的高校的内部质量指标也差异显著，其中最为典型的是授予学士学位的高校。有些高校统计年鉴的连续性较差，缺失的年份较多；有些高校前期统计年鉴完整，但后期的统计年鉴编撰工作却处于停滞状态；有些高校统计年鉴中只包含学生状况，其他指标仍然不在统计年鉴之列，等等。因此在收集整理美国授予学士学位高校内部质量指标时，虽然本着随机选择美国高校的方式，但从数据的完备性方面，基本采取“地毯式”找寻适合的高校。诸多现象充分说明美国高校内部质量指标处于不成熟状态。

本研究通过收集与整理高校数据，展示不同类型美国高校内部质量指标的缺失问题，一方面可以促使已经具有统计年鉴的高校重视统计年鉴的编制与研发，使内部质量指标向着丰富性方向发展，另一方面可以敦促仍然没有统计年鉴的高校，尽快研发适合本校的统计年鉴，进入高校内部质量比较、发展、提升的集体中。

（四）推进美国高校质量改革的深入

质量问题已经成为全球高等教育的核心问题，尤其是一些国家完成高等教育的大众化，向普及化发展甚至已经进入普及化之列，入学人数的激增带来的质量问题，成为各国关注的焦点。美国作为高等教育大国与高等教育强国，对于高等教育质量的监控历史悠久。美国高校设置院校研究机构，监控高校质量发展变化，诊断美国高校质量的层次与水平，便于高校决策者分析质量现状与优劣势，针对存在的教育教学问题，调整高校的质量管理与运行机制，改善影响质量水平的各种因素，进行高校内部质量改革。

依据 2000 年卡内基分类标准，研究的美国四类授予不同学位的高校几乎占美国高校的大部分。内部质量指标不仅容易发现高校各个环节的小问题，更容易凸显高校存在的本质问题，反映出来的质量问题不可避免地引起高校政策决策者、利益相关者、国家公共部门等的高度关注，较易在高校内部质量改革的基础上引发“鲶鱼效应”，促使国家对高等教育质量改革的推进。事实上，美国在20世纪80年代曾发生过质量运动。

虽然美国近年来加强了国家对高等教育的宏观调控，本质上美国更依靠市场的手段来调节高等教育发展态势。美国高校质量水平的高低与质量的优劣，直接影响高校的发展前景，甚至关系到高校的命运。因此，美国高校高度关注办学水平高低与质量优劣，内部质量指标是各所高校的晴雨表，是高校不断改革的中心议题。

（五）为我国高校质量监控与提升提供借鉴

众所周知，美国是当今全球高等教育发达与成熟的国家之一。其高等教育质量水平长期保持在国际前列是其发达与成熟的重要标志。美国高校内部质量管理有其悠久的历史，并随着高等教育发展与时并进，创先成立院校研究，专门研究高校内部质量态势与水平，定期组织召开高校质量管理研讨会，促进高校质量水平提升。美国高校对内部质量的监控与提升高度重视，真抓实干，对高校内部质量务本求实的态度与不断追求的精神是其他国家或地区高校学习的典范。另外，美国高校内部质量体系虽然不尽成熟完善，但已基本成型的指标体系是美国不同类型高校的质量水平的真实写照，其他国家或地区可以根据本国或地区高等教育发展特点，参照美国高校统计年鉴的编制与研发，借鉴美国成功的高校内部质量指标构建模式，设立适合本国或地区的高校质量管理机构，收集、整理、统计反映高校质量表现水平的各种数据，形成普适性或特色性的高校内部质量指标体系，比较、评价与提升本国高校内部质量。

第三节 核心概念界定

核心概念，是指研究过程中以这些概念作为关键支撑点，在深入分析问题、讨论问题、解决问题过程中反映对象本质属性的主要部分，通过核心概念支撑研究的整个发展脉络，是本书的逻辑起点。对核心概念的界定，其目的就是对于本书使用的概念进行清晰把握，从而展开对核心问题的研究。

一　质量

质量的研究遍及各个领域。人们分别试图从词源学、产品视角、管理学发展、标准化每个研究领域，其内涵都不尽相同。质量的内容十分丰富，随着社会经济和科学技术的发展，也在不断充实、完善和深化，同样，人们对质量概念的认识也经历了一个不断发展和深化的历史过程。

关于质量的内涵大致有这样几种界说：视质量为产品特性的产品质量说；以优秀、一流、卓越等词代替质量的替代说；注重产品的实用性，强调其对相关需求的满足程度的实用说；考察投入和产出，以绩效来评判质量的绩效说。综合以上观点，质量无非是符合标准与规范、满足需要与特性等。质量要符合标准与规范、满足需要与特性，必须具有两方面的属性。首先，质量具有客观性，即事物必定具有价值，能满足外界的某种需求。其次，质量具有主观性，即不同的认识主体在不同的时期和不同的环境下对质量的认识都是不同的。

厘清各个领域对质量的定义是必要的，对质量的界定主要是为了更好地界定高等教育质量，它是本书最为重要的核心概念。

二　高等教育质量

（一）《教育大辞典》关于“教育质量”的定义

《教育大辞典》认为：教育质量是指“教育水平高低和效果优劣的程度”，“最终体现在培养对象的质量上”。“衡量的标准是教育目的和各级各类学校的培养目标。前者规定受培养者的一般质量要求，亦是教育的根本质量要求；后者规定受培养者的具体质量要求，是衡量人才是否合格的质量规格。”①

① 《教育大辞典》增订合编本（上），上海教育出版社 1998 年版，第 798 页。

根据《教育大辞典》关于“教育质量”的界定，高等教育质量可以这样阐述：高等教育质量就是承担高等教育的机构，如大学、学院等教育水平高低和效果优劣的程度。高等教育质量以其培养对象作为最终评估内容。

教育目的是把受教育者培养成为一定社会需要的人的总要求。从教育目的的层次上看，从上到下分别为国家教育目的、各级各类学校培养目标、课程目标、教学目标。其中国家教育目的与各级各类学校培养目标是国家或承担人才培养机构对于接受教育的人的质量与规格的规定，是教育工作的出发点和最终目标。

《教育大辞典》关于“教育质量”的解释，是从教育对象的最终结果上评判教育的最终效果，这样的效果既要满足一定社会的需要，同时也要满足人性的需要。

（二）多视角的高等教育质量

1. 从教育表现结果视角关注“高等教育质量”

从教育表现结果关注高等教育质量，基本上以《教育大辞典》的释义为基础，对高等教育质量的最终效果进行评估。当然，不同学者从教育表现结果论述高等教育质量概念时，立足表现结果的视角不同，对于高等教育质量的界定也不尽相同。比如：

瑞典学者托斯坦·胡森（Husen）从学生变化的视域论述教育质量，认为教育质量就是“人们期望学校给学生带来的不仅仅局限在认识领域的变化。人们期望学校有助于学生形成某些行为和态度，使学生能恰当地欣赏民族文化，行为受道德的和审美的价值观指导，从而成为负责的、合作的、参与和独立的公民”。①

我国高等教育学者房剑森认为：“高等教育质量体现为高等教育所提供的产品和服务满足社会和个人需要的程度、满足高等教育自身发展需要的程度上，因此，社会需要及其得到满足的程度是高等教育质量检验的标准，适应性是高等教育质量的本质属性。”②

---

① ［瑞典］托斯坦·胡森：《论教育质量》，施良方译，《华东师范大学学报》（教育科学版）1987 年第 3 期。

② 房剑森：《高等教育质量观的发展与中国的选择》，《现代大学教育》2002 年第 2 期。

通过国内外学者从教育表现结果对高等教育质量的诠释不难发现，不同学者对于表现结果有不同的界定视角。学者胡森要求的表现结果不仅仅局限在教育对象的认识领域，还应包括其他领域，如情感领域、态度领域，等等。我国学者房剑森认为，高等教育的表现结果应包含产品和服务。可见，对于高等教育质量的界定，不断深入与发展。从关注教育产品，到关注产品内部的多层次，不仅关注教育产品方面，而且关注服务表现方面，表明高等教育质量内涵发生了质的变化。

2. 从质量的层次关注“高等教育质量”

“高等教育质量”概念的发展与演进，是时代的产物。高等教育大众化进程中出现的一系列问题引起人们对高等教育质量的担忧，促使更多学者对大众化时期高等教育质量予以关注。从质量多层次关注高等教育质量的典型观点主要有以下几种。

1998 年在巴黎召开的首届世界高等教育会议通过《21 世纪高等教育展望和行动宣言》，指出：“高等教育的质量是一个多层面的概念”，要“考虑多样性和避免用一个统一的尺度来衡量高等教育质量”，应包括高等教育的所有功能和活动：各种教学与学术计划、研究与学术成就、教学人员、学生、楼房、设施、设备、社会服务和学术环境等。

厦门大学著名学者潘懋元先生认为，在《21 世纪高等教育展望和行动宣言》中指出的“高等教育的质量是一个多层面的概念”，这里的“多层面”应该包括博士、硕士、本科、专科等纵向层次，也包括研究型、理论型、应用型、技能型等横向层面。

美国学者塞姆尔（Seymour）认为教育质量的指标主要意味着“丰富的资源”，包括较多的专业、巨大的图书馆藏、一定数量的知名学者等指标。

英国学者戈林（Diana Green）认为，高等教育质量主要从五个角度进行：其一，属于传统的解释，把质量与提供独特而特殊的产品和服务联系在一起，隐含排他性的特点，如牛津大学和剑桥大学的教育质量；其二，则把质量与预定规格和标准的一致性作为依据，依此使不同类型的院校可能设定不同的质量标准；其三，强调以高校达到目的的程度为标准，把判断质量的尺度定义为是否符合标准；其四，把质量定义在实现高校办学目标的有效性上，具体标准是以高校是否具有明确的办学理念和使命的表述为特征；其五，把质量标准定义为以高校能否满足顾主（Customers，即学生及其家长、社会和政府等）规定的和潜在的需要。

我国高等教育研究者施晓光认为，一般而言，判断高等教育的质量可以参照如下几个指标进行：（1）以“卓越”（Excellence）或“一流”（First-Class）为标准。在他看来，所谓“卓越”就是非常优秀的、超出一般的标准，往往指那些各种可比性指标在同类院校中都名列前茅的院校。这种排名一般通过评估机构或新闻机构评出的“大学排行榜”的形式得以确认。例如，美国的《美国新闻与世界报道》大学排行榜，英国大学拨款委员会（今称基金会）的大学排行榜，等等。这些大学排行榜都具有广泛的社会影响和认可度。（2）合适的目标（Fitness for Purpose）。这一指标包含两层含义：其一，高等院校是否具有明确的办学方向和发展目标（这对任何一所高等院校都是至关紧要的）。一所高等院校清晰的“使命”（Mission）陈述是衡量质量高低的重要标志。当然，目标本身是独特的、动态的和发展的。其二，高等院校的目标能否有效地达成。不同院校的目标应该随其类型和能级的不同而有所差别。人们不应该用一所研究型大学的标准来要求另一所教学型大学的质量，那样的话，后者无论如何也不能达到“高质量”的目标。（3）满足高校内外顾客的要求。这项指标规定了高等院校能够在多大程度上满足校内外顾客的需要。其目的是力求改变高等院校封闭式的“象牙塔”形象，以适应市场化竞争的需要。从目前来看，伴随西方高等院校间竞争的日趋激烈，世界各国高等教育质量已不再仅仅由管理者和理论家们来定义，而更多地由全体教职员工和建立在科学量化基础上的事实和数据来认定。（4）持续的质量改进（Continuous Quality Improvement），主要指高等院校出于为自身及其顾客提供更多收益的目的，在整个组织内所采取的旨在提高各项活动的效益和效率的措施。

美国学者刘易斯（Ralph Lewis）认为："质量就是一种与能满足或超过期望的产品、服务、人员、过程和环境相联系的动态的状态。"其中，"动态"的含义就是，"被称为'质量'的东西随着时间的迁移和环境的变化可以而且确实得到了改变"。①

关于高等教育质量的多层次性，基本从三个视角对高等教育的层次进行划分：一是从高等教育过程中多因素对高等教育结果的作用方面进行阐述；二是从高等教育结果满足不同主体需求方面界定高等教育质量；三是从高等教育结构层次视角界定高等教育质量的多样性。

多层次的高等教育质量观，充分表明高等教育质量界定是以高等教育表现结果为核心，关注与质量高度相关的各种因素，如高等教育层次结构多样性、高等教育过程复杂性、高等教育内外部需求差异性，等等。多层次高等教育质量观表明了高等教育质量的内涵与外延不断发展。

3. 从高等教育发展历史关注"高等教育质量"

高等教育质量又是一个历史的概念，有其历史发展的特性。高等教育质量总是与某一时代的经济与政治、文化及科技的发展相适应。人们谈论高等教育质量总是相对于确定的时代、高等教育发展的相应阶段以及高等教育机构的不同类型、层次，是高等教育所具有的满足个人、群体、社会需求能力特性的总和。

以高等教育毛入学率的变化为标准，将高等教育发展进程分为精英、大众和普及三个重要阶段。处于不同阶段的高等教育，其质量要求不同。厦门大学著名学者潘懋元先生指出："不应当用精英型高等教育的培养目标与规格、学术取向与标准来规范大众化高等教育；正如我们不能用大众化高等教育的培养目标与规格、职业技术取向与操作能力标准来规范精英型高等教育一样。"② 同样，不应当用精英型高等教育质量与大众化高等教育质量来规范普及型的高等教育。

---

① 施小光：《西方高等教育全面质量管理体系及对我国的启示》，《比较教育研究》2002 年第 2 期。

② 胡弼成：《潘懋元先生高等教育质量观初探》，《青岛化工学院学报》（社会科学版）2000 年第 2 期。

4. 从高等教育功能视角关注“高等教育质量”

华东师范大学教授韩映雄在其博士论文《高等教育质量精细分析》中以高等教育三大功能为基本，在此基础上论述高等教育质量。高等教育发展到今天，其具有三大基本功能，人才培养、科学研究、社会服务。其中人才培养是高等教育的基本功能，科学研究是高等教育的重要功能，社会服务是高等教育的延伸功能。相应的，高等教育质量应该细化为人才培养质量、科学研究质量与社会服务质量三大方面。

以高等教育功能为视角研究高等教育质量，实质上也可是多层次的高等教育质量观，它从高等教育功能入手研究高等教育质量，既涵盖高等教育产品质量，又包括高等教育服务质量。

根据上文对高等教育质量的诠释，本研究的高等教育质量，是以人才培养为核心，不同类型与层次的高校人才培养水平的高低优劣程度。在高等教育功能上，本书主要研究高等教育的基本功能，即人才培养；在高等教育的层次结构上，本书以卡内基 2000 年分类标准作为对美国高校的分类标准；在高等教育结果上，以美国各类型高校培养目标作为参照系，作为水平高低优劣的评价标准。

三 指标与质量指标

（一）指标的界定

目前对于指标的界定，除了词源学的含义外，还存在统计学与经济学视角对指标的诠释。虽然视角不同，但其内涵基本一致，即指标是预期中达到的指数、规格、标准，这是质的标准，这种质的标准用数据表示，这是量的规定性。

“指标”一词的出现及其应用，主要来自工业企业及其经济学领域，它将领域中各个要素的质与量采用恰当方式方法表达，用以简化工业企业管理中的各种信息。目前，指标已经深入各个领域，成为一种规格、一种标准。

（二）绩效指标与质量指标

绩效指标来自工商管理业，是企业管理理论的重要概念，是促进工商企业提升管理质量、提高工作效率、效益的重要标准。绩效指标直接指向企业战略目标，一方面将企业的战略目标进行分解后成为各个小目标，方便管理以提高效率与效益，另一方面是各项绩效指标的提升，从而促使企业战略目标的达成。1989年国际经合组织将绩效指标定义为：绩效指标是数值，它是提供评估一个系统质和量绩效的一种方法。

随着质量运动与新公共管理理论的出现，绩效指标逐渐应用于公共领域，当然教育领域不可避免。绩效指标在高校内部质量管理过程中具有重要的作用，它可以在国际范围内使用（Dochy，Segers & Wijien，1990），并可以作为信号进行教育质量、效率、效能的国际比较（Gaither，Nedwed & Neal，1994）。“绩效指标体系”不仅成了高教政策制定者、高等教育管理者和研究者常用的术语，而且已经成为英国、荷兰、丹麦、瑞典、芬兰、澳大利亚等国和美国许多州的官方评价工具，并受到经济合作与发展组织、国际教育规划研究所及世界银行等国际组织的大力推崇。绩效指标体系是西方发达国家开发的一种特别适用于测量办学效率和效益的评价工具。

企业管理理论中的绩效指标已经广泛应用在教育领域中，尤其以市场影响高等教育发展的国家中，在高等教育质量评估指标的发展与完善的过程中，在细化高等教育质量评价标准的过程中，更频繁地使用绩效指标。由于我国高校属于国家管理，我国市场经济还不成熟，市场对高校的影响有限。因此，我国学者研究高等教育质量标准的文献中，或者教育行政部门颁布高等教育质量评估方案中，使用的是质量指标，而不是绩效指标。这是东西方学者研究高等教育质量过程中词语使用的不同，在本研究中，两者不作区别。

高等教育领域中的绩效指标，就是“一种权威标准（评估）——通常以数量形式——高等教育机构的活动属性”（Cave，Hanney，Kogan & Trevett）。由于高校是一特殊机构组织且高校市场不健全，对其办学行为进行评价或对其产出进行测量就难以应用商业的标准，而绩效指标提供了一种分析与测量组织或系统行为与绩效的手段，因而在西方高校中得到较为普遍的应用。世界经济合作暨发展组织（OECD）在一项有关高校管理的研究计划（IMHE）中将绩效指标定义为“一种用来测量那些难以数量化之物的数量价值”[1]。

关于绩效指标体系的界定，主要有以下三种。

（1）1988 年经济合作与发展组织提出绩效指标体系就是“能测评出一个系统之绩效质量和数量的一系列数值”。

（2）英国大学校长协会和大学拨款委员会的联合工作组提出的：“绩效指标体系是关于高等院校为达到某一具体目标而使用资源及所获成就之关系陈述，这种陈述通常是定量的。”

（3）伦敦经济学院的努托尔（1992）个人提出的，并对国际组织制定展示和比较各国教育发展状况的国际教育绩效指标体系产生了一定的影响。他认为，绩效指标“能反映一个教育组织的绩效或行为，能够为决策提供信息”。他还强调，并不是所有的教育统计数字都是绩效指标，能成为绩效指标的教育统计数据要“反映教育事业的关键方面”，“而且还必须提供参照，以便作出判断”。

这些界定反映了绩效指标体系的以下三个基本内涵：首先，对高等教育机构运作的数量测评；其次，对测评的比较性、可比性要求；最后，它不仅包含成果指标，而且涵盖高教运作的各个方面。[2]

四 高校内部质量指标

质量是高等教育的核心和生命线。全面提高质量，是高等教育发展的核心任务。在高等教育大众化进程中，尤其是 20 世纪 80 年代的经济危机后，高等教育质量成为诸多利益相关者高度关注的重要议题，“绩效”“问责”等企业质量管理与新公共管理理论的术语不断出现在高等教育质量管理领域。作为高等教育主体的高校，高度重视质量运行态势，各国政府及高等教育评估机构在高等教育质量评估与监控中也扮演越来越重要的角色。从本质上讲，高校、政府、评估机构等对于高等教育质量的管理，基本上都以高校内部的质量指标作为评价的基准点，用以判断其人才培养、科学研究、社会服务等的高低

---

① Cave Martin, *Performance Indicators: in the Encyclopedia of Higher Education*, Vol. 2, ed. B. R. Clark, Oxford: Perdamon, 1992.

② 参见张民选《绩效指标体系为何盛行欧美澳》，《高等教育研究》1996 年第 3 期。

优劣程度。

高校是教育质量高低优劣的主体，是高等教育质量的生成者，高校必然关注高等教育质量。事实上，这也符合高等教育质量管理模式发展的特点。不论高校处于象牙塔内，还是从象牙塔中走出来成为社会中心，内部质量一直是高校关注的焦点，从来没有被忽视过。随着质量管理模式的多样化，诸如政府通过质量划拨经费的宏观管理，抑或社会中介机构参与高校评估，利益相关者的“问责”，高校管理内部质量的功能不但没有降低，相反其地位越来越突出，其质量管理的重要功能不断凸显。但是，高校对于质量的关注，不再仅仅关注专业质量与学术要求，将学生培养成为某个专业或者学科的“大师”，高校还不得不根据社会对高校人才的期求，满足来自高校之外的各种要求。于是高校质量就有了内部质量与外部质量之分。“大体可以从两个层面来分析判断高等教育质量问题，第一个层面可称为外部的质量指标，即高等学校所培养的人才能否适应社会发展和经济建设的需要；第二个层面是内部的质量指标，即高等教育培养的人才，其素质是否达到了培养目标的要求，尤其是学生专业水准、智能结构和思想水平等方面。”①

在本书中，高校内部质量指标是指高校在运营过程中，为达成高校培养目标及完成高校使命，高校内部管理过程中与质量相关的每个基本指标。如学生入学成绩、学生毕业率、班级规模、生师比等。

五 高等教育机构、高校、学院与大学

本研究主要研究美国高校内部质量指标，是以美国高校为对象，以内部质量指标为核心，依据卡内基 2000 年高校分类标准，分析不同类型高等内部质量指标体系及其数据特征。在行文中，多次用到高等教育机构、高校、学院与大学。在本书中，这几个概念的含义基本相同，只是为了行文方便，在论述中采用不同的称谓方式。

---

① 陈文韶：《全面把握标准清醒估价质量——关于当前高校教育质量的调查和思考》，《中国高等教育》1995 年第 2 期。

第四节 研究思路、内容与方法

一 研究思路

美国高等教育的历史并不长久，从 1636 年哈佛大学成立，距今只有 300 多年历史，但它在高等教育领域的成就令人瞩目。美国形成了多类型、多层次、具有特色的高等教育体系，成为全球高等教育最为成熟发达的国家之一，引领世界高等教育的改革与发展。短短的 300 多年的时间，美国如何达到今天高等教育的辉煌成就，是一个值得研究与深思的问题。

本研究以高校内部质量指标体系为研究对象，探讨美国高校内部质量指标的发展与不同类型高校的内部质量指标体系，在此基础上，比较不同类型高校内部质量指标体系，探寻不同类型高校内部质量指标的特点及其价值所在，从理论层面探究美国高校内部质量指标内容、发展动因及其未来发展趋势，从而为我国高等教育质量提升提供借鉴。

首先，本研究在梳理和界定高等教育质量指标的基础上，对国内外已有的相关研究成果进行综述。通过梳理国内外学者的研究现状，界定出高等教育质量与内部质量指标的基本内涵，确定本研究的切入点；并且，在查阅国内外研究成果的过程中寻求本研究深入开展的理论依据，作为本研究的理论基础。

其次，展开对美国高等教育质量发展历史研究，探讨美国高等教育质量管理模式的发展脉络，探究美国高校内部质量指标的产生缘起及发展。主要包括以下内容：研究 20 世纪 80 年代美国高等教育质量运动的原因、发展及其结果；探讨美国院校研究机构的主要任务。

再次，通过美国不同高校内部质量指标的收集与整理，理清美国高等教育质量指标体系，本书以 2000 年版卡内基高校分类标准为基础，根据各种类型与层次高校对社会的影响力，主要研究授予博士学位、硕士学位、学士学位、副学士学位四类高校内部质量指标体系。

最后，基于新公共管理理论以及全面质量管理理论，在美国各类高校内部质量指标实践的基础上，本研究深入剖析了美国高校内部质量指标体系的基本形态、特点、功能和存在的问题以及启示。

二 研究内容

基于以上研究思路，本研究的内容主要包括以下几方面。

第一，对高等教育质量与内部质量指标的内涵进行梳理和界定。高等教育质量的界定众多，不同的研究者对其的界定各不相同；质量指标的界定仅局限于词源学、经济学与统计学等几个领域，内部质量指标的界定更少。本研究试图在综述已有的关于高等教育质量与内部质量指标界定的基础上，确定本研究对高等教育质量与内部质量指标内涵的界定。

第二，对现有的高等教育质量指标研究成果进行综述，理清高等教育质量指标相关理论依据。已有的高等教育质量指标的相关研究为本研究提供了深入开展的基石。全面质量管理理论与新公共管理理论是本研究深入开展的理论基础。

第三，在全面管理理论与新公共管理理论的基础上，探究美国高等教育质量管理模式发展的历史，寻求美国高等教育质量管理与监控的真正主角。

第四，梳理美国高校内部质量指标的真实状态。通过描述统计分析法，获取美国高校内部质量指标的一手材料，梳理美国高校内部质量指标的基本特征。

第五，探究美国高校内部质量指标体系，分析指标体系的特征。在此基础上，从理论层面探究美国高校内部质量指标体系的基本形态、特点、功能和存在的问题以及启示。

三 研究方法

根据本研究的研究思路与研究内容，本研究主要采用文献研究法、统计分析法、个案研究法与比较研究法。

（一）文献研究法

文献研究法主要用于内部质量指标概念的梳理、已有相关研究的梳理以及高校内部质量指标理论依据的探究。高等教育质量指标相关研究非常丰富，因而本研究所进行的文献分析既是对已有研究进行梳理、回顾，也是从现有的研究中找出本研究的切入点。当然，高校内部质量指标的理论分析，也需要立足现有研究成果，通过文献研究法来完成。

（二）统计分析法

研究美国不同类型高校内部质量指标，在此基础上构建美国不同类型高校内部质量指标体系是本研究的重要内容，主要采用统计分析方法来完成。本研究力图呈现美国不同类型高校内部指标的真实状态，并且呈现美国不同类型高校内部质量指标的差异，本研究基本采用描述统计分析方法。

（三）个案研究法

研究美国不同类型高校内部质量指标，研究中内部质量指标主要从美国高校统计年鉴中获取。美国统计年鉴研究的历史较短，并且授予副学士学位的高校在美国不同类型高校中处于弱势地位，此类型高校还没有形成其他类型高校的指标系统。因此，文章对于授予副学士学位的高校内部质量指标的研究，采用个案研究法。

（四）比较研究法

本研究的比较研究法表现在以下两个方面。

第一，本书主要研究美国不同类型高校内部质量指标，其目的是形成美国高校内部质量指标系统，并在此基础上，比较不同类型高校内部质量指标体系的异同，为美国高校的特色发展与质量提升提供理论基础。

第二，本书以美国高校内部质量指标为研究对象，其目的不仅仅是研究美国高校内部质量，形成美国高校内部质量体系，研究美国高等教育如何监控与管理高校质量等。他山之石，可以攻玉。虽然本书并没有直接做两国的对比，但可以通过国别研究方法，对某一国家高等教育发展情况的树立，强调高等教育发展特殊性的同时抽象出高等教育发展的普遍规律，通过这个规律来反观我国高等教育发展的状态。

第二章　高校内部质量指标研究文献述评

任何一种研究，基本都建立在前人研究的基础上。只有充分了解与掌握了前人的研究成果，才能在前人研究成果的基础上建立研究体系。研究高等教育质量的期刊、著作、相关报道可谓汗牛充栋。因此，非常有必要对已有研究成果进行综述和分析。本研究以论题的关键词作为文献综述的基点，把研究综述分为质量、指标两个关键词，将与本论题相关的前人文献综述进行分类研究。在论述任何一个方面的同时，深入本研究的核心词，通过层层递进的方式，将前人的研究成果进行较为彻底的分析与评价，以便建立“美国高校内部质量指标研究”的切入点，进而提出本研究的理论基础。

第一节　以质量为关键词的研究综述

一　质量

“质量”一词的使用非常频繁，几乎可以应用到任何领域。当然，每个领域的“质量”都有其自身的含义。弄清楚“质量”的本质，是研究高校内部质量指标的关键。

在百度上，抑或打开期刊网，输入“质量”一词，可以看到无数关于“质量”的文献。前文界定“质量”时，仅从几个视角列举了不同领域的质量定义，当然还可以扩充到其他领域。虽然只是几个方面的阐述，但仅这几个方面就既包含理论领域，又涵盖实践层面。

质量的定义无非是符合标准与规范、满足需要与特性等。界定“质量”的目的就是要揭示质量的本质，并为开展高校内部质量的研究提供前提与基础。

二 高校内部质量

高校内部质量属于高等教育质量范畴，这里的内部相对于外部而言。需要说明的是，这里的内外部主要相对于评估主体而言，高校既是质量的生成者，又是质量的管理与评价主体。高校就是质量的内部主体，“高等教育的质量主要靠高等院校在维护和提高标准上所作的贡献。外界既不能直接提高质量，也不能强使高等院校提高质量。但代表公众的政府能够也必然会设法建立适当的体制，以促使高校负起提高教育标准的责任，并对其进行监督”。[①]“代表公众的政府能够也必然会设法建立适当的体制”，体制中的主体包括社会中介机构、政府、利益相关者等，主要由它们对高校内部质量进行评估或“问责”。社会中介机构、政府、利益相关者等，相对于高校来讲，作为外部主体而存在。

关于以美国为首的发达国家高等教育质量的研究非常多，但有关美国高校内部质量的研究并不是很多，在有限的研究中，主要对美国高校内部的院系质量管理、美国高校院校研究机构、美国高校统计年鉴进行了系统的论述。

（一）院系评估制度作为高校内部质量管理重要方式与途径的研究

建立常态化的院系评估制度，是高校内部质量保障体系建设的重要一环，也是彰显学校质量主体地位、主动监测院系办学质量的重要途径。高校内部质量保障是高校为维持和提高自身教育教学质量而主动采取的有计划、有组织的系统管理过程，是高校作为一个自主发展的学术自组织，运用科学有效的管理方法与技术构建的具有自我改

① 吕达、周满生：《当代外国教育改革著名文献·英国卷》第1册，人民教育出版社2004年版，第101页。

进、自我约束、自我发展功能的教育教学质量管理系统。[①] 建立常态化的院系评估制度，是高校内部质量保障体系建设的重要一环，也是彰显学校质量主体地位、主动监测院系办学质量的重要途径。[②]

通常来讲，高校设立以院系为单位的基层组织机构，采取层级管理的模式，达成高校各种规章制度、各项任务、教育教学与管理改革内容的上传下达。高校中的院系承担着培养各学科与专业人才的重要任务，是高校培养目标达成的重要部门。高校内部质量保障通常建立校院系三级质量管理模式，通常在高校层面设置一个质量管理机构，主要负责全校质量管理与监控，质量的标准由学术委员会负责；然后是作为学院的二级单位，主要承担教育教学与人才培养的重要任务，同时也是学院级别质量管理的主要负责部门，由教授委员会把握学院的质量标准；各系是高校的三级单位，主要承担专业教学的重任，由专业委员会监控专业质量。可见，学院与系是高校质量管理的基层单位。图 2 是美国斯坦福大学内部组织结构与三级质量管理图。[③]

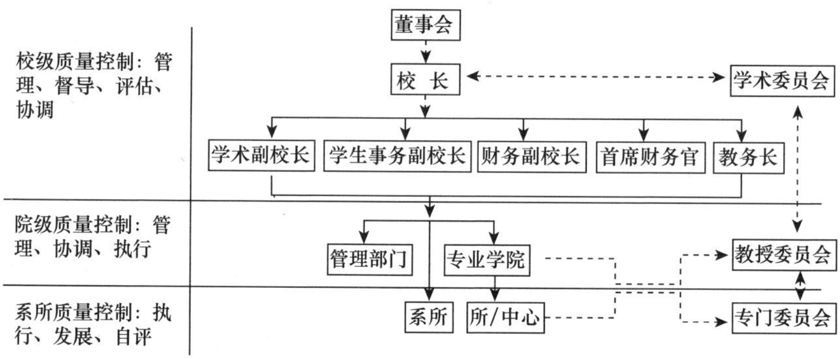

图 2 美国斯坦福大学内部组织结构与三级质量管理

① 参见朱永江《质量文化——高校内部质量保障体系建设的灵魂》，《现代教育科学》2012 年第 4 期。

② 参见王健《论高校内部质量保障体系的要素建设》，《上海教育评估研究》2012 年第 2 期。

③ 陈超、闫广芬：《美英荷三国高校内部质量保障机制比较研究》，《外国教育研究》2010 年第 6 期。

斯坦福大学处于质量控制体系的顶端，负责全面质量控制，包括经费的使用、教师招聘、学科建设、专业设置、科研发展等，其主要职能是管理、协调、督导和评估；院级质量控制主要负责学院内部的各项事务的管理、协调和执行；系所作为高等学校的基层单位，在质量控制中的地位和作用最为重要，除了执行各种质量政策之外，需要对本专业或本项目的发展负责，并参与各个环节的质量控制，包括自我评估、接受同行的评估、接受外部机构的专业认证和评估等。在三级质量控制中，大学学术委员会及其分支委员会既是质量标准的制定者、重大政策的建议者，同时也是质量控制的参与者和推动者，因此在整个质量保障体系中具有突出的作用。[①]

美国高校在进行内部质量评估时，院系要准备自我评估报告，院校研究办公室准备该院系主要数据概述等评估材料。院系的自我研究与评估围绕五个要点来探讨：我们是谁？现在的位置？5 年到 10 年内我们期望的位置？如何达到那个位置？如何明晰提高过程？学校安排的院系层面学术评估工作，将各学院和学系按照学科性质等分为 7 类，以 8 年为一周期排定评估日程表，提前公布，作为学校自行组织的、针对基层的学术单位开展的常规评估工作。[②]

建立常态的院系评估制度是彰显高校内部质量保障主体地位的重要举措。院系评估，应在反映人才培养质量的常态教学基本数据采集的基础上进行。高校可以结合教育部数据采集要求，建立符合自己校情、反映学校办学特色的常态数据库，并在院系评估中，加以量化考核与使用。开展院系评估，学校教学评估机构应与院系一起论证，充分研讨，达成共识，把常态数据的量化考核与非常态数据的定性考核结合起来，制定科学的评估指标体系。[③]

---

① 参见陈超、闫广芬《美英荷三国高校内部质量保障机制比较研究》，《外国教育研究》2010 年第 6 期。

② 参见 Office of the Vice Provost for Academic Planning and Facilities：Academic Program Reviews（http：//vpapf. chance. berkeley. edu/apr/overview. html）。

③ 参见王健《论高校内部质量保障体系的要素建设》，《上海教育评估研究》2012 年第 2 期。

（二）美国院校研究办公室作为美国高校内部质量管理机构的研究

“院校研究是促进对高等院校计划管理与运行的理解，并促使其得以改进的研究。”这是美国院校研究协会1999年给院校研究下的定义。院校研究起源于20世纪50年代的美国。1961年，第一次院校研究协会年度论坛在芝加哥举行，1965年，院校研究协会在密歇根州正式成立，这标志着现代意义上的院校研究的诞生。

美国院校研究协会（Association for Institutional Research，AIR），是美国一家非营利机构，它的主要任务是支持会员，通过共同努力，不断提高高等教育机构规划、管理与运营的应用研究，并进一步发展和提高院校研究专业化程度。海外华人院校研究（Oversea Chinese Association for Institutional Research，简称为OCAIR），是AIR的一个自发分支机构。它们与AIR成员一样，负责自己所在大学的数据收集、分析和总结工作，直接向校长负责，呈现高校的基本运行状况，并为高校制定管理决策和解决实际问题提供依据。它们对院校研究有亲身实践和理论研究，有独到的见解，它们的研究成果是论文的第一手资料。这些资料大部分在各高校的院校研究办公室的网页中可以搜集到。

发展到今天，美国院校研究协会已经成为一个举足轻重的国际性专业组织，有6个国际性会员协会和43个州一级、地区和部门会员协会，共有来自美国、亚洲、欧洲、非洲等世界各地1700多个高等教育结构的3100名正式会员。[①]

美国院校研究的具体问题主要集中在规划研究、学生事务研究、财政状况研究、教师事务研究、专业与课程评估、年度报告六个方面。院校研究的工作分为“基本职责”和“高级职责”。基本职责是数据信息的收集、处理与分析，高级职责是项目的评论、论证和规划。[②] 院校研究以定量研究为主要方法，目的是解决学校管理运行过

① 代蕊华、王斌林、戚业国：《院校研究：理论、方法与机制》，《高等教育研究》2005年第11期。

② 参见周川《院校研究的性质与特征》，《教育研究》2003年第7期。

程中存在的问题。“院校研究是促进对高等院校计划管理与运行的理解，并促使其得以改进的研究。”①

（三）美国高校统计年鉴作为汇总美国高校内部质量指标范本的研究

美国高校统计年鉴是院校研究办公室的一项重要内容，每年都要根据高校指标变化与质量要求、领导者的信息需求与决策要求，编制一本本校的统计年鉴。美国高校统计年鉴是美国院校办公室工作职责的重要外在表现，是接受外部认证与评估的基本素材，是高校决策者制定各种政策与任务的基石。美国高校统计年鉴是美国高校用以监控内部质量的重要内容。

截至目前，研究美国高校统计年鉴的著作与论文非常少，并且基本上是美国学者研究的成果。《高校内部质量保证工作：年度报告》是搜集到的唯一关于统计年鉴的文章，文章论述了年度报告的指导思想，阐明了年度报告的类型和内容，精选了外国高等学校年度报告的实例。②

关于美国院校统计年鉴的著作主要有两部，《高校统计年鉴——跟上新体制的需要和挑战》（Larry G. Jones, *Campus Fact Books—Keeping Pace with New Institutional Needs and Challenges*, Jossey-Bass Publishers，1996 年秋季）系统介绍了高校统计年鉴的发展历史，阐述了编制统计年鉴的工作人员与研究机构的变迁，探讨统计年鉴如何得到保持和发展，是研究美国统计年鉴与院校研究的一部重要专著。

美国哥伦比亚大学教育学博士程星与苏州大学教育学者周川主编了《美国院校研究实例》，是他们召集许多在美国高校长期从事院校研究的美籍华人编写的一本案例集。书中各章都是作者根据自己的长期工作积累与理论研究撰写的美国院校研究的实际情况。这本书中介绍了美国高校内部质量指标的一些问题。

---

① 刘献君、赵炬明、陈敏：《加强院校研究：高等学校改革和发展的必然要求》，《高等教育研究》2002 年第 2 期。

② 参见毕家驹《高校内部质量保证工作：年度报告》，《高教发展与评估》2010 年第 3 期。

第二节 以指标为关键词的研究综述

一 指标

“指标”一词的使用非常广泛，最初是在工商企业管理中频繁使用，目前适用于各个领域。上章界定核心概念中，给出了指标从词源学、经济学与统计学的含义。指标从质的规定性与量的规定性两方面诠释，其中预期中达到的指数、规格、标准，这是质的标准；质的标准用数据表示，这是量的规定性。

指标在高等教育领域的使用，不是现在的事情，最早可以追溯到高校的形成。高校中的两大主体教师与学生在当时也是质量管理的重要因素，只是在当时不称为指标而已。从高校与企业的相似度讲，早期高校与企业可以用“形似而神不似”的词汇形容，随着市场经济发展与高等教育改革深入，高校，尤其是美国高校与企业的相似程度越来越高，有些高校就是企业，按照企业模式发展，企业质量管理模式成为高校质量管理的重要法宝。绩效指标在高等教育质量管理中频繁出现，就是一个最好的佐证。

“质量”一词界定之难，在于它是一种抽象的、摸不到看不见的存在，无法用数量定夺的事物。指标的出现使“质量”从抽象转变为“具体”成为可能。1988 年经济合作与发展组织提出“指标就是用以测量某一难以定量之物的数值”。指标成为研究质量的重要词汇。于是，绩效指标出现在高等教育质量管理的研究与实践中就不足为奇了。绩效指标在高校内部质量管理过程中具有重要的作用，它可以在国际范围内真正使用（Dochy，Segers & Wijien，1990）。“绩效指标体系”不仅成了高教政策制定者、高等教育管理者和研究者常用的术语，而且已经成为英国、荷兰、丹麦、瑞典、芬兰、澳大利亚等国和美国许多州的官方评价工具，并受到经济合作与发展组织、国际教育规划研究所及世界银行等国际组织的大力推崇。绩效指标体系是西方发达国家开发的一种特别适用于测量办学效率和效益的评价工具。

二 高校质量指标

（一）高校指标分类视角的研究文献

高校指标分类基础上的研究文献并不是很多。其原因在于高校是高等教育质量高低优劣的主体，是高等教育质量的生成者，高校必须关注高校质量。事实上，这也符合高等教育质量管理模式发展的特点。不论高校处于象牙塔内，还是从象牙塔中走出来成为社会中心，内部质量一直是高校关注的焦点，从来没有被忽视过。随着质量管理模式的多样化，诸如政府通过质量划拨经费的宏观管理，抑或社会中介机构参与高校评估，相关利益者的“问责”，高校管理内部质量的功能不但没有降低，相反其地位越来越突出，其质量管理的重要功能不断彰显。但是，高校对于质量的关注，不再仅仅关注专业质量与学术要求，将学生培养成为某个专业或者学科的“大师”，高校还不得不根据社会对高校人才的期求，满足来自高校之外的各种要求。于是高校质量就有了内部质量与外部质量之分。“大体可以从两个层面来分析判断高等教育质量问题：第一个层面可称为外部的质量指标，即高等学校所培养的人才能否适应社会发展和经济建设的需要；第二个层面是内部的质量指标，即高等教育培养的人才，其素质是否达到了培养目标的要求，尤其是学生专业水准、智能结构和思想水平等方面。”① 当然，在高校质量的分类中也有不同标准下的不同类别：“学校质量的绩效指标分为三类：内部指标、外部指标和运行指标。内部指标反映学校内部的工作，如学位授予情况、教学质量等；外部指标是对高校教育工作是否达到社会需求的评价，如就业情况、科研成果转化等；运行指标反映大学管理工作的效率，如机构开支、硬件设备利用等。”② 这种三分法的高校质量主要参考于高等教育绩效指标分类。1985 年，英国贾勒特在报告中，将绩效指标分为三类，即内部

① 陈文韶：《全面把握标准清醒估价质量——关于当前高校教育质量的调查和思考》，《中国高等教育》1995 年第 2 期。

② 赵萨日娜：《独立学院评估指标体系（第六稿）的不足及改进》，《现代教育科学》2008 年第 1 期。

指标、外部指标与运行指标。其中内部指标反映了学校方面的特征；外部指标反映了企业所设置的学科适应社会经济的情况；运行指标主要指企业的如单位成本、教职人员的工作量、图书馆设备的利用率等教育工作运行的生产率。可见，两者的指标分类基本相同。

绩效指标来自工商管理业，是企业管理理论的重要概念，是促进工商业企业提升管理质量、提高工作效率和效益的重要标准。绩效指标直接指向企业战略目标：一方面将企业的战略目标进行分解后成为各个小目标，方便管理以提高效率与效益；另一方面是各项绩效指标的提升，从而促使企业战略目标的达成。1989 年国际经济合作暨发展组织将绩效指标定义为：绩效指标是数值，它提供评估一个系统质和量绩效的一种方法。绩效指标从经济评估发展到效能评估，又发展到效益评估（Sizer，Spee & Bormans，24，Feb，1992）。

随着质量运动与新公共管理理论的出现，绩效指标逐渐应用于公共领域，尤其在教育领域。美国高校基本上依靠市场运行机制来促进高校的运营与发展，绩效指标在高校内部质量管理过程中具有重要的作用，它可以在国际范围内真正使用（Dochy，Segers & Wijien，1990），并可以作为信号进行教育质量、效率、效能的国际比较（Gaither，Nedwed & Neal，1994）。高等教育领域中的绩效指标，就是“一种权威标准（评估）——通常以数量形式——高等教育机构的活动属性”（Cave，Hanney，Kogan & Trevett）。

事实上，企业管理理论中的绩效指标已经广泛应用在教育领域中，尤其以市场影响高等教育发展的国家中，在高等教育质量评估指标的发展与完善的过程中，在细化高等教育质量评价标准的过程中，更频繁地使用绩效指标。由于我国高校属于国家管理，我国市场经济还不成熟，市场对高校的影响有限。因此，我国学者研究高等教育质量标准的文献中，或者教育行政部门颁布高等教育质量评估方案中，使用的是质量指标，而不是绩效指标。这是东西方学者研究高等教育质量过程中词语使用的不同，在本书中，两者不作区别。

（二）以高校内部质量指标（绩效指标）的理论研究为主的文献

绩效指标来自工商管理业，是企业管理理论的重要概念，是促进工商业企业提升管理质量，提高工作效率、效益的重要标准。绩效指标直接指向企业战略目标，是判断企业战略目标达成与否的指标。

将绩效指标引入高等教育，是“运用科学适用的评价工具检验高教质量和效益的需要”①。在绩效指标体系出现以前，欧美各国的高等教育中已经有评估概念与实践，其中“同行评议”是比较典型的评估手段与方式。然而，以往的评价办法常常有科学性或者适用性方面的缺陷，需要一种具有科学性的评价工具弥补原有评估方式的缺陷。早在70年代就倡导绩效指标体系的希泽教授在1992年撰写了题为《绩效指标体系在高等教育中的作用》的长篇论文，对绩效指标体系的实际作用和广泛影响作了详尽的总结。他把绩效指标体系已经起到的作用归纳为：（1）监督作用；（2）评价作用；（3）对话作用；（4）理性化作用；（5）资源分配合理化作用。

绩效指标对于高校的卓越发展与人才培养的提升具有重要的作用，如何设计高校绩效指标体系就显得格外重要。由凯芜、汉尼和考根在1991年提出的设计准则一共有7条，已被载入《高等教育百科全书》。这7条设计准则分别是：（1）指标类别：被提出的指标究竟是测量投入、过程、产出还是最终结果的？只是一个简单的数量指数还是对某种性质的校正和反映？（2）适切性：被提出的指标究竟能在多大程度上准确反映与某一目标有关的绩效和活动？被提出的指标可能产生哪些负作用？（3）清晰性：被提出的指标是否能清晰地反映对某一现象的赞同与否、价值高低的判断？（这一点看似对绩效指标的最低要求，然而确不容易做到。凯芜曾举过一个例子：“生均成本高”这一现象既可以被解释为浪费，又可以被解释为“个别化教学”的要求。因此，在必须使用这类指标时，就需要配以其他相应的指标。）（4）人为性：如果一个指标很容易被个人或者机构人为炮制，那么该指标的价值就会大大下降。例如某所院校滥招研究生，那么这个指标的意义就受到影响。（5）可比数据的可收集性与代价：有些可比数据可以从现有的政府或院校统计资料中收集。但另一些却

① 张民选：《绩效指标体系为何盛行欧美澳》，《高等教育研究》1996年第3期。

要花一定的代价，有的甚至很难收集。然而，比较性的数据是必需的，因为同一领域系科的绩效比较比一般的绝对值报告更具指导意义。（6）统计的层次性：每个指标都有其适用层次。如个人、系科、学科领域、院校或者整个高等教育系统。不同层次的指标数据混在一起，是难以权重、分析和比较的。（7）与其他指标的关系：在实际生活中，往往需要用多项指标去测评某一活动的绩效。这时，指标设计者就必须阐明各指标的功能、局限以及与哪些指标发生什么样的关系。①

（三）以高校内部质量指标的实践研究为主的文献

"绩效指标体系是西方发达国家开发的一种特别适用于测量办学效率和效益的评价工具。"② 既然绩效指标体系是一种评价工具，就具有一定的实践的操作性。欧美很多国家都高度重视绩效指标体系在高校运营与质量提升中的重要作用，努力研发适合高校与时代特征的绩效指标体系。以美国为代表，美国各个州都制定了不同的高校绩效指标体系，其中最具代表性的是肯塔基州和田纳西州的高校绩效指标体系。1998 年美国肯塔基州的高校绩效指标体系，共包括教育质量、教育培养、机会均等、经济发展和生活质量以及协调与倡议精神 5 大类共计 25 项指标。③

随着绩效指标体系的进一步发展，各国与高校的绩效指标体系不但丰满且细化，对于指导美国高校整体发展的作用越来越大。美国的绩效指标体系由于各州的不同而不同，但基本类别则是一致的。美国高等教育绩效的策略指标体系把指标分为 4 个大类，13 个次类，70 多个指标。它们分别是：（1）收入结构（6 项）；（2）支出及结构（5 项）；（3）资源及留存（4 项）；（4）捐赠与投资（5 项）；（5）发展（7 项）；（6）房地产、设备及消耗（3 项）；（7）图书馆

① M. Cave, S. Hanney & M. Kogan, *The Use of Performance Indicators in Higher Education*, London: Jessiea Kingsley, 1991, p. 203.

② 李祖超、石昊：《美英高校绩效评价指标体系的比较分析及启示》，《评价与管理》2010 年第 3 期。

③ 肯塔基州高教委员会报告，Concept paper on performance funding，1995 年第 10 期。

（1 项）；（8）计算机（1 项）；（9）学生（11 项）；（10）招生（5 项）；（11）教职工（10 项）；（12）学费与资助（15 项）；（13）研究（5 项）。

除此之外，英国高等教育绩效指标体系的研发也不甘落后。英国大学校长协会与大学基金委员会联合编制的《英国大学管理统计和绩效指标体系》一共有十几个表类，近 70 个指标，涵盖了从资金来源到支出比例、从学生入学时学业状况到毕业后的就业状况等。

从文献中搜寻的以英美发达国家为主的高校绩效指标体系比较多，且体系比较完整。在实践的操作中对英美国家高校整体运营中的质量提升与人才培养的专业质量及学术能力有重要的推动作用。其他国家绩效指标体系的研究仍然处于讨论与研发阶段。我国已经颁布了国家高等学校本科教学工作水平评估体系、高职院校教学质量评估体系、新建本科高校院系教学管理水平评估指标体系、独立学院评估指标体系，并且在实践中已经对相关高校进行国家行为的评估活动。但很遗憾的是，我国还没有高校公布高校构建的内部质量保障体系。虽然魏红与钟秉林两位学者在文章《我国高校内部质量保障体系的现状分析与未来展望——改进高等教育绩效的策略指标体系》[①] 中，以 96 所高校内部质量保障体系为样本进行统计分析，但事实上还无法找寻到这些高校公布的高校构建的内部质量保障体系，可见高校内部质量保障体系还不成熟，仍然处于讨论中。

第三节 以质量指标为关键词的文献综述

以“高校” + “内部质量”作为双关键词搜索后，呈现了诸多高校内部质量保障体系的文章，这些文章在分析我国《普通高等学校本科教学工作水平评估方案（试行）》中指标体系利弊的基础上，论述构建高校内部质量保障体系的重要性、必要性与可能性，并从多

① 参见魏红、钟秉林《我国高校内部质量保障体系的现状分析与未来展望——改进高等教育绩效的策略指标体系》，《高等工程教育研究》2009 年第 6 期。

个维度提出构建高校内部质量指标体系。但从总体上讲，除了国家高等学校本科教学工作水平评估体系、高职院校教学质量评估体系、新建本科高校院系教学管理水平评估指标体系、独立学院评估指标体系外，还无法公开获得高校构建的内部质量保障体系。虽然魏红与钟秉林两位学者在文章《我国高校内部质量保障体系的现状分析与未来展望——改进高等教育绩效的策略指标体系》中，以96所高校内部质量保障体系为样本进行统计分析，但事实上还无法找寻到这些高校公布的高校构建的内部质量保障体系。

一　观念与理论的视角

观念是先导。构建高校内部质量保障体系，不是一朝一夕、一蹴而就的事情，它需要正确理念、精心设计、科学研发、严密论证、重复验证，才有可能设计出科学的质量保障体系。“高校内部质量保障体系的建设思路应该是：以全面质量管理思想为指导。”①

高校内部质量保障体系建设是高校提高办学质量的新战略。高校内部质量保障体系的建设，应“以统筹协调的方法论为指导，以全面、协调、可持续为建设的基本路径与着力点”，“树立全面质量观和大体系观，实现高校内部质量的全面管理与全程保障，推动高校的全面发展”。②

二　高校管理职能的视角

高校是高等教育内部质量的生成者与管理者，也是高等教育质量保障的主体，“当前我国高等教育质量保障体系需要高校内部质量保障来完善”。③ 大学教育质量归根结底取决于师生之间的相互作用以

---

① 魏红、钟秉林：《我国高校内部质量保障体系的现状分析与未来展望——改进高等教育绩效的策略指标体系》，《高等工程教育研究》2009年第6期。

② 刘学忠、时伟、王绍峰：《以科学发展观引领高校内部质量保障体系建设》，《中国高教研究》2010年第13、14期。

③ 孙丰林：《关于建立高校内部质量保障体系的探讨》，《中华女子学院山东分院学报》2007年第2期。

及大学作为一个整体的完整性和专业水平，它是由大学自己建立起来的为促进学校内部的自我调节、改进工作、保证和促进教育质量的机制。①

但真实世界总是与理想状态存有差距，目前高等教育不再生存于“象牙塔”，它必须适应外部世界的环境与气候，它必须与时代的发展同步，但还必须竭力保持“学术自由”“教授治校”的独立个性。随着高校成为社会的中心，高校可生存的空间与自由越来越狭窄，来自政府职能管理部门的监控，来自社会中介机构的认证，来自利益相关者的“问责”，诸如此类的要求，使得高校极力坚持学术自由、学者治校的想法都有些力不从心。这是欧美国家高校的切身体验。1994年，世界银行在《高等教育经验教训》一书中，根据国际高等教育发展的经验教训，针对发展中国家的实际情况，曾提出过一条重塑政府角色的基本原则：由实行直接控制转变为提供“使能”的政策环境。②

“如果要切实提高高等教育质量，必须首先从高校内部入手建立保障体系。”③ 要想高校建立科学的内部质量保障体系，实现高校真正质量生成者的角色，就要给予高校管理权力，实行政府分权、高校自主办学的管理体制，转变政府对高校的管理职能。美国高校在20世纪80年代以来，联邦政府改变了经费拨款的惯例，通过“质量”换“经费”的方式，一方面促使高校质量的提升，另一方面实现政府对高校的宏观管理，达到双赢的效果。这是经济合作与发展组织（OECD）国家倡导的以资源有效利用向高校提供强有力的激励机制的管理办法。为了提高高校内部效益，“教育经费拨款委员会”制定高校内部的绩效量化指标，把拨款与高校完成内部绩效指标联系起来，促进高校领导转变教育思想，革新教学内容和教学方法，合理设

① 孙丰林：《关于建立高校内部质量保障体系的探讨》，《中华女子学院山东分院学报》2007年第2期。

② 参见钟宇平、陆根书等《通过制度创新提高效率对中国高教体制改革的思考》，《高等教育研究》1997年第3期。

③ 孙丰林：《关于建立高校内部质量保障体系的探讨》，《中华女子学院山东分院学报》2007年第2期。

置系科专业，拓宽专业面，优化课程结构，注重培养学生的素质和能力，主动适应市场经济对人才的需求，把提高教育质量落实到实处。当然，政府还可以利用立法、规划、拨款、评估、监督、审查等手段强化宏观调控，以保证教育质量和效益，从外部督促高校提升高校内部质量。同时必须强调的是，高校应该真正行使自主办学的管理职能，从内部将提升高校质量作为高校发展战略，创设质量文化环境，开发全质量管理模式，用先进的管理理念真正实现高校的卓越发展。

三 内部质量要素的视角

高校内部质量保障体系是符合高等教育发展规律与人才成长规律的科学系统，其目的是监控与管理高校内部质量。因此，高校内部质量保障体系在指导实践操作与实地评估的过程中，更应该具有可操作性。高校内部质量保障体系的内部质量要素，应该具有以下特点。[①]

第一，它是更便于分析、整理和比较。尽管高等教育的活动在许多方面都很难测定，绩效指标体系还是尽力用“序数性的”“基数性的”“绝对值的”和“相对值的”方法，对“高等教育机构的活动及其性质作权威性的测量”（Cave，1992）

第二，对测评的比较性、可比性要求。凯芜（Cave）和努托尔所强调的都反映了这一特性。英国的绩效指标体系为了确定可比的“生均成本”，规定了37个学科成本中心，这就使英国各大学的各院系都能够了解本国同类院系的“生均成本”和全国同类院系的平均“生均成本”。

第三，它不仅包含成果指标，而且涵盖高教运作的各个方面。绩效指标体系特别强调有关高等教育的外部环境、投入、过程和产出四大类指标。这就有了全面分析、比较和评价的高校的产出与投入、努力程度之间关系的可能。英国大学校长协会和大学拨款委员会提出，绩效指标体系的结构和具体指标可能会有差异，但是必须包括投入、过程和产出指标，否则高等院校的效率和效益就难以测评，并规定了

① 参见张民选《绩效指标体系为何盛行欧美澳》，《高等教育研究》1996年第3期。

这几个指标的内涵。

高校内部质量指标保障体系是在高校的整体运营中，通过收集整理与质量相关的重要指标，用于监控与管理高校质量，因此高校对于质量的管理应该是全程管理。高校质量全程管理主要包括以下几个方面。①

加强生源输入研究与分析，制定既符合人才培养目标要求又切合生源基础的科学可行的人才培养方案，为人才培养提供可靠的保障。

在培养过程中，通过督导评教、同行评教、学生评教，对教师教学质量的监控与保障，强化教师责任意识，引导教师精力最大限度地投入教学，保证教学质量与水平。

通过教师评学，对学生学习效果的关注与保障，营造学生自主学习、自我管理和个性发展的良好氛围，保证学习的质量与效果。

全体动员，共同努力，整体营造良好学习环境与育人环境，促进学生身心健康；在质量输出环节，密切与用人单位联系，加强毕业生质量追踪调查，提高培养人才的社会适应度。

上述几个方面的阐述确实是高校质量全程管理的重要内容，但存在重要的问题，即如何将各部分的重要标准既以定性又可定量的质量指标的方式呈现，是一件非常困难的事情。高校内部质量保障体系建设的目的是通过对质量生成过程的分析，寻找保障质量的关键控制点，运用制度、程序、规范、文化等实施控制，从而实现质量的持续改进与提高。②

在此基础上，中国学者魏红与钟秉林两位学者在分析96所高校内部质量保障体系后，分析得出高校内部质量保障体系应该包含五大要素。③

---

① 参见刘学忠、时伟、王绍峰《以科学发展观引领高校内部质量保障体系建设》，《中国高教研究》2010年第13、14期。

② 参见戚业国《高校内部本科教学质量保障体系建设的理论框架》，《江苏高教》2009年第2期。

③ 参见魏红、钟秉林《我国高校内部质量保障体系的现状分析与未来展望》，《高等工程教育研究》2009年第6期。

（1）背景保障：人才培养目标和质量标准。包含高等学校的人才培养目标与规格、专业培养目标和各级各类质量标准等环节。

（2）投入保障：教学条件和人力资源。其中教学条件包含教学经费、校舍、实验室、图书馆等建设环节，人力资源包含教师数量、结构、教师培训和发展以及学生生源状况等环节。

（3）过程保障：人才培养过程的管理与监控。包含教学管理组织体制、教学建设、教学研究、教学制度、教学质量监控、教学基本状态数据库建设等环节。

（4）结果保障：教学效果评价。包括院系教学工作评估、专业评估、课程评估、教师教学质量评估、学生学习效果评估、毕业生满意度调查、毕业生追踪调查和教学评优奖励等环节。

（5）机制保障：质量保障各个环节的评价、反馈和持续改进。

以上五大要素以及每个要素下包含的若干个环节，构成并全面体现了质量保障的结构、内涵和具体内容。

中外学者综合对于高校内部质量保障体系研究中体现出来的要素，提出了指标保障中的关键要素，但仍然处于要素阶段，如何将要素转变为可以测量的指标，是高等教育质量管理中的重要现实问题。

采用关键词的方式将能够获得的与“美国高校内部质量指标研究”相关的文献进行了层层梳理，其目的就是探求前人的研究成果为己所用。综合来看，虽然美国高校拥有承担编制与研发统计年鉴的院校研究机构，负责高校的整体运营数据的收集与整理，但它只对本校统计年鉴、本州或国家的认证指标体系高度关注；美国虽然已经设计并公布了绩效指标体系，但仍然是国家或者州一级构建的绩效指标体系，高校以统计年鉴的模式编写，并没有形成自身的绩效指标体系。另外，美国作为高等教育高度发达成熟的国家之一，不同类型与层次的高等教育众多，如何让同类型或者同层次的高校在发展的过程中，比较、分析彼此发展的优势与不足，进而互相借鉴发展的策略与途径，达成高校发展的特色与卓越？可见，美国高校内部绩效指标的空间仍然很大，在挖掘美国高校统计年鉴现有资料的基础上，深入研究美国高校内部质量指标，尝试构建不同类型与层次的高校内部质量指标体系，对于美国高校内部质量指标的发展具有重要的理论与实践意义，更希望对还没有研发或正在研发高校内部质量指标体系的国家有所帮助。同时，也希望以此研究能发挥抛砖引玉的作用，促使更多的理论研究者与实践者参与到高校内部质量指标的研究行列中。

第四节 文献总结与本研究切入点

采用关键词的方式将能够获得的与“美国高校内部质量指标研究”相关的文献进行层层梳理，对研究现状进行总结并作出评价，以及展望未来研究的发展趋势，明确本研究的切入点。

一 对现有研究成果的总结与评价

本研究的主要内容是美国高校内部质量指标，以研究内容中“质量”与“指标”两个关键词作为线索，最后导归到“质量指标”上来，将已有相关研究成果进行分类综述。通过梳理可以发现，对高校内部质量指标的研究可以分为两部分：一是以美国为代表的实践基础上的质量指标体系。通过建立与完善院系评估制度，以院校研究办公室编撰的统计年鉴为基础，整理分析高校每年各项数据，在全面质量管理理论与新公共理论的基础上，通过全程质量管理将高校与质量相关的指标进行细化，设计高校内部质量指标体系，达成质量的不断提升，从而实现高校卓越发展。二是以我国为代表的理论基础上的质量指标体系。高校在内部质量管理过程中扮演着重要角色，且需要有正确观念与质量管理的理论为基础构建内部质量管理体系，并试图以国家颁布的几个评估指标体系为样本，通过对美国内部质量指标体系的借鉴，尝试形成高校内部质量指标体系。

总而言之，在对美国高校内部质量指标的研究中，形成了下述结论。

首先，关于核心概念的界定，还没有一个标准的、共识的认同。质量是一个抽象的概念，指标具有质的规定性与量的规定性两个方面。“质量”与“指标”都不是高等教育的专属概念，是从经济学或者管理学领域中移植过来并为高等教育所用的重要概念，是在理论基础之上的含义。虽然目前质量与指标已经应用到多个领域，但从自身领域移植到其他领域的过程中，需要重视学科之间使用的差异性。因此，对于质量指标在高等教育领域的使用需要关注其使用的内涵。通用的“质量指标”的界定是从经济学领域或管理领域的视角加以诠释，与高等教育领域的“质量指标”所要表达的内涵并不完全相同。国外教育研究者通常用绩效指标研究高校质量问题，直接移植了管理理论中的概念，这与国外高校管理体制有着密切的关系。绩效指标用在教育领域，不同的研究者对它的诠释也不尽相同。因此，关于质量指标（绩效指标），在教育领域还没有达成共识。

其次，高校内部质量指标的理论研究不断深入。理论研究是为了更好地指导实践的操作及操作的科学性。高校内部质量指标的理论研究已经从概念内涵、理念、理论基础、管理体制、内部质量要素等多方面进行了系统且深入的论述，而且这些方面研究不断深入，为设计科学、严谨的内部质量指标奠定了基础。质量指标的概念虽然还没有达成共识，但研究者一致认为用“指标”可以将抽象的“质量”进行细化，形成质量指标体系。质量如何通过指标细化，细化到何种程度，如何保证细化的指标具有科学性，细化的指标如何在高校中实现其价值等诸多问题，都成为研究者热衷研究的对象，并已经呈现一定的研究成果。

最后，美国高校内部质量指标的实践研究正逐步向科学与完善迈进。美国是一个“实用”国家，几乎每次危机的出现，都会直接或间接地寻找到人才培养的教育上来，经济危机尤甚，因此承担人才培养的高校很容易成为众矢之的，这必然促使高校对质量的管理。绩效质量的研究由英美兴起，但其研究成果的使用却在美国发生了根本的变化，比如高校院校研究办公室的设置几乎遍布美国的所有高校，从而形成院校研究协会，共同讨论院校研究中的任务、职责、功用等。编纂统计年鉴是院校研究办公室每年的重要任务，院校研究办公室负责收集整理高校每年的数据，在数据的基础上形成统计年鉴，它是美国高校运营的晴雨表，用以监控高校发展的整体态势。

二 未来研究趋势与发展方向展望

在对目前美国高校内部质量指标的研究内容总结的基础上，从研究内容与研究方法方面对美国高校内部质量指标的研究趋势与发展方向进行展望。

（一）研究内容的发展方向

通过文献综述可知，目前对于美国高校内部质量指标研究的热点表现在两个方面：一是理论研究方面，即如何设计与构建科学合理的高校内部质量指标体系。研究者尝试通过概念内涵、理念、理论基础、管理体制、内部质量要素等多方面系统且深入的分析，试图解决这个问题。二是实践操作层面，关注美国院系评估制度的发展，了解美国院校研究的态势，研究高校统计年鉴指标的构成及其变化趋势，以便指导高校更好地研发统计年鉴并充分发挥其功能。

在厘清美国高校内部质量指标理论研究与实践操作的基础上，针对美国高校质量管理的现状而展开的“高校内部质量指标”将是未来该领域发展的主要方向。主要原因首先在于，全面提高高等教育质量是高等教育发展的核心。已实现或正在实现高等教育大众化的国家，必然会促进高等教育向内涵方向发展。其次在于“质量”度量的难度，需要找到一个可以将质量的抽象性转化为具体性的工具，指标恰好能够实现质量的转化。再次，高校是质量的生成者，是办学的真正主体，高校内部质量决定着高校的办学质量与人才培养规格。最后，高校内部质量指标体系的构建，可以帮助高校准确定位，拓展发展的空间，探寻卓越发展的途径与方法。

（二）研究方法的趋势展望

“质的研究”（又称“质性研究”“质化研究”），是以研究者本人作为研究工具，在自然情境下采用多种资料收集方法对社会现象进行整体性探究，使用归纳法分析资料和形成理论，通过与研究对象互动对其行为和意义建构获得解释性理解的一种活动。[①] 其实质，就是研究者作为一个主动者，进入获得相关资料“真实”的情境中，通过点对点的连接方式，从事物诸多的特点中，通过“白描”手法获得事物的全貌。

质的研究方法一般比较适宜于下列情况：（1）在微观层面对社会现象进行比较深入细致的描述和分析，对小样本进行个案调查，研究比较深入，便于了解事物的复杂性；（2）注意从当事人的角度找到某一社会现象的问题所在，用开放的方式搜集资料，了解当事人看问题的方式和观点；（3）对研究者不熟悉的现象进行探索性研究；（4）注意事件发生的自然情境，在自然情境下研究生活事件；（5）注重了解事件发展的动态过程；（6）通过归纳的手段自下而上建立理论，可以对理论有所创新；（7）分析资料时注意保持资料的文本性质，叙事的方式更加接近一般人的生活，研究结果容易起到迁移的作用。[②]

在美国高校内部质量指标研究中使用质的研究方法，主要是做一个自下而上的、探索性的研究。通过收集整理不同类型与层次多所美国高校的统计年鉴，进行归类分析，尝试构建美国不同类型与层次高校的质量指标体系，因此，在收集与分析质量指标时，在进行数据比较分析时，基本采用描述性统计分析方法，以保持资料的原始状态。

三 本研究的切入点

在对已有的对于美国高校内部质量指标的研究进行梳理和整体评价的基础上，最终确定了本研究的切入点。

首先，在全面质量管理理论与新公共管理理论的基础上，研究美国高等教育质量管理模式发展历程，全面展现美国高等教育质量管理模式变化的全貌。其重要特点为高校从始至终加强内部质量管理。在此基础上，研究美国20世纪80年代高等教育质量运动的缘由、过程

① 参见陈向明《质的研究方法与社会科学研究》，教育科学出版社2000年版，第10页。

② 同上。

及其结果。其结果，对高校来讲，高校院校研究机构获得大发展。美国院校研究机构主要承担质量管理的理论研究与实践操作两方面的重要任务。在这部分，主要分析院校研究机构承担的理论研究任务，即研究高校内部质量指标并对本校高等教育质量运行态势进行分析。

其次，以2000年卡内基美国高校分类为基础，通过收集整理美国不同类型与层次的高校统计年鉴数据，研究美国高校内部质量指标的真实状态，这部分是美国院校研究的实践研究。本研究主要采用描述统计分析法与个案研究法，获取美国高校内部质量指标的第一手材料，梳理美国高校内部质量指标的基本特征。

最后，分析美国不同类型与层次高校内部质量指标，构建美国高校内部质量指标体系，分析指标体系的特征。在此基础上，从理论层面探究美国高校内部质量指标体系的基本形态、特点、功能、存在的问题以及启示。

第五节 高校内部质量指标研究的理论选择

通常来说，学术研究是建立在一定理论基础上的。没有理论支撑的研究，就如同一栋大厦没有地基，只是空中楼阁。这样的学术研究，既没有研究的理论意义，也没有实用的价值。

高校内部质量指标研究，是高校对于人才培养整个过程的参与指标进行梳理分析，从而形成内部质量指标体系的过程，它与高校培养目标与战略规划紧密联系。高校内部质量指标研究是高等教育管理的重要内容，本书以全面质量管理理论与新公共管理理论作为其理论基础，展开美国高校内部质量指标研究。

一 全面质量管理理论

（一）全面质量管理理论核心

自20世纪70年代起，企业中的质量管理就开始特别强调质量控制是每个人的责任，企业全体成员都要参与到质量管理工作中去，在企业中“质量是全面管理出来的”信念普遍得到企业界的认同。20

世纪80年代以后，美国引进了日本式质量管理模式并重新建构成为全面质量管理模式。在全面质量管理的框架下，顾客需求满意度成为判定企业产品质量高低的重要指标。①

全面质量管理的核心思想是全面、全过程和全员参与。全面质量观从根本上改变了组织的属性及其基本运行规则，传统的以专门分工为基础的相互割裂的系统正在被相互反馈、紧密联系的系统所替代；全面质量除了要制造更好的产品和提供更好的服务以外，它更加重视探索提高资源利用和配置效率；全面质量管理向产品或服务的上游（原材料供应）和下游（顾客）延伸，表明其对利益相关人的整体利益负责的价值观。

（二）全面质量管理在高等教育质量方面的运用

高等学校“质量管理”是指高等学校人才培养质量的决策、行动和判断的整个过程，它涵盖保证高等教育质量所涉及的一切内部和外部的结构和过程。② 具体而言，高校质量管理是高等学校通过建立和保持的相关体系进行过程管理、质量策划、质量控制、质量评价和质量改进，实现其所有质量职能的活动。质量管理的本质是通过协调高等教育的各个环节，降低成本，在现有条件下实现管理绩效的最大化。

传统高校内部质量保障体系建设也重视理论指导，如引入全面质量管理理论等。新时期高校内部质量保障体系建设，必须以统筹协调的方法论为指导，以全面、协调、可持续为建设的基本路径与着力点。牢固树立以提高质量为核心的教育发展观，树立全面质量观和大体系观，实现高校内部质量的全面管理与全程保障，推动高校的全面发展，提高高校办学质量。③

---

① 参见王建华《高等教育质量管理的新趋势及我国的选择》，《中国高教研究》2008年第8期。

② 参见王建华《高等教育质量管理：从技术到文化》，《中国高等教育》2008年第2期。

③ 参见刘学忠、时伟、王绍峰《以科学发展观引领高校内部质量保障体系建设》，《中国高等教育》2010年第13、14期。

全面质量管理理论在高等教育领域中的应用和创新，为高等教育质量管理的重心下移提供了理论与技术上的支持。以高校毕业生质量和高等教育服务质量为特征的全面质量观，以贯穿于学生培养的全部价值链为特征的过程质量控制，有利于推动高等教育质量管理的现代化和科学化。

二 新公共管理理论

（一）新公共管理理论的发展与内涵

新公共管理，又称“管理主义”“企业化（家）政府”“市场导向的公共行政”“后官僚体制模式”，是以经济上的新自由主义思潮、政治上的公共选择理论和私营工商业管理为基础的社会学理论，以新兴的信息技术为依托，在西方公共管理学界逐渐形成了新公共管理理论。自20世纪70年代末期开始，在新西兰、英国、美国等国家开始了一场旨在革新政府的新公共管理运动，随之日本、加拿大、荷兰、法国等经济合作暨发展组织的其他成员国也都采取了类似的改革措施。西方国家针对政府公共行政集权化和官僚主义形成的政府垄断而导致的政府公共行政低效率、巨额财政赤字、高昂的社会成本，以及为了顺应世界经济一体化（Integration）、全球化（Globalization）和信息时代（Information age）的发展要求，开展了一场旨在推行绩效管理、强调顾客至上与服务意识、在政府管理中引进竞争与市场机制的政府改革运动，这场改革运动被称为“新公共管理运动”（New Public Management Movement）。[①]

在新公共管理理论发展的过程中，众多学者探讨了“新公共管理”的本质与核心，其中比较有代表性的观点有以下几种。

胡德将新公共管理看作一种以强调明确的责任制、产出导向和绩效评估，以准独立的行政单位为主的分权结构（分散化），采用私人部门管理、技术和工具，引入市场机制以改善竞争为特征的公共部门管理新途径。胡德归纳了新公共管理的七个要点：（1）在公共部门

① 参见李鹏《新公共管理及应用》，社会科学文献出版社2004年版，第10页。

之中放手给专业管理，这表示让管理者自己管理；（2）目标必须明确，绩效必须能够加以测量；（3）特别强调产出控制，重视实际的成果甚于重视程序；（4）走向分解的转变。分解（Disaggregation）的意思是透过小型政策领域的机关设立，而将大规模的部会分割开来；（5）转变为更大的竞争性；（6）重视私人部门形态的管理行为；（7）资源运用上的克制与节约。①

经济合作暨发展组织（OECD）1999 年度公共管理发展报告《转变中的治理》把新公共管理的特征归纳为如下八个方面：（1）转移权威，提供灵活性；（2）保证绩效、控制和责任制；（3）发展竞争和选择；（4）提供灵活性；（5）改善人力资源管理；（6）优化信息技术；（7）改善管制质量；（8）加强中央指导职能。②

我国的著名公共管理学者陈振明教授在一篇论文中曾将新公共管理的内容归纳为如下八个方面：（1）“让管理者进行管理”（强调职业化管理）；（2）衡量业绩（明确的绩效标准与绩效评估）；（3）产出控制（项目预算与战略管理）；（4）顾客至上（提供回应性服务）；（5）分散化（公共服务机构的分散化和小型化）；（6）引入竞争机制；（7）采用私人部门的管理方式；（8）改变管理者与政治家、公众的关系。③

上述三种新公共管理理论的观点，都着重强调了以下几个方面。

1. 注重政府的政策职能与管理职能的分离，且广泛采用授权或分权的方式进行管理

新公共管理理论认为，政府严守公共政策制定的职能，运用公共政策的引导来保证政府对公共组织有效承担公共管理的职能，目的是将政策职能与管理职能分开。政府应该看到一切问题和可能性的全貌，并且能对资源的竞争性需求加以平衡及发现达到目标的最佳途

① 参见李鹏《新公共管理及应用》，社会科学文献出版社 2004 年版，第 10 页。

② 参见赵景来《“新公共管理”若干问题研究综述》，《国家行政学院学报》2001 年第 5 期。

③ 参见陈振明《走向一种“新公共管理”的实践模式——当代西方政府改革趋势透视》，《厦门大学学报》（哲学社会科学版）2000 年第 12 期。

径。新公共管理也相应地提倡用授权、分权的办法来对外界变化迅速作出反应。新公共管理理论要求政府应善于下放权力，实行参与管理，通过积极合作、分散公共机构的权力，简化内部结构上的等级；注重信息技术的运用，提高公共服务部门的效率，重视公共部门的人力资源开发与管理。政府要重视公众的需求，把公众视为顾客，政府应像企业一样具备“顾客意识”，受顾客驱使、建立明确服务标准、改善服务质量、降低服务成本、提高行政效率。

2. 注重将私营部门的管理方式引入公共部门

新公共管理强调政府应广泛采用企业经营部门成功的管理手段和经验。强调重视人力资源管理，强调成本—效率分析、全面质量管理，主张全面的货币化激励而不过分主张传统的道德、精神、地位和货币等因素的混合以及单一的固定工资制的激励机制，主张对高级雇员的雇用实施有限任期的契约而不是传统的职位保障制。梅西指出，将私营部门在实践中获得的最有效技术传给公共组织，以使市场的原则及其本身具有的效率深入国家行政中。要充分吸收私营部门管理方法，这不仅不会违背公共管理的一般原则，而且还能够以较少的施政成本缔造一个运作良好的政府。

3. 营造“顾客导向”的行政文化

新公共管理理论认为，政府的社会职责是根据顾客的需求向顾客提供服务，政府服务以顾客或市场为导向，只有顾客驱动的政府才能满足多样化的社会需求并促进政府服务质量的提高。市场不仅在私营部门存在，也在公共部门内部存在。当市场在公共部门出现时，通常被称为系统，如教育系统、职业训练系统和心理卫生系统。新公共管理强调政府应为有责任的企业家，公民则是其“顾客”或“客户”。这种拥有更多选择权、有机会来评价政府工作效果的“顾客驱动”机制将是一个推动政府改善服务质量的良好机制。

4. 以市场为调节机制，优化社会资源配置

新公共管理者认为，要从市场的标准来配置公共资源，充分发挥市场在资源配置过程中的作用，凡是市场能发挥优势的地方，就充分让市场发挥作用，并且用市场标准评估公共服务生产者和供给者的工

作效率。也就是打破公共物品与服务供给的垄断局面，将一部分公共物品与服务的提供，通过契约由更具效率的市场来完成。奥斯本和盖伯勒指出：通过市场的力量进行变革，建立市场导向型的政府。市场导向的政府通常重构私人市场而不是使用行政机制来解决问题。开发财政激励手段，迫使以私人组织和个人以解决社会问题的方式来运作。正如戈尔报告中指出的那样，“利用市场机制去解决问题”，从而减少政府职能使政府更加“小而美”。

5. 政府应放松严格的行政规则，实施明确的绩效目标控制

新公共管理主张放松严格的行政规则，实行严明的绩效目标控制，即确定组织、个人的具体目标，并根据绩效目标对完成情况进行测量和评估。绩效评估是通过科学的方法、程序和标准，对公共服务部门的成就、业绩作出的客观、准确的评价。奥斯本和盖布勒在《改革政府——企业精神如何改革着公营部门》一书中指出：“按结果而不是按投入进行拨款。结果导向型政府将责任从投入转移至产出或结果，并测量公共机构的绩效，制定组织目标，奖励那些达到或超过目标的机构。”新公共管理建立一种新的责任机制，不再实行以规则和程序为本的事前控制，而建立以结果为本的事后控制体系，实现了控制方式从向政治官员负责的间接责任制转变到以顾客为中心的直接责任制。

（二）新公共管理理论对高校内部质量指标研究的价值

高校内部质量指标研究，是以高校为主体，以内部质量指标为核心，构建适合人才培养整个过程的质量指标体系。在质量生成过程中，高校作为质量的管理者，通过放权的方式，将质量管理权力下移到院系级；将学生作为高校的“顾客”，充分考虑“顾客”的教育规律与人才成长规律，满足他们的各种需求。高校在内部质量管理过程中，需借鉴企业的管理模式，调动市场竞争机制，以“绩效质量”的提升争取校内外各种有利于高校发展的环境，提升高校办学质量，达到人才培养目标。从某种意义上讲，新公共管理理论是高校内部质量指标研究的目标导向基础。

三　本研究的理论依据

全面质量管理理论与新公共管理理论从不同方面为高校内部质量指标研究提供了理论基础。

首先，高校内部质量管理指标的研究，主要是以人才培养质量提升为其主要目标。“十年树木，百年树人”，人才培养是一个过程，高校是专门人才与高级专门人才培养的摇篮，这个时间可以是 2 年、4 年、5 年、8 年甚至更长的时间，它从学生进入大学注册开始，直到走出校门为止。在这个过程中，高校的人、事、物功能的发挥都以人才培养为出发点，是随着人才培养的需要不断改善的过程，是一个全员参与、全程管理以期达成质量全面提升的过程。

其次，以人才培养为己任的高校，存在投入与产出之绩效问题。尤其经历了 70 年代经济危机后，以美国为首的教育发达国家改变了政府无偿投资高等教育的方式，采用“质量”换“经费”的对高校拨款方式，那么质量指标成为高校进行人才培养的主要评价标准。新公共管理理论就是通过管理要绩效、要质量。高校进行内部质量指标的研究与新公共管理的要求有异曲同工之妙。

最后，高校对内部质量指标的研究，是“知己知彼”的过程。通过知己，不断改善影响内部质量指标的各个环节、各个方面，更好地进行质量管理；通过知彼，从比较中找出自己的差距，找出他校优势，不断提升质量管理的水平。高校正是通过知己知彼，才能准确定位，制定合理的发展规划，不断向卓越发展。

第三章　美国高等教育质量运动与高校内部质量管理

从 1632 年哈佛学院创立到现在，美国高等教育获得了极大的发展，形成了层次不同、类型多样和质量领先的较为完备的高等教育体系。由于美国宪法与社会环境及高校自身发展规律的影响，形成了高等教育自治、竞争与多样化特点。美国已经成为世界上高等教育最发达的国家之一。

第一节　高校质量管理模式

美国作为世界高等教育最发达的国家之一，发展至今高等教育只有 300 多年的历史。世界高等教育质量管理模式发生的那一刻并不是从美国开始的，美国高等教育质量管理模式在坚持“本土”基础上借鉴他国经验，并慢慢融于世界高等教育质量发展中，与世界高等教育质量管理模式基本相同。

世界高等教育发展到今天，质量管理主要有三种模式：一是高校内部质量管理模式，二是高校外部评估内部接应的质量管理模式，三是高校内外部共管的质量管理模式。这三种质量管理模式的形式与发展有其历史必然性，形成的时间也交错融合。但从发展的整个历程看，高校作为质量管理的主体，或主动或被动地存在于整个质量管理的发展进程中。

一 高校内部质量管理模式

最早的大学建立于12世纪的意大利、法国和英国。西欧的第一所大学是1158年产生于意大利波伦亚市的波伦亚大学，它开始时只有法科，后发展了医科，增设了神学院。随后1160年巴黎大学形成，它以神学和文学著称。后来巴黎大学中的英国学生分裂出来返回祖国，于1167年组成了英国牛津大学（1209年又从牛津大学分出剑桥大学）。到14世纪，意大利有大学18所，法国有大学16所，整个欧洲共计有47所大学。到16世纪时，全欧大学已增加到80余所。早期中世纪大学通常是在原有的文化教育机构基础上建立起来的。大学的前身有两种：一种是原有的studium generalea，即针对所有人的教育中心或研究所；另一种是原有的主教学校，它一般拥有神学和哲学方面最有名望的学者、教授。最早的中世纪大学就是在此基础上建立、演变而来的。[①]

中世纪晚期，随着欧洲社会的复兴，新兴城市中逐渐出现了一批知识分子，他们以10世纪的学术复兴为契机，以行会组织为参照，组建大学社团，最终形成西方的大学。此时的大学与国家及政府基本没有关系，是独立的社会组织。它们自我组织、自我经营，承担人才培养的责任。20世纪之前的大学规模小、人数少，是少数“有闲阶层”研读经典、修身养性的“象牙之塔”，大学远离社会，并未引起社会的广泛关注。第一次产业革命和第二次产业革命期间，城市大学纷纷涌现。这些城市大学没有宗教信仰的要求，服务地方，重视研究和开发技术。

20世纪前，英国大学是高等教育的核心，由于国家不参与办学，基本是民间办学，因此国家很少为大学提供办学经费，大学的财政主要依靠个人和社团力量。所以英国大学享有充分的自治权，中世纪时期国家或教会一度试图强制大学时，大学甚至会以迁徙相威胁，其中

---

① 参见王嵘、郭三娟《欧洲中世纪大学的兴起及其借鉴》，《教育探究》2006年第4期。

最著名的就是牛津部分师生迁徙到剑桥大学。大学自治权广泛地表现在学术决策、言论著述、教学管理和招生聘任等各个方面。当时的牛津大学和剑桥大学采用学院制，学院拥有自立（self-support）、自治（self-government）、自足（self-replenishment）的特点，拥有招生、教学、住宿、纪律和管理等权力，捐赠也直接到各学院。师生间采用导师制。精英阶段的高等教育主要是建立在院校自我约束的基础上，那时的高等教育“本身就是质量的体现”，“高等教育质量标准主要是由高校自己制定的”，其质量“更多靠高等学校自身来保证”。[①]

英国大学，不论是传统的具有很高自治权的大学，还是新兴的多科性技术学院，学校内部都高度重视质量保证。学校主要将人才培养视为首要任务，建立完善的质量管理制度，由专人负责质量保证与质量提高，严格审核专业设置与课程开设，严格教学过程、考试与评价，建立良好的学习支持系统、经常性的教师学生反馈，设立教学改革项目和优秀教学奖励项目，要求校外同行专家开展诊断与评估等保证学校教学质量。此外，学校有完善的质量管理制度，以格林威治大学为例，学校不仅有战略规划、发展指标，还有学位授予的标准、专业设置、课程审批、学术发展规划、师资队伍建设规划等一系列文件和制度。

1636 年美国哈佛学院成立，标志着美国高等教育从此揭开了序幕。哈佛学院建校时宣称：“为社会造就适合的人力，主要是培养教会人士。”随后美国高等教育的发展经历了殖民地大学与学院、州立大学与学院、赠地大学与学院及研究型大学三个阶段。根据美国宪法，高等教育由各州负责管理，美国联邦政府对高等教育没有直接管辖权（军事院校除外）。美国设有联邦教育部，它既不制定高等学校设定的标准，也无批准成立高等学校的权力。联邦政府对高等教育质量的影响是间接的。联邦政府规定一些与高校有关的法案，但这些法案都是规定联邦政府如何向高等院校提供资助、如何向大学生提供奖学金和贷款以及如何重点发展某些特定的学科等。美国绝大部分州都

① 赵婷婷：《从精英到大众高等教育质量观的转变》，《江苏高教》2002 年第 1 期。

设有高等教育委员会。高等教育委员会主要通过宏观调控促进和保证本州高等学校的教育质量的提高。50 个州的高等教育行政主管部门对州内公立高校的管理权限各不相同，但其主要职责是研究、制定州政府教育拨款分配方案、州内高校发展方向、处理政府与高校关系，不涉及学校具体办学事宜。兴办公立学校，须经州和地方政府立法批准；对其质量要求，各州均有具体的标准和政策。州政府通过拨款和立法来宏观调控公立高校的发展方向。这一举措对于经济不能自立的公立高等学校来说非常有效。美国高校拥有很大的办学自主权和很强的独立性，诸如聘任教授、招收学生、调整专业、设置课程、财政开支等方面都完全由学校自主决定；学分的认可、计算和转换为各高校的内部业务，由学校自主决定。为了确保大学正确的办学方向，更好地保证该大学的教学质量，绝大多数公立大学和私立大学都实行董事会领导下的校长负责制，董事会决定大学的大政方针，是大学的直接上层决策机构。公立大学的董事会由州长任命产生，其成员大部分是教育界以外的各界人士，包括科学家、企业家、文化名人、律师、医生、官员等，旨在有效地汇集社会各方面的意见，确保大学在办学过程中的一切决策趋于民主化和科学化。董事会的主要职责是聘任校长、负责审批专业和课程设置、决定学费标准和校园基本建设以及审批学校经费预算等重大事项。

不论是英国大学还是美国大学，大学在保证教育质量时，都非常重视“教师资格”和“学生资格”。“一直以来，大学和其他高等教育机构都拥有自己的一套机制确保他们的工作质量。在这套机制中，人的品质和工作的质量直接产生联系：学生要具备必要的资格才能进入高等学府，乃至最终取得学位；教职员工要具备必要的资格才能上岗，乃至获得提升，直至升至教授。”①

教师与学生作为传授者与培养者，是大学得以存在与发展的重要角色，是教育要素中重要组成成分。从当时的知识获得方式与社会发

① ［美］约翰·布伦南等：《高等教育质量管理——一个关于高等院校评估和改革的国际性观点》，陆爱华等译，华东师范大学出版社 2005 年版，第 2 页。

展水平看，控制了教师教学与科研能力与学生入学条件，就基本控制了大学的质量。

自中世纪大学产生至20世纪中叶的相当长一段时间内，高等教育的质量一直是大学内部的事情（如果人们意识到需要保证高等教育质量的话），大学依靠着它的传统、依靠着它的内部管理保障着教育质量，维护着大学的社会地位和声誉。[①] 高等教育发展到20世纪初，英、美等国家纷纷成立教育的社会评鉴机构。这些机构有国家组织，也有社会民间组织，它们的主要任务是承担高等教育机构的认证与注册事务，用于判断高等教育机构是否达到了最基本的办学资质。虽然这些组织开始着手监控大学质量，但这个时期大学并没有放松或忽视内部质量保障，大学仍然是高校质量的重要维护者。

英美大学在大学成立之初，直至20世纪中期，高校内部质量管理基本由大学完成。究其原因，主要有两个重要方面：一是大学自治的传统。[②] 所谓自治，首先就是要求自己成为主体的评鉴，以彻底认识自己为前提，这样才能获得社会大众的承认。美国学院和大学经历了学术自由思想的孕育、学术自由原则的确立、学术自由制度的形成和发展几个阶段。美国大学教授协会（AAUP）等学术组织和机构，在保护学术自由以及推行终身聘任制原则方面发挥了十分重要的作用。二是当时的大学规模比较小，且都处于“象牙塔”中，以精英教育而著称，远离社会的喧嚣，基本不关注社会问题。

二 高校外部评估内部接应的质量管理模式

1919年，英国大学拨款委员会（UGC）成立，标志着英国政府对高等教育开始相对重视，开启了对高等教育的外部监控。美国是以卡内基教育促进基金会的调查工作引起人们对美国高等学校质量与管理问题的广泛关注。1905年，成立卡内基教育促进基金会，任命普利切特为主席。1909年，普利切特把管理专家库克派往哈佛大学、

---

① 参见胡建华《高等教育质量内部管理与外部监控的关系分析》，《高等教育研究》2008年第5期。

② 同上。

麻省理工学院、哥伦比亚大学、普林斯顿大学等 8 所大学调查管理效率问题。联邦政府与州政府开始要求所有公立高校进行自我调查，同时组织对本州本地的调查，大规模的高校调查从 1910 年开始，长达 30 年之久，卡内基教育促进基金会的调查标志着美国社会干预高校事务的开始。调查运动中许多地区性高校协会和全国性专业协会相继成立。很多高校认识到自己的问题，一些高校比如密歇根大学、伊利诺伊大学、明尼苏达大学开始成立专门机构进行院校研究。

由于“教授治校、学术自由”的理念影响各国高等教育发展很久，高等教育机构不愿意国家或者政府插手高等教育，所以以美国为首的西方国家的大学与学院于 1897 年开始，逐步设立了一套高等教育认证制度。最初，高等院校认证制度的目的是既保证学校不受政府的控制，又保证质量，是一种自治行为。其中美国大学协会（Association of American Universities）就属于这种类型的机构。它成立于 1900 年，是由美国和加拿大的主要研究性大学（61 所美国大学和 2 所加拿大大学）组成的一个组织。协会本身自行拟定了一个大学的学术性基准，符合其基准，才能承认为大学鉴定协会的会员大学资格，不符合者，则予以排除大学资格。美国用这种方法维持各大学的质量。大学自行组织成协会，制定基准，来进行大学鉴定的评鉴活动。随着美国认证制度的发展，认证机构的蓬勃发展，它们对高等教育的影响越来越大。美国政府为了加强对高校的质量管理，美国教育部与州政府认可了六大地区的认证机构，从此政府主要依靠民间认证机构的认证以确保教育质量和学生利益。认可的六大区域的认证机构及近百个专业认证机构担负着规范各个高校学术质量的职责。

目前全美除有 80 所高等教育专业认证机构负责对高校不同专业的认证外，还有 6 个地区性的高等教育认证机构负责所在地区的高等学校的整体质量认证。所有的认证机构都是独立的民间非营利机构，它们不需要得到美国教育部的认可，但是，只有通过了由美国教育部认可的认证机构认证的学校，其学生才能得到联邦政府的经济资助，例如贷款等。认证机构实行自我管理方式，独立运作。每个机构都设有专门委员会，负责评估指标体系的设立、标准的制定及评估工作的实施。委员会成员一般来自高校，主要是本地区的高校。为了协调地区间的认证机构，专门成立了高等教育认证委员会（CHEA），用以协调并审核认证机构的专业机构。美国政府以认证的方式，通过直接或间接财政拨款等方式间接控制高等教育的发展，监控高等教育质量。

从美国认证机构的角色与地位的转变过程中，能够清楚地看到，最初成立的美国认证机构主要服务于高校，为高校提供必要的服务；当认证机构得到政府的认可后，认证机构开始成为政府的代言人，用以评估高校质量。英美外部评估制度逐步建立起来。

由于高校学生需要得到政府的经济资助，绝大多数高校也就自然需要接受评估。通常情况下，每 10 年对学校进行一次评估，评估后第五年检测上次评估的效益，即测评学校对认证机构提出的有关学校质量方面的意见和建议的采纳情况和效果。

英国高等教育为适应新的高教体系对同一评估机构和评估标准的客观要求，自 1992 年以来，建立了新的质量审核组织——高等教育质量委员会（HEQC）。他们在 1991 年的高等教育白皮书中还规定了以下术语的特定内涵：质量控制——校内维护和加强其工作质量的机制；质量审核——旨在提供保证学校具有合适的质量的外部检查；质量评估——对学校教学质量的外部评审；并以此形成质量保障系统。于 1997 年组建了全国高教质量保证代理机构——高等教育质量保证署（QAA）。这是一个独立的高教评估机构，其使命是维护公众利益，促进高等教育的质量管理。其核心工作是负责评估英国高教的学术标准和质量，提供全国统一的参照点。在 2003 年前，高等教育质量保证署（QAA）负责学科层面的评估和对院校层面的评估。2003 年后，负责院校审核，主要为了避免外部质量保障中可能滋生的各种官僚作风和院校在精力、资源上的不必要支撑，同时也是出于尊重各院校风格的多样性和独立自主性。

针对美国教育社会评鉴机构的出现，高校为了维护自己“学术自由”的地位，不想社会评鉴机构对高校进行干预，因此在美国大学职能部门成立院校研究办公室，承担学校的评估工作，监控大学质量。美国大学对学院（系）学术评估的主要内容是学院或系的学术发展情况，包括本科生和研究生的培养，以及对围绕学术发展的各种软件与硬件条件的评价。学生是高等教育活动的主体，大学教育质量的高低最终体现在其所培养的学生身上，学生的发展是大学内部质量保障的目标指向，通过对学校人才培养的成果——学生个体的学习情况进行分析，以改进和提高学校的办学质量。但同时必须承认，高校院校研究办公室一个很重要的任务，是通过收集整理外部评估机构需要的各项指标，撰写自评报告，准备各种外部评估的资料，以接受认证机构的检查与评估。

可见，这个时期高等教育质量管理，已经不同于中世纪大学、近代大学由高校自我控制质量的阶段，各个国家社会评估机构兴起并不断发展，成为高校质量评估的主要形式，高校在重视内部质量的同时，必须接受认证机构的评估，以获取高校发展的各种资源。

三 高校内外部共管的质量管理模式

高等教育大众化的实现，使高校与社会的关系日益紧密，对政府与社会发展的意义也越来越重大，高等教育从昔日的社会边缘逐渐走入社会中心。政府和社会不可避免地对高等教育发展给予更多的关注、支持和控制，高校再也不可能是过去那种单纯的学术“象牙塔”角色，而要担负起社会发展“动力站”的新使命，承担起社会赋予的更多的任务与责任。在众多的任务与责任中，高校需要承担起保障高等教育质量的重任。“高等教育的质量主要靠高等院校在维护和提高标准上所做的贡献。外界既不能直接提高质量，也不能强使高等教育提高质量。”[①] 因此，需要将质量保障与提升的权力归还给高校，赋予高校更多自主权，从而充分发挥高校主体地位，承担起质量生成者的重任，从高等教育的入口到出口的整个过程中，进行全程质量管

① 吕达、周满生：《当代外国教育改革著名文献·美国卷》第1册，人民教育出版社2004年版，第101页。

理，实现高校质量不断提升的目标。

当然，高校在重视内部质量管理的同时，必须关注高校外部治理，即满足政府与利益相关者的要求。“但代表公众的政府能够也必须会设法建立适当的体制，以促使高校负起提高高教标准的责任，并对其进行监督。”① 政府与利益相关者通过多种方式“问责”高等教育质量。政府为了避免直接管理所造成的体制僵化、缺乏活力等弊端，以高校质量为依据对高校进行经费拨款，以达成对高校质量的管理。可见，高等教育质量保障渐渐走上以政府主导、市场协调的外部质量管理模式与以高校内部质量保障为主的质量管理模式。

从英美质量管理模式的变迁中，不难看出，高校对于质量的管理与监控自从高等教育产生起，就从来没有停止过。虽然不同时期，高校在质量管理过程中所处的地位不同，但其作为高校质量生成者的角色不变，其承担内部质量管理的任务就不会改变，并且随着高等教育的进一步发展，其质量管理的任务与职责会越来越丰富。

第二节　高校重塑的质量运动

20 世纪 70 年代的经济危机推动了美国重塑政府运动的开展，政府重塑运动对于美国院校研究的开展以及高校内部质量管理的推进具有极大的促进作用。

一　美国经济危机与重塑政府运动

20 世纪中下叶，美国在美苏争霸第二阶段中处于劣势，经济上的矛盾剧增，同时中东产油国大幅度提高石油价格，在内外因的作用下导致 1973 年“以美元为主导的布雷顿森林货币体系”彻底瓦解。美国陷入经济停滞与衰退，同时蔓延到其他资本主义国家，引发了几乎全球性的经济危机，结束了资本主义世界长达 20 多年的经

① 吕达、周满生：《当代外国教育改革著名文献 · 美国卷》第 1 册，人民教育出版社 2004 年版，第 101 页。

济发展“黄金时代”。此次经济危机使得以美国为代表的国家出现了经济发展缓慢、停滞甚至衰退、通货膨胀的“滞胀”与失业率并存的现象。

20 世纪 80 年代，美国政府已陷入财政危机与国民对政府的信心危机的“双重透支”困境之中。医疗保险、公共教育、社会治安等公共事业的财政开支连年增加，但服务质量和财政投入的效益却每况愈下。至 80 年代末，仍有 3000 多万人得不到医疗保险；公立学校学生的测试成绩趋于下降，学生的退学率上升，美国公立学校似乎成为发达国家中最差的学校；犯罪率持续上升，监狱已人满为患，抢劫、强奸、谋杀等发案率一度成为世界之最。

自 20 世纪 80 年代以来，美国政府尤其是州和地方政府，进行了一场称为“重塑政府”（Reinventing Government）的行政体制改革运动。与以往大多发生在联邦一级的政府机构改革不同，这场为回应时代挑战而首先在地方一级自发展开的重塑政府运动，并不是仅仅以精简机构以及裁减公务员（即精兵简政）为目的的传统政府机构改革，而是对已不适应当今时代的官僚型行政体制进行结构性变革，以形成某种意义上可称为仿企业化的行政体制。州和地方政府重塑的直接原因还在于其面临着财政来源减少和公众需求增多的双重压力，州和地方政府通过自身改革来寻求出路，在增加税收或减少服务两者取一的选择之外，寻求既不增加税收又不减少服务的第三种选择，即用少花钱多办事的企业化运作方式来改造政府。

二 美国高等教育质量运动与高校重塑

面临经济危机，美国政府首先开启了“重塑政府”的运动。同期，教育领域也出现了各种问题，即由于高等教育大众化带来的高等教育质量问题，由于经济危机出现的高失业率，由于经济危机出现的高校经费锐减，由于学术道德的下滑出现的大学生信任危机等。在高等教育迅速发展的进程中，高等教育自身的危机出现了。布鲁贝克指出，六七十年代的美国高等教育便是学术界“大为不满”的“冬天”。“已有一些人在失望地谈论高等教育的本体危机，甚至认为是出现了高等教育的合法性的危机。”① G. 罗斯在《象牙塔的衰落》一书中开篇就指出：“美国高等教育是世界一流的，但它今天却深深地陷入经济、道德和学术的危机之中。”②

20 世纪 70 年代以来的美国高等教育的危机中，最为引人关注的是高等教育质量危机，高等教育的质量问题已经到了不得不改革的程度了，高等教育面临着重要的抉择。美国高等教育重塑有其深刻的社会背景。第二次世界大战后，由于《军人权利法案》的颁布，大批退伍军人进入大学，接受高等教育；与此同时，各地不同民族与种族学生为争取受高等教育机会的运动不断增多，迫使联邦与地方政府为不同民族与种族的学生提供更多接受高等教育的机会。高等教育入学人数增多，促使美国高等教育在 20 世纪五六十年代迅速迈进高等教育大众化阶段。随后 70 年代爆发的经济危机，让美国经济发展处于困境中，导致联邦与地方政府不得不缩减教育财政拨款。高等教育大众化与财政危机令美国高校内忧外困，不得不缩减财政开支，高等教育质量下滑已经成为不争的事实。美国高质量高等教育研究小组在 1984 年 10 月提出了题为《投身学习：发挥美国高等教育的潜力》的报告，指出了当时美国高等教育质量方面存在的诸多问题。如：“为获取学士学位而进入高等学校学习的学生，实际上只有一半获得了这一学位”；“1964—1982 年，毕业考试 15 门主修课测验中，学生有 11 门课的成绩下降，下降最严重的是那些需要较高的语言表达技巧的学科”；“美国高等学校的物质设备和教学设备，正在急剧恶化。甚至一些有名望的研究型大学将数百万美元的维修费用于购买书籍，州立大学和社区学院的设备预算也不能适应学生的学习”。③

20 世纪 80 年代，人们针对高等教育的种种问题，要求改革高等教育，提出高校重塑。美国 1983 年 4 月的《国家在危险中：教育改

---

① ［美］约翰·布鲁贝克：《高等教育哲学》，王承绪等译，浙江教育出版社 1987 年版，第 2 页。

② George Roche, *The Fall of the Ivory Tower*, Regnery Publishing, Inc., 1994, p. 5.

③ 吕达、周满生：《当代外国教育改革著名文献·美国卷》第 1 册，人民教育出版社 2004 年版，第 27—29 页。

革势在必行》调查报告指出，若想维持和改变美国在世界市场上尚有的竞争力，必须提高质量并改革美国的教育制度。美国卡内基基金会主席博耶指出："我们关注的是必须保证质量。""我们的目标必须是继续促进高等教育优质化和多样性。"高等教育主要以提高研究型大学本科生教育质量、改革政府拨款方式、加强高校问责制及提高高校效率为主要重塑内容，目的是提升研究型大学本科生教育质量、提高高校经费使用效率、加强高校的内部质量监控等。1992 年克林顿上台后开始着手采用企业化的管理方式，更加注重绩效评估与产出效益。相应地，高等教育在政府大大缩减高等教育拨款的情况下，从注重输入转变为注重产出，开始重视绩效评估，不断提高教育质量。

1997 年卡内基基金会发表了题为《重塑本科教育》的报告，对美国本科教育存在的问题及其对策提出了独特的见解，在全美引起了很大反响。政府、社会团体和基金会等机构纷纷组织各类研讨会，分析形势，寻找措施。哈佛、耶鲁、普林斯顿等著名院校还展开了转变教师观念的讨论会，组织教师与行政人员、学生直接对话，探讨解决问题的方法。

教育作为公共事务领域，其改革不可避免地受到当时风靡一时的新公共管理理论影响，也产生了相应的变革。在西方国家中，美国是最早对高等教育进行绩效评价的国家。这种以绩效评价为基础的政府投资政策给美国高等教育机构带来了极大的冲击。

三 美国高等教育质量运动的结果：美国院校研究的发展

美国高等教育史是美国高等教育质量研究与质量管理的历史。美国高校重视内部质量管理，有其历史的传统，随着高等教育角色与地位的变化而发展。高校与社会质量评鉴机构、与政府共存，在保证高校内部质量管理中，以"自律"换取"自主和自由"，通过质量承诺和全面质量管理，提高自身质量，高校真正拥有内部质量管理的自主权。美国院校研究的发展与壮大就是高校内部质量管理的真实反映。

目前，大部分美国高校都有自己的院校研究机构，它们或者是校长办公室的一部分，或者是教务办公室的一部分。美国院校研究是在一所高等学校内部进行的，是研究者基于本校情境、针对学校运行中的实际问题所作的分析与咨询，是高等学校为改进本校管理和运行状况而设定的一个专门实践领域（见附录四）。院校研究是自我研究，是管理研究，是咨询研究，是应用研究。院校研究机构主要负责学校内部质量监控，同时也承担呈交给外部认证机构的各项资料，完成外部认证机构对高校的检查与评估。

（一）院校研究发展的历史

“院校研究”（Institutional Research）是在一定的理论指导下，运用科学的方法尤其是信息科学的方法，对单个高等院校的运行状况及其影响因素进行定量定性分析，为高校的发展和管理提供科学依据的一个专门的研究领域。[①] 院校研究起源于美国，并在美国的推动下在西方许多发达国家都得到推广。目前美国几乎所有高校都设立了院校研究办公室，虽然可能名字不同，但其承担的任务与责任基本相同。

院校研究并不是现代的事情。“1634 年加拿大拉佛耳大学（Laval University）、1636 年哈佛大学及 1701 年耶鲁大学等的建立，可以认作院校研究的滥觞。”[②] “院校研究” 始于 “校史研究”，随后开展了 “校际间的调查和比较分析”。最早的调查和比较分析报告是 1910 年发表的弗莱克斯纳的《美国医学教育报告》（Flexner Report），其次是弗莱克斯纳 1930 年出版的《大学：美国、英国、德国》。第二次世界大战之后，这种校史研究和校际间的调查比较研究更为普遍。彼得生认为，现代意义上的院校研究的诞生，应该以 1961 年召开的第一届院校研究协会年会为标志，说明院校研究发展到一个新阶段。[③] 以此为时间划分的标准，院校研究的历史可以分为前院校研究协会时期和院校研究协会时期。本书研究院校研究发展的历史，主要以第二次世界大战后期院校研究发展过程中呈现的特点为依据，将美

① 参见程星、周川《美国院校研究的历史与现状》，《苏州大学学报》（哲学社会科学版）1995 年第 4 期。

② 同上。

③ M. W. Peterson & M. Corcoran (eds.), *Institutional Research in Transition*, New Directions for Institutional Research, 46, San Francisco: Jossey, Publishers, 1995, p. 5.

国院校研究分为四个阶段，每个阶段都有特定时期的任务与意义，从描述的、比较的资料收集向定量分析和评估研究发展，之后进入了效益研究、政策分析、组织分析和计划研究，随后开始强调预测、计划、提前行动以及组织管理再设计。

1. 描述和发展阶段

第二次世界大战后到20世纪60年代，美国的高等教育经历了一个前所未有的快速发展时期。这主要是因为具有强有力的公共支持、暴涨的入学需求以及政府慷慨的、持续增长的财政资助。在这个时期，院校管理所面临的压力是给院校提供方向性的指导，并且对院校吸收的大量的人力、物力和财力作出解释，以证明其正当合理性。在这个时期，出现了两种不同导向的院校管理模式。第一种是形式理性或官僚模式，它强调构建合理的管理机构以及对资源的需求和流动进行解释的机制。第二种是同僚组织模式，它将院校看作一个由学生和教师组成的团体，或者是由于共同的兴趣而组成的公共团体。两种模式都反映了院校是实行自我控制的教育机构。这个时期，公众对院校绩效的关注主要集中在对资源使用的解释上。1961年，在美国教育委员会（American Council of Education，ACE）、西部地区州际高等教育委员会（Western Interstate Commission of Higher Education，WICHE）、新英格兰高等教育委员会（New England Board of Higher Education）以及南部地区教育董事会（Southern Regional Education Board）的推动下，举行了院校研究学术讨论会。会议的主题集中在：资源解释和学生特点，教职工的工作，招生、注册和就业以及收入和支出等方面的基础研究。比照现在的标准来看，那时的数据收集可以说是相当基础的，仅是描述性的。进入60年代后，院校招生人数连年上升、校园急剧扩张、专业设置与管理结构日趋复杂，因此，数据的收集与分析、教育评估等开始备受重视。

1961年院校研究协会年会召开，虽然采用邀请的方式，但它标志着现代院校研究阶段的开始。随后每年召开的年会，不但在规模上有所突破，而且在内容上已经开始了基于“院校”的研究。1964年，全国性的院校研究协会（AIR）成立，标志着全国性的组织机构成立。

2. 分析和比较阶段

高等教育的“泡沫”在20世纪60年代末和70年代初迸裂。院校自内到外都受到了破坏。学生对学校越来越大的规模、越来越不人性化的管理方式和教师热衷于做“学者”而非“教师”的做法失望透顶。院校管理的主要任务就是保持学校的正常秩序，并通过调整有关政策来扩大少数族裔和移民学生的入学机会，以平息不满。

由于此阶段学生的“骚动”，引起了美国政府与社会组织的高度关注，州政府通过将公立院校纳入政治审查的范围，强化了对高等院校的管理。外部对绩效质量的焦点转移到提高高等教育声誉上。尽管院校研究者没有开展声誉研究，但是他们也必须作出反应。他们采用分析与比较的研究方法，检查课程与教育目标的相关性，注重对学生行为、学生发展和学生多样性等问题进行研究，强化资源报告能力。

3. 评估和定量分析阶段

从20世纪70年代中期到80年代早期，由于经济衰退和战后婴儿出生潮的结束而产生的入学率不景气，许多院校不得不面对新的现实。州、联邦政府和其他的资源提供者开始对资源的投入采取限制措施，并且要求院校对资源的使用进行更多的责任解释。1972年通过的《高等教育法修正案》则规定，联邦政府的学生补助的发放由原来先发给学校变为直接发放到学生手中。这些变化导致学校的财政压力进一步增大，迫使学校的管理集中到提高内部效率和拓展学生市场上来。

高校财政压力以及“问责”的出现，使高校从开始的关注投入与资源的使用方面上升为“基于产出的绩效”。最初，知识对产出的数量（用毕业生数量、学位授予数等输出指标）或效率（通过每个学位的成本、每门课程的成本、教师的工作量、教师的专业化水平，等等）进行定量研究。随后，院校研究者发展和采用了管理信息系统、应用目标管理法、人口统计预测、项目—规划—预算系统等诸多企业管理方法。对此，芬彻（Corn Fincher）评论道：“这个阶段，院校研究越来越注重评估和定量分析。”

4. 规划和政策分析阶段

20 世纪 80 年代中期，尽管高校加强了管理，提高了效率，但经费还是当时最大的问题。同时，适龄学生数量的减少以及他们的经济、种族和教育背景的变化也向高等教育提出了新的课题。更为严重的是，更多私立院校和其他的教育组织与传统高校争夺生源和财源，竞争变得更加激烈。高校管理的重要目标转为要减少投入、重新分配资源与紧缩财力。通过仔细检查各项规划，将有限的资源集中在主要目标上，在关注效率的基础上更关注效能。这个阶段院校研究已经变为战略组织，能够适时调整组织目标和优先权，根据学生需要灵活改变课程设置，积极寻求一个属于自己的战略市场。

到了 20 世纪 80 年代晚期和 90 年代初，形势发生了变化。全球范围内掀起教育内容和教育方法更新的改革运动，旨在为新世纪国际竞争奠定人才和知识基础。在高等教育领域，一些知名学者与政府官员向高校提出要求，高校依据教育教学质量以及学生学习结果测量绩效，鼓励采用多样化的模式对学生进行评估，因高校质量问题促发的大学问责和绩效评价是院校研究最重要的任务。

在这段时间，院校研究的任务涵盖了高校运营的全程，比如：对市场、招生和需求的分析；对资金、设备的利用和现状的研究；对学生、教师以及项目的评估；战略规划研究、任务评价；决策支持系统的设计；管理的研究；政策分析。绩效指标逐渐成为研究的焦点，研究的方法从重视定量研究转为定性与定量两种研究方式的并用。

美国院校研究的发展历程，清晰地呈现了院校研究的发展脉络，从描述的、比较的、数据与资料收集的一些最基本的工作，对高校的质量管理与运行状况的白描层级，不断向高级的、定量分析和评估研究发展，使得对高校的运行状况的认识不再停留在院校发展的表层，而是深入管理的本质，寻找质量发展中存在的问题及院校运行中的态势，进入了效益研究、政策分析、组织分析和计划研究。院校研究已经不仅仅聚焦于高校数据描述与统计，更关注到数据背后的问题，且根据背后的隐性问题，探究高校发展过程中各方面的改进，以便改善高校管理，提升运行质量。院校研究根据获得的数据，挖掘数据背后的意义，根据高校发展的现状，预测未来可能发生或发展的情况，从而提前行动，改进高校管理过程中存在的问题，研究解决对策，计划未来发展的前景并作出相应的规划。

院校研究是建立在数据与资料收集基础上，收集数据与信息是其第一阶段，进而整理分析数据，随后挖掘数据与资料背后隐藏的问题，最后达成问题解决，提升管理水平。其宗旨是促使高校决策者不断提高高校管理水平，时刻掌握运行状态，及时作出反应，维持或提高高校质量与声望。

（二）院校研究的功能

院校研究部门是当今美国大学管理结构中的重要组成部分。美国高校院校研究办公室通过数据的收集、整理、分析，形成高校发展运行态势，用于分析本校质量问题，诊断当前发展问题，为决策者提供真实数据或规范或预测未来发展方向，美国院校研究已经成为高校组成不可或缺的一部分。院校研究是大学管理和领导决策模式从“经验型”向“数据驱动型”（Data Driven Decision Making）转变的最大支撑力；它也是信息时代大学在愈来愈激烈的高等教育市场竞争中赖以生存的重要保障机制。[①]

院校研究的功能主要有以下几点。

第一，提供权威信息，是院校研究的基本功能。院校研究通过收集整理来自高校的全部信息，描述学校的状况和规模、学生和教师以及学校的活动。院校研究者提供的信息包括学校提供的入学机会、注册、教师、可授予的学位等，将这些信息分类且收集制成手册，称为院校统计年鉴（Fact Book）。院校研究收集、整理并汇编的描述性统计数字，呈给需要了解学校情况的人。

第二，进行政策分析，是院校研究的主要功能。院校研究通过分析收集整理的信息，探讨高校及其高校的政策。院校研究收集整理的数据，其终极目标是为大学决策服务。根据调查，82%的院校研究部

① 参见常桐善《美国院校研究的过去、现在和未来——基于高等教育发展的视角》，《高等工程教育研究》2013年第2期。

门负责人参与大学的决策过程。[①] 在决策过程中，院校研究所发挥的作用表现在三个方面：辨析决策问题、直接参与决策的制定、评审决策实施方案。被调查的对象中几乎所有的人都通过不同形式（如数据获取、数据分析、与政策制定者商讨相关问题等）参与了第一项活动；通过不同形式（如发表自己的观点、参与选择不同的方案、帮助设计实施策略等）参与第二项活动的人员占一半；通过不同形式（如分析结果、提供参照指标、形成过程评估、结果评估等）参与第三项活动的人员大约有70%。[②] 院校研究者与高校高级管理人员共同工作，以分析家、咨询专家和顾问的身份，为高校规划和预算分配的制定、政策修订、机构重组以及其他的管理活动提供咨询和建议。

第三，向利益相关者介绍高校发展状况，是院校研究的媒体功能。随着高校从“象牙塔”走向“社会中心”，越来越多的人开始关注或者“问责”高校。高校需要拥有一个向高校内外展示发展的平台，院校研究充当“新闻媒体”。学生与潜在学生、教师与潜在教师、政府、顾主、纳税人、校友等诸多利益相关者期望能获知高校真实质量水平与未来发展方向及空间。院校研究由于承担的工作职责与任务可以充分了解高校发展态势与未来前景，由其扮演媒体角色当之无愧。

第四，利用数据研究高校存在的问题及未来发展趋势，是院校研究的重要功能。院校研究人员利用收集整理的数据，分析高校存在的问题并参与政策制定等，一方面为深入研究奠定了基础，另一方面，对院校研究人员技能的提高以及对同类学校构建“参照指标”均有帮助。在此基础上，许多院校研究人员利用第一手资料以及工作经验撰写研究论文。美国全国性和地方性的院校研究年会每每吸引众多院校研究人员参加，并分享他们的研究成果，其中不少参加者的论文有

① Randy Swing, *Defining Institutional Research: Strategies for Brining Data to The Decision Making Progress*, presentation at The Conference of California Association for Institutional Research, Anaheim, CA, November, 2012.

② Ibid.

很高的学术价值。他们不仅对院校研究开展研究，可以提高院校研究的绩效，还对高校教育质量进行研究，为本校制定相关政策和规划出谋划策。

当然，不同高校因其层次与水平不同，院校研究还承担其他任务。但是，不论院校研究处于什么地位，扮演何种角色，承担哪些任务，其对内关注高校质量、分析制定政策、研究高校运营态势，向外宣传高校、接受认证、应答“问责”，院校研究这些功能都会随着高校的发展不断深入。

第三节　高校内部质量指标的发展及成因

美国高等教育质量运动带来了院校研究的迅速发展，而院校研究发展的根本在于美国高校内部质量管理模式的形成与发展，从而带动了高校内部质量指标的发展。

一　美国教育指标发展与高校内部质量指标

（一）美国教育指标发展

教育规模的不断扩大与教育质量的滑坡，令研究教育质量的学者专家甚是苦恼，苦于找不到适合的视角进行深一步的研究。长时间以来，教育标准问题一直是世界各国学术界争论的焦点。教育关系中不同利益人，学生、家长，抑或未来雇主、学术研究者，以及投资高等教育的相关机构，不论是公立的还是私立的，他们都渴望清楚了解高校在运行过程中的态势及“教育产品”是否经过教育教学后达到可信、精确、易懂的目标。将经济与公共部门的“指标”引入教育领域，尤其是新公共管理理论中“绩效”一词在公共管理领域的应用，为教育质量研究开辟了新的研究视角，推动了20世纪80年代以来教育质量的研究。在经济合作与发展组织（OECD）的带领下，各国纷纷开始研究教育质量指标，推动教育质量的不断提升。到目前为止，一些发达国家与国际组织对教育质量指标的研发已经达到一定成熟程度，已经根据本国发展历史与现实状况，形成了一套较为完善的教育指标体系。

教育指标的发展源于经济指标与社会指标的研究，经济合作与发展组织于1973年开始从事教育对社会影响的指标研究。1987年美国教育部邀请各国共同加入经济合作与发展组织，一个教育指标的国际性讨论组织正式成立于1987年，并开始推动“教育指标系统计划”，其目的就是研制国际性的教育指标。

在倡导国际教育指标的同时，美国开始研究适合美国教育发展的国家级教育指标。以联邦教育部为核心的多个政府单位及组织，定期收集全国及各州教育表现资料，加以分析报道，并出版指标报告书，其中最为重要的教育指标报告书以美国教育统计中心（National Center for Education Statistics，NCES）每年定期出版的《教育现况》（*The Condition of Education*）为代表。

1792年《美利坚合众国宪法》第十条修正案规定：“宪法未授予合众国、也未禁止各州行使的权利由各州或其人民保留之。”美国的宪法没有提及教育权限的归属。按宪法的规定，凡宪法未授予美利坚合众国并且未限制其授予各州的权力，属于各州管辖，这样，教育归各州管辖使用法律的形式确定下来。据此，各州在国际性教育指标与美国全国性教育指标研究讨论的过程中，开始研发适合各州发展的“各州教育指标”。各州学校首长委员会（Council of Chief State School Office，CCSSO）配合联邦教育部推动各式教育改革计划，成立“州教育评量中心”（State Educational Assessment Center），发展全国标准化的教育指标系统，比较各州的教育表现，在教育指标的发展上具有重要的地位。

当然，在国际与国内教育指标的影响下，美国高校以院校研究办公室为核心，展开高校内部教育质量指标的深入研究，设计与研发高校发展与提升的内部质量指标体系。

美国教育质量指标发展，从范围层面上，包括国际性教育比较指标、全国性教育指标系统、州层级教育指标系统、高校内部教育指标、其他教育指标系统；从水平层面上，包括学前教育、初等教育、中等教育和高等教育不同层次。可见，美国的教育质量指标，体系清晰，层次完整，具有很强的可操作性。在教育指标发展过程中，需要指出的是，国际性教育比较指标、全国性教育指标系统、州层级教育指标系统、高校内部教育指标、其他教育指标系统的发展基本上是同时的，并且在发展的过程中通过借鉴与比较，不断促进质量指标的细化与研发。

（二）美国高校内部质量指标

美国高校设计与研发内部质量指标，有其历史的传统。从美国高校建立初始，与高校内部质量相关的指标就已经出现，当然最初的指标只是教师指标与学生指标，更多的是对教师指标的研究。“就高等教育质量而言，人的品质，特别是教师的品质及其水平起着至关重要的影响作用。因此，高等教育质量的内部管理最初就是从保证教师的品质、水平开始的。”①

随着高等教育发展，高等教育质量研究深入，高校作为教育质量的生成者，在原有内部质量指标的基础上，根据国际与国内教育指标发展的步伐与进程，高校内部质量指标进入大发展阶段。高校进行内部质量指标的研发，主要基于两方面的原因：一是高校是教育质量的生成者，高校管理与监控内部质量是其主要任务，同时也是高校秉持“学术自由”“教授治校”的基石；二是高校不断接收到来自校内外对高校质量的要求与问责，高校不得不将内部质量指标逐渐发展并细化，将影响人才培养的各个环节、各个流程都尽可能地转化为质量指标，进而展示给希望了解与掌握高校发展状况的利益相关者。

由此，高校对于教育质量，不再仅仅关注专业质量与学术要求，将学生培养成为某个专业或者学科的专业人才，还不得不根据社会对高校人才的期求，满足来自高校之外的各种要求。于是高校质量就有了内部质量与外部质量之分。“大体可以从两个层面来分析判断高等教育质量问题：第一个层面可称为外部的质量指标，即高等学校所培养的人才能否适应社会发展和经济建设的需要；第二个层面是内部的

---

① 胡建华：《高等教育质量内部管理与外部监控的关系分析》，《高等教育研究》2008 年第 5 期。

质量指标，即高等教育培养的人才，其素质是否达到了培养目标的要求，尤其是学生专业水准、智能结构和思想水平等方面。”①

在本书中，高校内部质量指标是指承担人才培养的高校，为达成高校培养目标，在整个人才培养的过程中设立的与人才培养质量相关的各种指标，如学生入学成绩、学生毕业率、班级规模、生师比等。

二 美国统计年鉴与高校内部质量指标

（一）美国高校统计年鉴

美国高校统计年鉴是院校研究办公室的一项重要工作内容，是高校内部质量指标研究的产物。院校研究办公室每年根据高校各种变化，领导者的信息需求、决策要求、质量标准，分门别类地进行数据收集与整理，编制一本反映本校运行状况与管理要素的报告书。美国高校统计年鉴是美国院校办公室发挥权威信息公布功能的重要表现，是美国高校用以监控内部质量的重要内容。同时，美国高校统计年鉴是接受外部认证与评估的基本素材，是高校决策者制定各种政策与任务的基石。虽然不同类型与层次的美国高校统计年鉴不同，但基本包含的内容有高校组织结构、人员、资源三大指标。在此基础上，将三大指标细化出多方面的指标，如 2003—2004 学年哈佛大学统计年鉴中的人员指标中，包括学生入学人数、学位授予人数、国际学生、教师、管理人员等多个指标；在学生入学人数指标中又细化多个下级指标，从而形成了哈佛大学 2003—2004 学年内部质量指标体系。

（二）院校统计年鉴与高校内部质量指标发展

美国高校内部质量指标与高校共生。也就是说，当美国高校产生那日起，内部质量指标就已经存在。只是高校建立之初，内部质量指标很少，它是随着高等教育内涵与外延的扩大而不断增多。美国院校统计年鉴却是高校出现院校研究之后的事情。1961 年，在美国教育委员会（American Council of Education，ACE）、西部地区州际高等教育

---

① 陈文韶：《全面把握标准清醒估价质量——关于当前高校教育质量的调查和思考》，《中国高等教育》1995 年第 2 期。

委员会（Western Interstate Commission of Higher Education，WICHE）、新英格兰高等教育委员会（New England Board of Higher Education）以及南部地区教育董事会（Southern Regional Education Board）的推动下，举行了院校研究学术讨论会，标志着现代意义的院校研究的诞生。本书以其作为院校统计年鉴研究的起点，进而研究美国高校内部质量指标。

美国统计年鉴是专门收集整理高校内部质量的各种指标，因此，研究美国院校统计年鉴的历史，即是研究美国高校内部质量指标发展的历史。美国院校统计年鉴发展主要包括三个时期。

1. 初步发展与质疑期（20 世纪 60 年代）

1961 年佛罗里达州立大学院校研究办公室出版发行了佛罗里达州立大学院校统计年鉴，它是美国院校研究统计年鉴中最早的一个。佛罗里达州立大学院校统计年鉴主要包括七方面内容，它们是：(1) 历史；(2) 政府组织和管理；(3) 招生数据；(4) 学生能力培养、等级、奖学金、学位授予；(5) 教师与教师工作量；(6) 物质设施；(7) 财务数据。以此统计年鉴为始，佛罗里达州立大学办公室与各部门、佛罗里达州控制局、佛罗里达州政府办公室、联邦政府各部门、美国教育委员会（ACE）与全国教育协会研究院（RD-NEA）等部门研究审查了佛罗里达州立大学各个方面。

由于统计年鉴编写过程中存在不完善之处，因此在统计年鉴结语处指出："由于这是第一次尝试出版，可能存在错误及遗漏项目。为了随后出版的统计年鉴更能够满足佛罗里达州立大学职业人员的需要，欢迎各种意见和建议。"

1960—1961 年约翰 · 斯旺森在奥本大学负责协调大学认证的自我评估过程中研制了奥本大学 1962 年统计年鉴。他发现，大学已有大部分需求的数据与文件，只需要找到收集与报告数据使用的进程，用以记录美国教育协会的统计年鉴。加利福尼亚州福特黑尔学院（Foothill College）编写了 1962 年早期袖珍统计年鉴，统计年鉴很小，内容也很简单。1967 年，威腾堡大学制作了第一本统计年鉴，并在随后的明尼阿波利斯院校研究协会上展示，与会人员就此进行探讨与交流。虽然会议中院校统计年鉴的理念受到欢迎，但没有进行深入研讨。在众多的统计年鉴中，一直以实用而受到欢迎的是埃尔默·西编写的美国教育协会高等教育统计年鉴。

虽然编写院校统计年鉴的高校很少，发展也非常缓慢，但还是有不同的声音，如历史学家和其他研究人员迅速指出，“自从美国学院与大学成立以来，就一直企图把大量数据转化为一整套高校报告”，利用高校目录、专业介绍、其他校园刊物向未来学生、家长、校友、立法会议员、广大公众提供院校资讯，并且统计年鉴在提供院校信息的深度与广度上、与校内外使用方面将自身与其他刊物分开。

此阶段的院校统计年鉴，仍处在初探期，一些高校做了领头羊，开创了统计年鉴编写的先河。当然，这个时期尝试编写的统计年鉴比较粗糙，指标体系还无法形成，并受到不同人士的质疑，也不是院校研究的主要论题，但统计年鉴仍如小草一样慢慢成长。

2. 发展时期（20 世纪 70—80 年代）

人们虽然对统计年鉴存有质疑，但并没有阻止统计年鉴发展的步伐。一些地区院校统计年鉴的使用与研究不断深入，并在多个高校推广。在南方，受到南部学院与中学委员会高校分委会的扶持，统计年鉴在南部院校得到迅速发展，并且统计年鉴作为院校信息媒介，作为自我评估过程的一部分被推广使用。院校统计年鉴已经发挥“适用于长期规划，赠款建议及新闻速递”的功能。

1976 年，霍华德和麦荷特进行了关于统计年鉴的调查。他们指出，47% 的高校已经编写与使用统计年鉴，这说明大多数高校在 20 世纪 70 年代发展了统计年鉴；随后又对院校统计年鉴年度发行进行了深度调查，1966—1974 年，高校院校统计年鉴编写数量在 1969—1970 年位居榜首；对 1965—1976 年统计年鉴内容发展与院校研究协会论坛的进展进行分析，发现 1970 年召开第一次有关统计年鉴主题会议。与此同时，杰里·柯尔克孜在韦恩州立大学开展 6 年统计调查，他认为“每所大学或至少大多数大学”都已经提到统计年鉴，并且开始了统计年鉴编制与使用的研究。

由于院校统计年鉴起步晚，且人们对统计年鉴的认识缺乏，统计年鉴在专业文献与专业会议上并没有其地位。1968 年约翰·诺彻（John Roueche）与约翰·博格斯（John Boggs）在其论文《初级院校研究：现有技术》中指出，“的确，学院往往编制详尽的、具有吸引力的数据报告，但通常这些数据在校园内外没有意义或价值。仅仅编制数据不能判定为院校研究。只有收集的数据解决问题，才能被视为研究活动，此外数据与问题必须在研究设计中互为表里”；“如果院校研究能够影响院校实践，就可以认为其是成功的”。可见，统计年鉴已被证明是成功的院校研究与有效的研究，越来越多的人已经逐渐认识到院校统计年鉴在收集数据与事件、提供院校重要问题的解决方法、改革院校政策与实践方面的贡献。

新兴事物的发展过程必然存在不和谐的声音。60 年代末及 70 年代初，一些高校或者因为“缺乏人手”，或者“认为不必要”，或者“缺乏资金”并不编写统计年鉴，它们还担心数据与信息分享导致的数据时空问题。于是，一些高校在公开高校数据时采用保留或删减一些数据的方式，以保障对数据的控制。

3. 院校统计年鉴快速发展时期（20 世纪 90 年代后）

由于受到区域认证机构的制约，以及院校研究的不断深入，人们对统计年鉴的必要性的认识不断增加，目前院校统计年鉴已经处于院校研究的中心，已经成为高校向内要质量、向外求声望的重要方式。但必须承认的是，虽然几乎每所美国高校都有自己的统计年鉴，但统计年鉴内容与体系的完整性还存在很多问题。相比较来说，不论内容还是体系方面，研究型大学的统计年鉴远远优于其他类型高校，社区学院与技术学院的统计年鉴仍然保留在最早的学生与教师指标基础上。从公开程度来看，研究型大学的统计年鉴公开程度高，其次是社区学院与技术学院，而授予学士学位的高校，其统计年鉴的公开程度较差。

三　高校内部质量指标发展的成因分析

（一）指标帮助质量从“抽象存在”转变为“具体实在”

质量是教育的核心。全面提高高等教育质量，是当前世界各国关注的焦点。但由于高等教育质量不像产品，借助相应的工具就可以知道产品的质量如何，它是抽象存在，看不到摸不着，无法使用工具实现真实的测量。那么，采用何种方式评估高等教育质量，真正知晓高校的管理成效与人才培养质量的高低优劣，是困扰高等教育管理者与评估者多年的头等大事。

“指标”一词的出现，为研究诸如质量等抽象存在开辟了一条道路。指标使“质量”从抽象存在转变为具体实在成为可能。1988 年经济合作与发展组织提出：“指标就是用以测量某一难以定量之物的数值。”指标成为研究质量的重要词汇。绩效指标出现在高等教育质量管理领域，并被广泛使用。

绩效指标是企业管理中非常重要的概念，它通过对组织内部流程的输入端、输出端的关键参数进行设置、取样、计算、分析，把企业战略目标分解为可操作的工作目标，是衡量流程绩效的一种目标式量化管理指标。绩效指标是数值，它提供评估一个系统质和量绩效的一种方法。美国著名教育研究者马丁·凯夫、斯蒂芬·汉内、莫利斯·科根在其合著的《高等教育绩效指标使用指南：行动中的分析》① 一书中，将绩效指标引入了高等教育质量管理领域，他们认为绩效指标是一种权威标准（评估），通常以数量形式展示与表达高等教育机构的活动属性。绩效指标引入高等教育领域后，人们通常以质量指标代替绩效指标。

高校质量指标研究，其本质引入企业管理的绩效指标（质量指标），通过对量化的数据与质化的指标的统计分析，探究高等教育质量指标体系。目前，“绩效指标体系”不仅成了高教政策制定者、高等教育管理者和研究者常用的术语，且已经成为英国、荷兰、丹麦、瑞典、芬兰、澳大利亚等国和美国许多州的官方评价工具，并受到经济合作与发展组织、国际教育规划研究所及世界银行等国际组织的大力推崇。绩效指标体系是西方发达国家开发的一种特别适用于测量办

① Martin Cave, Stephen Hanney, Maurice Kogan, *The Use of Performance Indicators in Higher Education: A Critical Analysis of Developing Practice*, Jessica Kingsley Publishers, 1991, p. 192.

学效率和效益的评价工具。

（二）内部质量指标是高校监控质量的重要指针

高校是人才培养质量的“经营者”，是高等教育质量直接的控制者和提升者，是高等教育质量控管的主角。全面提高高等教育质量，首先需高校承担起控管的任务。

高校成立之初，就已经开始通过控制学生与教师的质量来维护高校的质量，提升高校的声望，这是高校生存发展的基石。相对于其他组织或个人来讲，高校作为人才培养的场所，更期望培养的人才是社会的精英、国家的栋梁。从这点上来说，高校最想知道人才培养质量高低优劣的真实情况。

因此，高校通过设置一个专门机构，收集整理来自高校各个部门与院系的、与学校运行相关的信息，形成高校运营过程中的各个质量指标，通过监控各项质量指标，掌握各项指标在高校运行中的态势，获得高校经营中的总体印象。在此基础上，分析各项指标在高校管理流程中的作用是否正常发挥，是否存有影响各项指标发挥作用的问题，哪些指标影响高校质量维护与提升，如何改变存在的问题才能从劣势转变为强势，等等。其目的就是关注每一个质量指标在高校质量管理中是否为质量维护与提升发挥其应有的作用。通过整体了解与细致分析，高校决策者才能有的放矢地进行管理改革与决策制定，才能调整质量管理中存在的不和谐。

高校运行态势的管理，其本质就是高校质量管理。现代意义上的高校，具有人才培养、科学研究、社会服务等多种功能，但人才培养是其基础功能，其他功能是基础功能的延伸。“尽管在现代社会中，高等学校的活动范围日益扩大，活动内容日益增多，社会要求高等学校所承担的任务日益繁重，科学研究早已成为高等学校尤其是研究型高校的主要事业，但是作为教育机构，作为拥有大量学生的学校，教育学生、培养人才仍然是高等学校的最主要的工作、社会诉诸高等学校的最主要的任务、高等学校能为社会做出的最主要贡献。因此，衡量高等学校工作成效大小、任务完成好坏、社会贡献高低的主要尺度是培养人才的数量与质量；高等教育之类的基本指向就应该是教育学生的质量、人才培养的质量。”①

高校通过内部质量指标的研究，更好地了解高校发展状态及其存在的问题，及时作出反应，采取有力行动，改变不利因素，从而提升人才培养的质量，满足学生作为个体的生存发展需要及社会需求，提高高校质量与声誉。

（三）内部质量指标管理是高校用“自律”换“自由与自主”的方式与途径

经历了70年代的经济危机，各国政府出现了财政问题，对规模日益庞大的高等教育体系无条件地进行经济资助越来越感到无能为力；政府将新公共管理理论直接应用于公共部门的管理，对高校不再是无条件的财政拨款，而是根据对高校的评估结果，采用“绩效”方式实现对高校部分经费的管理。以质量为条件采用竞争的方式调整教育经费的划拨方式，加强了对大学的宏观控制。高等教育作为准公共产品的生产者与输出者，不可能放弃一切可能的经费收入，他们期望获得更多的财政支持，用以改善高校的经营与管理，其目标直指高校质量。因此，高校对政府宏观管理方式改变须作出迅速反应。

美国高等教育大众化后，人们将诟病猛烈地指向高等教育质量，高等教育质量成为各国关心的问题，在政府工作报告及各种研究论著不断出现，“质量问题（高等教育中各方面的主体如何保证质量）几乎到处蘑菇似的增长成为高等教育政治日程上的一个优先考虑的问题”。② 政府对高等教育的关心，必定会敦促高校进行内部改革，改善高等教育质量。同时，高校作为人才培养的场所，从其产生之日起，就一直为维护“学术自由”“教授治校”与外界进行着不断抗争。当高校进入人们的视野、成为“社会中心”时，虽然高校也在不断抗争，但“学术自由”“教授治校”已经不可能保有最初阶段的完整，高校不得不适当改变自己坚持的信条，面对来自各方面的要求

① 胡建华：《高等教育质量内部管理与外部监控的关系分析》，《高等教育研究》2008年第5期。

② ［荷］弗兰斯·F. 范富格特：《国际高等教育政策比较研究》，王承绪等译，浙江教育出版社2001年版，第294页。

与“问责”。一方面，高校内部质量指标的出现，成为高校人才培养质量的方向标与晴雨表，为高校改善与提升质量呈现了最为真实的现状，有利于高校发现问题、分析对策、制订规划。另一方面，高校以内部质量指标说明自己脚踏实地地关注高校的运营状况，聚焦高校质量提升的各项措施，改善高校各组织、部门的内部质量管理，以此作为向政府展示高校实力与作为的方式。这是高校通过实际行动展示高校正在从事的各项措施，减少政府对高校的管控，获得更多经济上或政策上的支持。可见，高校使用内部质量指标，通过自身的“自律”行为，获得更多的学术自由空间与高校自主管理权，更易于提升高校质量。

（四）高校内部质量指标承担高校“媒体”角色

美国高等教育质量监控与评估，主要存在高校、政府、社会评介机构、利益相关者四个主体，它们都是高校质量的贡献者。其中，社会评介机构与利益相关者是高等教育质量提升的重要监督者。但两者在高等教育提升过程中扮演的角色并不相同。

众所周知，美国的六大区域认证机构最初是高校为了避免政府等其他组织介入、影响“学术自由”而成立的，成立六大区域认证机构是高校应对政府等组织想要了解高校而采用的一种折中方式。最初的认证机构以社会中介的形式向外展示高校运营的真实情况与质量水平，同时以“观察家”的身份帮助高校认识存在的问题并提出改善的策略，是站在高校的立场上为了高校提升作出的评估。当认证机构的影响不断扩大，它们的地位得到政府的肯定后，认证机构的角色发生了变化，开始以权威机构形象为政府的教育决策提供各种信息。当然，认证机构并没有抛弃最初采用评估的方式促进高校质量的提高与改进的宗旨，但其呈报的结果已经引起更多人关注，已经成为高校向外展示自我的一面镜子。

利益相关者是与高等教育直接或间接相关的社会人士，如学生家长、纳税人、校友、雇主等，他们也是高校内部质量的“督察员”，他们越来越关注作为准公共部门的高校如何支配和消费教育投资，如何提升人才培养质量等问题。

高校内部质量指标，是向外宣传高校质量的“媒体”。高校通过内部质量指标的展示，可以让期望了解高校的社会人士、机构、组织等清晰知晓高校的经营状况与质量水平，掌握高校发展中的问题与瓶颈以及高校存有的优势和未来发展的目标，从而让他们理解高校办学之难以及人才培养的发展性。这样更容易形成社会舆论，改善政府一些高等教育决策，缓解社会对高校施加的各种压力，以宽容与平和的心态对待高等教育存在的各种问题，形成的合力更易于解决当前高校存在的各种问题。当然，高校以积极的工作态度与热情，精心设计与研制高校内部质量指标，接受认证机构的评估及利益相关者的“问责”，认真面对他们提出的问题并努力改善，为了获得来自社会各界的经费收入、维持高校学术自治、扩大高校办学自主权、营造有利的外部质量文化氛围等方面作出了不懈努力。

第四章　美国高校内部质量指标实践探究

美国不仅是高等教育质量指标的研究者，更是高校内部质量指标的实践者。目前美国高校几乎都设立了院校研究办公室，编制统计年鉴，根据高校发展进行内部质量指标研究。本章依据2000年卡内基高等教育分类标准，通过美国高校统计年鉴收集整理与分析美国不同类型与层次高校内部质量指标，是高校统计年鉴的再整理与加工，旨在考察美国不同类型与层次高校内部质量指标的实践研究。

第一节　美国高等教育机构与2000年卡内基高等教育分类

美国高等教育走到今天，虽然只有300多年的历史，但已经发展到4000多所高校，呈现类型丰富、层次多样的特点。众多大学与学院根据自身发展条件以及时代发展与人才需求设定自身的发展方向，在市场竞争中确立培养目标和培养方案，因此，高校如何准确定位是高校未来发展的基石与特色发展的关键。

为了更好地对大学的教学、研究工作进行了解、分析，以满足其政策研究的需要，1907年创立了资助教育事业的卡内基教学促进基金会，它对美国4000多所高校进行了基本分类。该高等教育机构分类标准主要依据大学的主要职能任务，按高等教育机构所授予学位的层次、毕业生数量和接受联邦政府资助经费的多少等指标进行分类。

卡内基教学促进基金会的大学分类标准体系最初是为了研究的需要，公布以后引起了广泛反响，并从三个方面对美国高等教育发展产生了影响：第一，为政策制定者实施大学分类管理、鼓励高等学校的多样性发展提供了依据；第二，促进了高等学校自身的角色定位；第三，为美国高等教育的院校评估、大学排名提供了一个基本依据。

到目前为止，这一分类法已经经过 5 次修订，分别出版了 1976 年、1987 年、1994 年、2000 年、2005 年版。考虑本书主要探讨从 2001 年至 2008 年连续八年美国不同类型高校的内部指标，所以本研究采用 2000 年分类标准。

2000 年版主要对美国 3941 所大学进行了分类，其中授予博士学位的研究型大学为 261 所，授予硕士学位的大学 611 所，授予学士学位的大学 606 所，授予副学士学位及少量学士学位的学校 1669 所，其他类型学校为 794 所（见表 4.1）。

表 4.1 **1973—2000 年以卡内基分类为标准的高等院校分布** 单位：所

院校类别	院校数				
	1973 年	1976 年	1987 年	1994 年	2000 年
授予博士学位/研究型大学	173	184	213	236	261
授予硕士学位院校	456	549	595	533	611
授予学士学位院校	721	583	572	645	606
两年制院校	1063	1146	1367	1463	1669
专门学校	424	559	642	690	766
非传统型院校	—	6	—	—	—
部落学院与大学	—	—	—	29	28
总计	2837	3027	3389	3596	3941

资料来源：Carnegie Council of Policy Studies in Higher Education, *A Classification of Institution of Higher Education*, San Francisco: Jossey-Bass, 2000, p. 20.

一 授予博士学位/研究型大学（Doctoral Research Universities）

授予博士学位/研究型大学主要有两类，其一为大型授予博士学位/研究型大学（Doctoral Research Universities Extensive）。广泛地提供学士、硕士和博士课程；每年至少在15个学科领域授予50个以上博士学位。每年接受联邦4000万美元以上的经费资助。

其二为小型授予博士学位/研究型大学（Doctoral Research Universities Intensive）。广泛地提供学士、硕士和博士课程；每年至少在3个学科领域授予10个博士学位；或者总共授予30个以上博士学位。每年接受联邦1500万—4000万美元经费资助。

二　授予硕士学位的院校（Master's Colleges and Universities）

这类大学或学院可以授予硕士及其以下学位，但是不授予博士学位，并且高级研究也不是重点。授予硕士学位的院校主要有两类。

第一类授予硕士学位的院校（Master's Colleges and Universities - Ⅰ）每年至少在3个学科领域授予40个硕士学位。

第二类授予硕士学位的院校（Master's Colleges and Universities - Ⅱ）每年至少授予20个硕士学位。

三　本科大学/学院（Baccalaureate Colleges）

这类教育机构只提供大学本科教育，授予学士学位，主要训练学生，使之掌握进入更高课程研读的能力。此类大学主要有三类。

本科大学/学院—通识类（Baccalaureate Colleges-Liberal Arts）。这类大学主要注重学士课程教育。至少在所开设的学科中有一半以上可授予学士学位。通识课程包括：英语（语言、文学、书信）、外国语言文学、生物及生命科学、数学、哲学和宗教、物理学、心理学、社会科学和历史、视觉和表演艺术、地区少数民族及文化研究、一般研究、人类学、跨学科研究等。

本科大学/学院—普通类（Baccalaureate Colleges-General）。这类大学主要注重学士课程教育。在所开设的学科中有一半以下可授予学士学位。

本科大学/学院—两年课程证书类（Baccalaureate /Associate's Colleges）。这类大学是主要授予学业证书和二年制学院学位的社区学院及小学院，可授予至少10%的学士学位。

四 两年课程证书/大专文凭院校（Associate's Colleges）

这类院校是主要授予学业证书和二年制大专学历的社区学院及技术学院。可授予的学士学位少于10%。

五 特殊教育机构（Specialized Institutions）

此类学校提供从学士到博士的课程学习，课程主要属于一些单一的学科领域。例如，医学院、工学院、商学院、法学院和音乐学院等。

六 部落学院/大学（Tribal Colleges and University）

这些大学一般位于保留地，由部落和宗族所控制。它们是美国印第安高等教育共同体的成员。

卡内基2000年版美国高校分类法，把美国众多高校按照分类法的标准进行划分，按照高校的任务及其他标准进行有效定位，鼓励高校在不同层次水平与类型中更好发展，同时有利于研究者与相关利益者更好地了解美国高等教育发展的态势。在这里需要指出的是，本书在研究不同层次的美国高校内部质量指标时，考虑到美国大学现状与高校在社会中发挥的主要作用，主要研究四种类型的大学与学院：一是授予博士学位/研究型高校；二是授予硕士学位院校；三是授予学士学位院校；四是授予副学士学位学院，即卡内基2000年分类标准中的两年制院校。

第二节 授予博士学位/研究型大学内部质量指标及其分析

本章主要探讨授予博士学位/研究型大学内部指标。根据卡内基2000年高校分类标准，美国共有261所授予博士学位/研究型大学。此类大学主要有两种：一种是大型授予博士学位/研究型大学，这类大学主要提供广泛领域的本科教育，从事博士研究生教育，同时要求此类大学每年在 15 个以上学科授予 50 个以上博士学位；另一种是小型授予博士学位/研究型大学，这类大学提供广泛领域的本科教育，从事博士研究生教育，此类大学每年授予 30 个以上博士学位，或每年在 3 个以上学科授予 10 个以上博士学位。

一 美国授予博士学位/研究型大学内部质量指标

美国是世界上高等教育发展最成熟、最具有竞争力、最为发达的国家之一，拥有世界闻名的顶级高校，其中，美国授予博士学位/研究型大学是美国高等教育的最典型的代表。本书主要研究授予博士学位/研究型大学，随机选取了康奈尔大学、罗格斯大学、东北大学与亚利桑那州立大学四所大学。这四所高校中有世界著名的大学，有私立大学，有公立大学，有州立大学。主要从学生、教师与经费、基本指标四个方面进行系统分析。

（一）授予博士学位/研究型大学概况

康奈尔大学是美国纽约州一所私立研究型大学。由埃兹拉·康奈尔和安德鲁·迪克森·怀特于 1865 年建立。康奈尔大学与其他七所盟校哈佛大学、耶鲁大学、普林斯顿大学、哥伦比亚大学、宾夕法尼亚大学、达特茅斯学院和布朗大学被称为“常春藤联盟”。“常春藤联盟”名字已经成为大学学术实力的象征，也成为美国顶尖名校的代名词。这些大学历史悠久，学术领先，校园富有贵族气息。康奈尔大学是“常春藤联盟”中最年轻的成员。

康奈尔大学男女同校，不分信仰和种族都可以进入。学校成立伊始，其创始人就打算将其建设成一所全科型的新型大学，教授内容从文学名著到自然科学，从理论研究到实际应用无所不包。这一理念最终成了康奈尔的校训，即“我要建立一所大学以使得所有的人可以学到任何他所想学的学科”。从教育理念上讲，它体现了任何人都有权利受到教育的平等精神；从教学方法上讲，它体现了根据学生特点和兴趣进行引导的工作态度。这就是康奈尔大学校训的精髓和康奈尔大学立校之本。康奈尔大学有 7 个本科生学院和 7 个研究生学院。

康奈尔大学在全世界范围内享有极高的学术声誉，其大学排名始终保持在全球前 15 名之内；2012 年，在《美国新闻与世界报道》（*US News & World Report*）的“全美高中顾问推荐大学排名”（High School Counselor Rankings）中，康奈尔大学与哈佛大学、麻省理工学院和普林斯顿大学并列全美第 1 位。康奈尔大学的大多数专业排名，均处于全美领先的位置。在《美国新闻与世界报道》的大学专业排名中，康奈尔大学的工程科学类本科专业全美第 1 名；农业工程类本科专业全美第 2 名；文学批评与理论研究生专业全美第 3 名；信息安全研究生专业全美第 4 名；逻辑学研究生专业全美第 4 名；生态生物学研究生专业全美第 6 名；英语研究生专业全美第 6 名。其他诸如化学、生物、量子物理、计算机工程、通信工程、航空航天工程、制造工程、机械工程、土木工程等理工科专业，均排在全美前十名之内。依据美国国家科学研究委员会（National Research Council）的最新排名，康奈尔大学的师资水平也位居全美前列，其中人文学科列全美第 5 位，工程科学列第 5 位，数学与物理学列第 6 位。

康奈尔大学以发展、保存、传播知识作为大学的最基本任务，培养创新型人才、进行发明创造是其高校的最高追求。康奈尔大学还承担着公共服务任务，通过自身提高服务并改善学生、社区、美国甚至全世界的生活质量与生存状态。同时，康奈尔大学作为一所综合性研究型大学，科学研究与发明创造是大学研究的使命与任务，在学校教学质量与科研质量提升的同时，促进教师、职员、学生全方位的提升与发展。康奈尔大学以其高标准、开放、协作、创新的文化为美国以及全人类服务。

罗格斯大学，全称为罗格斯新泽西州立大学，简称罗大（Rutgers，The State University of New Jersey），是美国新泽西州高等教育系统中唯一一所综合性公立研究型大学，是美国新泽西州（New Jersey）的最大高等学府。1766 年 11 月 10 日成立，前身为皇后学院（Queen's College），是美国最早成立的第 8 个高等教育机构，也是美国独立革命前 9 所私立殖民地学院之一。新泽西州州议会分别于 1945 年和 1956 年通过法案将罗格斯大学指定为公立的新泽西州州立大学。

目前罗格斯大学的主要校园位于新布朗斯维克（New Brunswick）和皮斯卡特维（Piscataway），另有两个分校在纽瓦克（Newark）和肯顿（Camden）。罗格斯大学由29个大学学院构成，其中16个学院提供大学以上之研究所或专业学位。罗格斯大学提供超过100个学士学位、100个硕士学位以及80个博士或专业学位。罗格斯大学隶属美国大学协会，是美国的顶尖大学，是世界一流的研究性大学。

罗格斯大学也以培养政治家、企业家和商人著称，建校300年间培养了大量政治、企业精英和富豪。其校友中共有五位诺贝尔奖获得者，还有州长、副总统、国会议员这样的政治精英，也有接近100名毕业生在福特（Ford Motors）、摩托罗拉（Motorola）、美国银行（Bank of America）等若干世界著名公司和银行、传媒机构出任总裁和副总裁。更有一些娱乐和体育明星、艺术家、哲学家毕业于该校，使罗格斯大学同时拥有浓厚的艺术和人文氛围。

东北大学，又称美国东北大学（简称NU），成立于1898年，当时是“夜校”，即晚上向学生传递知识与技能，目前是全美最大的私立大学，位于马萨诸塞州波士顿市。东北大学由6个大学本科学院（包括70个专业）、9个研究生与职业学院和2个半日制学校组成。全职的教职员工有830人。在校的国际学生占学生总数的7%，与哈佛大学的国际学生比例相同。学校以合作课程（co-op Program）最为突出，除了文理科之外，其他学士课程都要修读五年，其中有一年时间是在工商机构实习和工作。

作为全球性、体验式的研究型大学，美国东北大学向学生提供全球的体验学习机会，同时促进学生健康、安全、可持续发展。美国东北大学在发展的过程中提出大学使命，即教育学生具有满足感与成就感，同时，创新知识，满足全球与社会发展的需求。

亚利桑那州立大学（ASU）成立于1885年，最初是一所师范学院。目前是亚利桑那州一所综合性大学，是美国授予博士学位的高校，位于亚利桑那州中部大坊凤凰城的卫星城。大学拥有12个学院，学术力量雄厚，教学一流，是世界知名的综合性研究型大学。ASU

有三大分校，分别位于坦佩、梅沙和格兰代尔，其中以拥有逾4.5万名学生的坦佩校园为主。坦佩校园占地814公顷，是美国第五大校园。

亚利桑那州立大学在核心学科拥有卓越的国际学术声望，是全球性跨学科教学和研究的重要中心。亚利桑那州立大学本科（学士学位）专业250多个，硕士学位专业多达198个，博士学位专业155个。ASU有100多个研究和学术学程，其中17个被认定为全美最佳的学程。亚利桑那州立大学的商学院和教育学院在全美排第29位。

亚利桑那州立大学有教师2800余名，在职教师及毕业生中有10人曾获得诺贝尔奖和普利策奖，如经济学教授爱德华·普雷斯科特获得2004年度诺贝尔经济学奖。ASU有606名“全国优秀学者”，在全美所有大学中排第8名，在全美公立大学中排第3名。依靠不断创新的课程体系、先进的教学方法以及一流的师资，ASU培养和造就了大批优秀毕业生，世界著名公司（Intel、Motorola等）每年从该校招聘的毕业生人数居全美之冠。

（二）授予博士学位高校质量指标

依据2000年卡内基高校分类标准，美国授予博士学位的高校有200多所，主要有两种类型。本书采用抽样的方式，以康奈尔大学、罗格斯大学、东北大学与亚利桑那州立大学为样本，收集与整理授予博士学位高校的内部质量指标。对于授予博士学位的高校质量指标主要从三个方面进行研究，它们是学生指标、教师指标、经费指标。除此之外，收集整理了两个基本指标，即班级规模与生师比。

1. 学生方面

表4.2 **四所高校学生总数及学生类型**

学年	指标	东北大学	亚利桑那大学	罗格斯大学	康奈尔大学
2001—2002	总数（人）	23422	35747	50349	20141
	本科生比例	81.9%	77.0%	75.8%	68.5%
	研究生比例	18.1%	23.0%	24.2%	31.5%

续表

学年	指标	东北大学	亚利桑那大学	罗格斯大学	康奈尔大学
2002—2003	总数（人）	23357	36847	51480	20237
	本科生比例	81.3%	76.7%	74.9%	67.8%
	研究生比例	18.7%	23.3%	25.1%	32.2%
2003—2004	总数（人）	22944	37083	51268	20334
	本科生比例	81.4%	76.8%	74.4%	67.5%
	研究生比例	18.6%	23.2%	25.6%	32.5%
2004—2005	总数（人）	22932	36932	50552	20236
	本科生比例	80.9%	76.8%	74.0%	67.3%
	研究生比例	19.1%	23.2%	26.0%	32.7%
2005—2006	总数（人）	22604	37036	50016	20198
	本科生比例	81.5%	76.8%	74.1%	66.9%
	研究生比例	18.5%	23.2%	25.9%	33.1%
2006—2007	总数（人）	23411	36704	49780	20147
	本科生比例	79.6%	77.5%	74.1%	67.3%
	研究生比例	20.4%	22.5%	25.9%	32.7%
2007—2008	总数（人）	24434	37217	50516	20646
	本科生比例	78.3%	78.1%	73.6%	65.4%
	研究生比例	21.7%	21.9%	26.4%	34.6%
2008—2009	总数（人）	25376	38057	52471	21138
	本科生比例	71.2%	78.1%	74.1%	65.5%
	研究生比例	28.8%	21.9%	25.9%	34.5%
2009—2010	总数（人）	27020	N/A	54645	21571
	本科生比例	67.6%	N/A	74.2%	64.6%
	研究生比例	32.4%	N/A	25.8%	35.4%

注：N/A 是指数据缺失，或者没有统计此数据，或者数据没有公开。下同。

四所大学基本的学生构成是本科生、硕士生、博士生与修习职业证书学生。表 4.2 将硕士生、博士生与修习执业证书的学生合并在一起，统称为研究生。从表 4.2 可以看出，四所大学本科生仍然占高校学生较大比例，大多高校本科生数均占高校学生总数的 70% 以上。

不难看出，虽然这四所大学都是授予博士学位/研究型大学，但并没有以研究生培养作为重中之重，偏重于高级专门人才的培养，本科生的培养仍然是授予博士学位高校的重要使命，其目的主要为科研院所等机构输送优秀人才。

大学生在校修习时间，可分为全日制学生与非全日制学生。全日制学生，是完全在高校中学习与参与各项活动，将大部分的时间与精力投放在学习与学校的各项研究、活动中，因此全日制学生在学习主动性、积极性与参与性方面都要高于非全日制学生，对于教育教学质量的提升与高校任务的达成及人才培养规格的多样性都具有重要的意义。表 4.3 列出四所高校全日制学生与非全日制学生数量占全校学生总数的比例。其中全日制学生的比例基本都在 74% 以上，少部分是非全日制学生，康奈尔大学的学生全部是全日制学生。不难得出这样的结论，授予博士学位的高校人才培养质量高、教学质量好、科研能力强是必然的结果，随之学生的毕业率与就业率都直接得到提高与发展。

表 4.3　　**四所高校全日制学生与非全日制学生比例**

学年	指标	东北大学	亚利桑那大学	罗格斯大学	康奈尔大学
2001—2002	总数（人）	23422	19728	50349	20141
	全日制学生比例	70.9%	67.0%	74.55%	100%
	非全日制学生比例	29.1%	33.0%	25.45%	0%
2002—2003	总数（人）	23357	36847	51480	20237
	全日制学生比例	72.5%	80.0%	74.5%	100%
	非全日制学生比例	27.5%	20.0%	25.5%	0%
2003—2004	总数（人）	22944	37083	51268	20334
	全日制学生比例	75.5%	81.3%	74.7%	100%
	非全日制学生比例	24.5%	18.7%	25.3%	0%
2004—2005	总数（人）	22932	36932	50552	20236
	全日制学生比例	76.0%	82.6%	76.3%	100%
	非全日制学生比例	24.0%	17.4%	23.7%	0%

续表

学年	指标	东北大学	亚利桑那大学	罗格斯大学	康奈尔大学
2005—2006	总数（人）	22604	37036	50016	20198
	全日制学生比例	77.9%	83.1%	76.4%	100%
	非全日制学生比例	22.1%	16.9%	23.6%	0%
2006—2007	总数（人）	23411	36805	49780	20147
	全日制学生比例	78.9%	82.8%	77.2%	100%
	非全日制学生比例	21.1%	17.2%	22.8%	0%
2007—2008	总数（人）	24434	37217	50516	20646
	全日制学生比例	78.3%	83.4%	77.7%	100%
	非全日制学生比例	21.7%	16.6%	22.3%	0%
2008—2009	总数（人）	25376	38057	52471	21138
	全日制学生比例	77.0%	83.8%	79.3%	100%
	非全日制学生比例	23.0%	16.2%	20.7%	0%
2009—2010	总数（人）	27020	N/A	54645	21571
	全日制学生比例	73.5%	N/A	80.2%	100%
	非全日制学生比例	26.5%	N/A	19.8%	0%

美国学生在申请高校的过程中，基本经历申请阶段、录取阶段、入学阶段。每个学生在申请高校时，都有自我发展与自我实现的愿望，都希望就读高质量的大学，选择自己喜欢的专业或具有发展性的专业，因此名牌大学报考的学生众多，竞争非常激烈。表4.4列出四所高校学生申请、录取、入学情况。从申请人数看，各所大学连续9年申请人数年均2万人左右。其中亚利桑那州立大学与罗格斯大学属于州立大学，录取率比较高，在59.3%—86.1%，这说明这两所高校在录取条件方面相比其他授予博士学位的私立大学，条件相对较低；东北大学与康奈尔大学属于私立大学，录取率基本控制在50%以下，这说明这两所高校在录取条件方面条件较高。可见，公立大学与私立大学在录取条件方面存在较大差异。从入学率视角看，康奈尔大学和东北大学两所私立高校在20%—50%左右，亚利桑那州立大学与罗格斯大学两所公立高校均在50%以下。可见，学生在选择就

读学校时，仍然选择入学条件较高、声誉好、质量高的大学，把高校的质量和声誉作为自己选择标准。

表 4.4　　　　　　　　　**四所高校本科新生入学情况**

学年	指标	东北大学	亚利桑那大学	罗格斯大学	康奈尔大学
2001—2002	申请人数	16173	23833	26593	21519
	录取人数	10155	19575	17787	5861
	入学人数	2933	8035	6485	3043
	录取率	62.8%	82.1%	66.9%	27.2%
	入学率	28.9%	41.0%	36.5%	51.9%
2002—2003	申请人数	17037	24026	29440	21502
	录取人数	10454	20109	17450	6133
	就读人数	2974	7767	6323	3064
	录取率	61.4%	83.7%	59.3%	28.5%
	入学率	28.4%	38.6%	36.2%	50.0%
2003—2004	申请人数	21484	24974	30139	20441
	录取人数	10200	20803	17913	6334
	就读人数	3195	7803	5994	3202
	录取率	47.5%	83.3%	59.4%	30.9%
	入学率	31.3%	37.5%	33.5%	50.6%
2004—2005	申请人数	24436	24020	28160	20822
	录取人数	10344	20034	17702	6130
	就读人数	2785	7653	5887	3093
	录取率	42.3%	83.4%	62.9%	29.4%
	入学率	26.9%	38.2%	33.3%	50.5%
2005—2006	申请人数	25467	21398	28933	24452
	录取人数	11958	18413	17659	6621
	就读人数	2831	7981	5993	3108
	录取率	47.0%	86.1%	61.0%	27.1%
	入学率	23.7%	43.3%	33.9%	46.9%

续表

学年	指标	东北大学	亚利桑那大学	罗格斯大学	康奈尔大学
2006—2007	申请人数	27168	20788	30695	28098
	录取人数	12173	17063	18540	6935
	就读人数	2955	7971	6189	3238
	录取率	44.8%	82.1%	60.4%	24.7%
	入学率	24.3%	46.7%	33.4%	46.7%
2007—2008	申请人数	30348	25449	32153	30383
	录取人数	11970	19703	19142	6503
	就读人数	2871	8482	6696	3055
	录取率	39.4%	77.4%	59.5%	21.4%
	入学率	24.0%	43.0%	35.0%	47.0%
2008—2009	申请人数	35754	27017	32816	33073
	录取人数	12569	21021	19659	6834
	就读人数	2923	8612	7102	3183
	录取率	35.2%	77.8%	59.9%	20.7%
	入学率	23.3%	41.0%	36.1%	46.6%
2009—2010	申请人数	34005	N/A	31728	34371
	录取人数	13948	N/A	20196	6564
	就读人数	2833	N/A	7059	3221
	录取率	41.0%	N/A	63.7%	19.1%
	入学率	20.3%	N/A	35.0%	49.1%

转学是美国高校教育的一大特色。美国大学实行学分制，高校之间学分相互承认，尤其是基础学科的学分。高校开放的制度为学生寻求更好的学习机会创造了条件，学生可以根据学习需要与学习兴趣，不断提升自身素质与能力，转入更适合自己的大学学习。同时，转学也是美国高校之间竞争力的一种表现。按照马斯洛需要层次理论，自我价值的实现是人的最高需要，对于大学生来讲，进入声誉好、质量高、就业强且适合自己的大学是每个人的期望、这不可避免地带来学生在大学学习中的竞争力，从而促进高校自身不断

提升全方位的质量，满足学生学习的各种需要，这是大学追求卓越发展的必然。转学学生占学校学生总数的比例很小，但他们与新生一样，也经历申请、录取与入学三个阶段。录取率方面，四所大学除了康奈尔大学严格控制在30%左右，其他高校基本在50%或更高。入学率方面，康奈尔大学保持在70%左右。亚利桑那州立大学的转学学生录取比例基本与新生一样，都在70%左右，但入学率远远高于新生入学率，保持在70%左右。从这样的比例可以判断出，申请转学的学生都是原来高校中的优秀学生，并且积极要求进步，自我发展的动力强，希望接受更优质的教育资源，这必然带动高校内部质量的提升与发展。

表4.4、4.5清晰表明，不论是新生申请、录取与入学，还是转学学生的申请、录取与入学，康奈尔大学都严格控制比例；亚利桑那州立大学新生与转学学生的录取率基本一致，是四所大学录取率最高的一个。但新生入学率大大低于转学学生的入学率。从总体看，转学学生的入学率高于新生入学率。授予博士学位的高校通过比例的控制，招收到全世界优质的学生，为他们提供最好的教育教学资源，更好地提升高校的教育教学质量，进而提升高校的声誉。

表4.5　　**四所高校本科新生转学入学人数**

学年	指标	东北大学	亚利桑那大学	罗格斯大学	康奈尔大学
2001—2002	申请人数	2344	4098	8244	2316
	录取人数	1326	2954	3824	754
	就读人数	655	2086	2013	542
	录取率	56.6%	72.1%	46.4%	32.6%
	入学率	49.4%	70.6%	52.6%	71.9%
2002—2002	申请人数	2215	4044	9970	2435
	录取人数	1542	3034	4454	778
	就读人数	798	1959	2350	558
	录取率	69.6%	75.0%	45.0%	31.9%
	入学率	51.8%	64.6%	53.0%	71.7%

续表

学年	指标	东北大学	亚利桑那大学	罗格斯大学	康奈尔大学
2003—2004	申请人数	2576	3789	9966	2257
	录取人数	1229	2782	3722	758
	就读人数	540	1845	1966	501
	录取率	47.7%	73.4%	37.0%	33.6%
	入学率	43.9%	66.3%	54.0%	66.1%
2004—2005	申请人数	2643	3704	9327	2307
	录取人数	1295	2730	4161	766
	就读人数	643	1928	2179	564
	录取率	49.0%	73.7%	45.0%	33.2%
	入学率	49.7%	70.6%	52.0%	73.6%
2005—2006	申请人数	2411	3495	8986	2011
	录取人数	1225	2713	3799	702
	就读人数	584	2007	1909	481
	录取率	50.8%	77.6%	42.3%	34.9%
	入学率	47.7%	74.0%	50.3%	68.5%
2006—2007	申请人数	2547	4179	9533	2479
	录取人数	1203	2770	4110	669
	就读人数	628	1962	2056	470
	录取率	47.2%	66.3%	43.1%	27.0%
	入学率	52.2%	70.8%	50.0%	70.3%
2007—2008	申请人数	2460	4250	9948	2616
	录取人数	1233	2850	4634	768
	就读人数	624	1913	2473	571
	录取率	50.1%	67.1%	46.6%	29.4%
	入学率	50.6%	67.1%	53.4%	74.3%
2008—2009	申请人数	2555	4473	10481	2918
	录取人数	1234	2863	5145	801
	就读人数	549	1903	2902	616
	录取率	48.3%	64.0%	49.1%	27.5%
	入学率	44.5%	66.5%	56.4%	76.9%

续表

学年	指标	东北大学	亚利桑那大学	罗格斯大学	康奈尔大学
2009—2010	申请人数	2505	N/A	10922	3244
	录取人数	1287	N/A	5351	731
	就读人数	590	N/A	3103	569
	录取率	51.4%	N/A	49.0%	22.5%
	入学率	45.8%	N/A	58.0%	77.8%

SAT，以前称为“学生能力考试”（Scholastic Aptitude Test），现在称为“学术水平测验考试”（Scholastic Assessment Test），由美国教育考试服务中心组织，是美国高中生进入美国大学的标准入学考试，用于测量学生在大学学习过程中的能力。SAT 考试成绩被美国 3600 余所大学接受认可，同时也被加拿大所有大学接受认可。

SAT 考试分为两部分，包括推理测验（Reasoning Test）和专项测验（Subject Tests）。SAT 考试时间为 3 小时 45 分钟，题型为选择及写作，主要测验考生的阅读、数学及写作能力，每部分满分是 800 分，总分是 2400 分。SAT2（Subject Tests）考试时间为一小时，SAT2 每科满分为 800 分。大部分为选择题，主要考查考生某一专业的知识。SAT2 是单科考试，有数学、物理、化学、生物、外语（包括汉语、日语、德语、法语、西班牙语）等，根据各专业和学校的要求参加。

SAT 考试成绩是美国大学所能够得到的，唯一可以比较来自不同地区和学校的学生的成绩，它对录取与否及奖学金多少的影响非常大。所以各个高校都非常重视学生入学考试成绩，即 SAT 成绩，它直接控制高校“产品”的入口质量，关系高校未来教学质量与学生发展程度。

从四所大学的平均 SAT 成绩看，从 2001 年至 2010 学年里，各高校平均 SAT 成绩都保持在 1000 分以上，康奈尔大学的平均 SAT 成绩遥遥领先，高出其他三所大学平均 SAT 成绩 200 分左右。两所授予博士学位的公立高校在学生入学成绩方面并没有降低分数与要求，也保持在1000分以上，虽然每个学年学生的SAT成绩有所波动，但波动不大。在这里需要强调的是，东北大学作为一所授予博士学位的私立高校，从2001年开始，SAT成绩逐年提升，有不断追赶康奈尔大学的趋势。这说明东北大学在不断提升学生入学质量，严格控制学生“入口”条件，为培养高素质的人才奠定了基础。

表4.6 **四所高校平均入学成绩（SAT）** 单位：分

学年	东北大学	亚利桑那大学	罗格斯大学	康奈尔大学
2001—2002	1139	1067	1191	1340
2002—2003	1152	1099	1188	1383
2003—2004	1201	1112	1205	1385
2004—2005	1211	1110	1209	1392
2005—2006	1225	1114	1217	1300—1500
2006—2007	1230	1117	1208	1300—1500
2007—2008	1251	1110	1196	1300—1500
2008—2009	1268	1108	1198	1300—1500
2009—2010	1288	N/A	1172	1300—1500

保持率是持续在一所高校专业学习的学生占学生总数的比率，用百分比来表示。对于四年制高校来讲，是指初次为获得学士学位（或者相当于学士学位），从秋季入学到第二年秋季仍然就读此高校的学生占学生总数的百分比。其他类型的高校，是指初次为获得学位/证书，从秋季入学到第二年秋季仍然就读此高校的学生占学生总数的百分比。新生第一年保持率是指第一次申请入读高校，从秋季入学到第二年秋季仍然就读此高校的学生占第一次申请入读高校的学生总数的百分比。

由于美国高校之间存在学分互认与转学制度，因此新生第一年保持率成为衡量高校是否满足学生需要的一个重要指标，它是学生对学校、专业以及学校提供的其他方面满意与否的重要标志。从四所高校的新生第一年保持率看，保持率至少在80%左右。这说明四所高校在新生入学及就读方面提供了高质量的服务，学生满意于学校的教学、研究、活动等各方面，所以能够坚持在同一所大学里继续深造。

表 4.7 **四所高校新生第一年保持率**

学年	东北大学	亚利桑那大学	罗格斯大学	康奈尔大学
2001—2002	84.2%	74%	88.2%	96%
2002—2003	87.7%	76%	86.3%	97%
2003—2004	88.4%	78%	90.3%	97%
2004—2005	89.5%	78%	89.9%	96%
2005—2006	89.7%	79%	88%	96%
2006—2007	90.7%	79%	89%	96%
2007—2008	92.6%	80%	89%	96%
2008—2009	91.3%	78%	91%	96%
2009—2010	N/A	N/A	92%	96%

研究生教育是美国授予博士学位/研究型大学的重要教育任务。研究生人数的多少直接表明高校高层次人才培养的质量与要求。从表 4.8 可以看出，虽然各所高校培养的研究生人数不尽相同，但各所高校连续四年研究生入学人数基本保持一致，没有太大的起伏。这说明各所高校在研究生入学政策与录取的标准方面变化不大，这种平稳的发展态势为高质量培养专门人才奠定了基础。

表 4.8 **四所高校研究生入学人数** 单位：人

学年	东北大学	亚利桑那大学	罗格斯大学	康奈尔大学
2001—2002	4217	8215	12203	6340
2002—2003	4363	8569	12904	6512
2003—2004	4268	8338	13150	6679
2004—2005	4361	8147	13124	6611
2005—2006	4811	8262	12944	6683

续表

学年	东北大学	亚利桑那大学	罗格斯大学	康奈尔大学
2006—2007	5410	8574	12872	6685
2007—2008	6470	8564	13312	7136
2008—2009	7307	8601	13569	7292
2009—2010	8755	N/A	14123	7640

高校以培养人才为己任。美国授予博士学位的高校通过 SAT 成绩选择可以进入高校学习的学生数量，是高校对“入口”质量的监控。学位获得人数是高校对人才培养的检查和控制，是对高校“出口”的监控。高校人才培养多少及是否达到培养目标，以学生获得学位数量为主要依据，它直接揭示学校的教学质量和人才培养水平。从四所高校连续 9 年在校生计算，各所高校获得学位人数占在校学生数的 25%—30%。这表明高校一方面为高质量的人才培养提供了平稳发展的条件，另一方面在学生培养的出口方面严格评估，也有利于优秀人才输出。控制学生“出口”是美国授予博士学位高校内部质量的重要指标。

表 4.9　**四所高校获得学位人数**　单位：人

学年	东北大学	亚利桑那大学	罗格斯大学	康奈尔大学
2001—2002	4456	6947	10697	5916
2002—2003	4717	6947	10878	5924
2003—2004	4753	7491	11363	5997
2004—2005	4404	7926	11559	5845
2005—2006	4609	7757	11397	5972
2006—2007	4628	7757	11336	6068
2007—2008	4918	7807	11197	6066
2008—2009	5494	N/A	11814	6207
2009—2010	5613	N/A	N/A	6626

美国大学毕业率指的是学生在6年之内完成大学本科学习并且顺利毕业的比例。美国高校实行学分制，学生能否毕业主要以是否达到规定的学分作为依据。通常地，学生在高校修业4—6年才能达到获得学位的学分标准。据此，美国高校基本上以第6年的毕业率作为此高校的毕业率，用于衡量高校学生毕业情况。表4.10中，四所大学的第6年毕业率基本在50%以上，其中东北大学与康奈尔大学第6年的毕业率竟然高达90%以上，罗格斯州立大学也在70%—90%，并且各所高校的第6年毕业率基本保持在同一水平线上。四所高校平稳与较高毕业率的数据表明，各所高校在人才培养方面提供了高质量的教学与服务，为学生顺利毕业创造了各方面的条件。

表4.10 **四所高校6年毕业率**

学年	东北大学	亚利桑那州大学	罗格斯大学	康奈尔大学
2001—2002	92%	49.2%	87%	91%
2002—2003	93%	51.9%	87%	90%
2003—2004	93%	52%	87%	92%
2004—2005	92%	54.6%	69%	92%
2005—2006	93%	54.9%	69%	92%
2006—2007	93%	56%	70%	92%
2007—2008	93%	56%	89%	92%

2. 教师方面

教师在高校的教学中承担着重要角色。他们是知识的生产者、加工者与传授者，他们是教学、科研与服务的中坚力量。教师教育教学水平直接或间接影响着高校内部质量水平。四所高校中，教授所占比例大致在40%—58%，副教授所占比例大致在24%—40%，助理教授所占比例大致在18%—25%。从比例中可见，美国授予博士学位/研究型大学从总体讲，教授最多，其次是副教授，助理教授最少；从高校的教学、科研、服务三大任务看，从事研究的人多，主要负责教学的人少，基本符合研究型大学的主旨与精神；由具有研究水平的教授与副教授承担教学任务，有助于提高本科生教学质量，并带动本科生较早参与专业研究。

表 4.11　　　　**四所高校教师职称统计**

学年	高校	教授比例	副教授比例	助理教授比例	总计（人）
2001—2002	东北大学	39.18%	40.38%	20.45%	582
	亚利桑那大学	47.00%	30.01%	23.10%	1433
	罗格斯大学	44.69%	30.68%	24.63%	2233
	康奈尔大学	57.40%	24.60%	18.10%	1550
2002—2003	东北大学	39.50%	40.37%	20.15%	605
	亚利桑那大学	47.00%	29.43%	23.58%	1429
	罗格斯大学	44.40%	30.13%	25.47%	2214
	康奈尔大学	57.40%	23.30%	19.30%	1544
2003—2004	东北大学	39.67%	39.67%	20.66%	605
	亚利桑那大学	47.00%	29.92%	23.88%	1424
	罗格斯大学	44.82%	30.42%	24.76%	2209
	康奈尔大学	57.50%	23.70%	18.80%	1564
2004—2005	东北大学	40.42%	39.45%	20.13%	621
	亚利桑那大学	47.00%	29.92%	23.12%	1410
	罗格斯大学	44.39%	31.26%	24.35%	2246
	康奈尔大学	56.60%	24.10%	19.30%	1578
2005—2006	东北大学	40.2%	38.5%	22.3%	630
	亚利桑那大学	47.6%	28.7%	23.7%	1430
	罗格斯大学	38%	26%	36%	2661
	康奈尔大学	56.5%	24.2%	19.3%	1594
2006—2007	东北大学	42.0%	35.6%	22.4%	626
	亚利桑那大学	46.3%	29.3%	24.4%	1453
	罗格斯大学	38.2%	26.9%	33.9%	2636
	康奈尔大学	55.7%	24.5%	19.8%	1627

续表

学年	高校	教授比例	副教授比例	助理教授比例	总计（人）
2007—2008	东北大学	40.9%	34.6%	24.4%	644
	亚利桑那大学	46.4%	29.8%	23.8%	1449
	罗格斯大学	38%	27%	35%	2653
	康奈尔大学	54.8%	25.2%	20.0%	1637
2008—2009	东北大学	41.4%	34.0%	24.6%	672
	亚利桑那大学	45.4%	30.3%	24.3%	1454
	罗格斯大学	37.8%	26.6%	36.6%	2699
	康奈尔大学	55.0%	25.6%	19.3%	1639
2009—2010	东北大学	41.9%	33.6%	24.5%	694
	亚利桑那大学	N/A	N/A	N/A	N/A
	罗格斯大学	37%	26%	37%	2083
	康奈尔大学	55.4%	26.0%	18.6%	1605

终身教授，是不必接受一年一度的教学、科研考核的，聘期可延续到退休，同时享受学校特殊津贴。按照美国国家数据中心的定义，终身教授可以长期工作在教授岗位，直到退休。终身教授通常都具有较强的科研和教学能力，在某一领域具有自己的学术专长。从预备终身教授到终身教授，考核的内容与考核的条件都非常苛刻。因此，各所高校在世界各地招聘优秀人才，优先聘用终身教授，主要希望他们在本校发挥终身教授的特长，带动学校教学、科研与服务不断提高和发展。所以，一所高校终身教授多少直接影响着高校的声誉与质量，影响着学生申请与就读人数。从表 4.12 看，四所大学的终身教授在高校教师中所占比例基本在 45%—79%，其中康奈尔大学与东北大学的终身教授比例最高，基本保持在 75% 左右或以上，而亚利桑那州立大学终身教授比例在四所学校最低，基本在 45% 以上。

表 4.12 **四所高校终身教授比例**

学年	高校	终身教授（人）	总计（人）	百分比
2001—2002	东北大学	446	582	76.6%
	亚利桑那大学	1190	2460	48.4%
	罗格斯大学	1384	2233	62.0%
	康奈尔大学	1217	1550	78.5%
2002—2003	东北大学	457	605	75.5%
	亚利桑那大学	1180	2459	48.0%
	罗格斯大学	1328	2214	60.0%
	康奈尔大学	1193	1544	77.3%
2003—2004	东北大学	466	605	77.0%
	亚利桑那大学	1182	2493	47.4%
	罗格斯大学	1325	2209	60.0%
	康奈尔大学	1200	1564	76.7%
2004—2005	东北大学	465	621	74.9%
	亚利桑那大学	1187	2635	45.1%
	罗格斯大学	1325	2246	59.0%
	康奈尔大学	1211	1578	76.7%
2005—2006	东北大学	465	630	73.8%
	亚利桑那大学	N/A	N/A	1424
	罗格斯大学	1570	2661	59.0%
	康奈尔大学	1230	1594	77.2%
2006—2007	东北大学	468	626	74.8%
	亚利桑那大学	N/A	N/A	N/A
	罗格斯大学	1582	2636	60.0%
	康奈尔大学	1244	1627	76.5%
2007—2008	东北大学	467	644	72.5%
	亚利桑那大学	N/A	N/A	N/A
	罗格斯大学	1592	2653	60.0%
	康奈尔大学	1243	1637	75.9%

续表

学年	高校	终身教授（人）	总计（人）	百分比
2008—2009	东北大学	483	672	71.9%
	亚利桑那大学	N/A	N/A	N/A
	罗格斯大学	1593	2699	59%
	康奈尔大学	1270	1639	77.5%
2009—2010	东北大学	492	694	70.9%
	亚利桑那大学	N/A	N/A	N/A
	罗格斯大学	1209	2083	58.0%
	康奈尔大学	1261	1605	78.6%

3. 经费方面

经费是高校正常运营和发展的重要资源。授予博士学位的大学，其经费的多寡与如何使用，直接影响着高校任务的达成与人才培养质量的高低。授予博士学位的大学，主要有两类，公立大学与私立大学。通常公立大学能够从州政府获得一部分经费，用以维持与发展研究型大学；私立大学很难从州政府获得财政支撑，更多依靠学生学费。除此之外，授予博士学位的高校，以其研究闻名遐迩，研究经费申请与获得是此类高校重要的财政收入。因此，从联邦政府或者州政府获得的研究经费也是授予博士学位高校的重要经费来源。自从20世纪80年代以来，随着美国高等教育改革以及新经济管理思想的深入，联邦政府也通过财政拨款或研究经费的投入对高校尤其是研究型大学进行控制。所以，授予博士学位高校经费主要来自联邦政府与州政府，来自高校的收入主要是学生学费。四所授予博士学位的高校，来自联邦政府与州政府的经费各不相同。康奈尔大学、东北大学作为私立大学，从联邦所得大约占90%以上，尤其康奈尔大学基本上95%的经费来自联邦政府；州与地方政府给予10%左右的研究经费。亚利桑那州立大学与罗格斯大学作为公立大学，70%—80%的经费来自联邦政府，20%—30%的经费来自州与地方政府。可见，授予博士学位的高校，其经费的多少，代表高校研究能力与教师科研水平的高低。

表 4.13　　四所高校来自联邦、州与地方政府的财政支持

高校	财政年	总计（美元）	联邦占比	州与地方政府占比
康奈尔大学	2001—2002	290467055	95.78%	4.22%
	2002—2003	337792389	95.13%	4.87%
	2003—2004	370778445	96.03%	3.97%
	2004—2005	394845929	96.49%	3.51%
	2005—2006	N/A	N/A	N/A
	2006—2007	N/A	N/A	N/A
	2007—2008	N/A	N/A	N/A
	2008—2009	N/A	N/A	N/A
	2009—2010	N/A	N/A	N/A
东北大学	2001—2002	488190000	88.04%	11.96%
	2002—2003	529162000	90.82%	9.18%
	2003—2004	636717000	92.05%	7.95%
	2004—2005	604644000	91.36%	8.64%
	2005—2006	694794000	N/A	N/A
	2006—2007	635570000	N/A	N/A
	2007—2008	N/A	N/A	N/A
	2008—2009	N/A	N/A	N/A
	2009—2010	N/A	N/A	N/A
亚利桑那州立大学	2001—2002	1324187932	81.54%	18.46%
	2002—2003	1451115900	79.52%	20.48%
	2003—2004	1563704409	79.84%	20.16%
	2004—2005	1736139718	79.27%	20.73%
	2005—2006	N/A	N/A	N/A
	2006—2007	N/A	N/A	N/A
	2007—2008	N/A	N/A	N/A
	2008—2009	N/A	N/A	N/A
	2009—2010	N/A	N/A	N/A

续表

高校	财政年	总计（美元）	联邦占比	州与地方政府占比
罗格斯大学	2001—2002	160730786	76.54%	23.46%
	2002—2003	169414263	78.47%	21.53%
	2003—2004	190528353	79.56%	20.44%
	2004—2005	199039614	80.26%	19.74%
	2005—2006	N/A	N/A	N/A
	2006—2007	N/A	N/A	N/A
	2007—2008	N/A	N/A	N/A
	2008—2009	N/A	N/A	N/A
	2009—2010	N/A	N/A	N/A

高校接受社会团体或者个人的捐赠，是美国高校经费收入的一部分。通常来讲，捐赠者或者捐赠团体中，很重要的成员是高校校友会人员或者团体，也有来自社会成员的捐赠。捐赠团体或者个人具有自身的捐赠目的与意义。比如，鼓励某个学科的发展以及某种研究的进步，促进学生学习的进步以及作为对优秀学生的鼓励，等等。因此，高校接受社会团体与个人捐赠的多少，能反映出高校对社会的影响及捐赠团体与个人对高校的期望，也代表着高校的声誉。四所授予博士学位的高校接受的捐赠，其中康奈尔大学接受的捐赠数额最高，其次依次为东北大学、罗格斯大学、亚利桑那州立大学。

表 4.14 **四所高校接受的捐赠** 单位：美元

财政年	亚利桑那大学	东北大学	罗格斯大学	康奈尔大学
2001—2002	310174	504878	405405	3151384
2002—2003	292380	433334	386738	2853742
2003—2004	297745	420900	398178	2854771
2004—2005	393400	512100	449889	3238350
2005—2006	N/A	558300	N/A	N/A
2006—2007	N/A	612183	N/A	N/A

续表

财政年	亚利桑那大学	东北大学	罗格斯大学	康奈尔大学
2007—2008	N/A	699559	N/A	N/A
2008—2009	N/A	672761	N/A	N/A
2009—2010	N/A	501019	N/A	N/A

资料来源：http：//nces. ed. gov/programs/digest/d03/tables/dt361. asp. http：//nces. ed. gov/programs/digest/d04/tables/dt04_ 359. asp.

高校教学与科研经费的分配比例，说明高校对于教学与科研经费的使用程度，从侧面反映出高校对于科研与教学的重视程度。但很遗憾，美国授予博士学位高校对于经费的使用在统计年鉴中并没有发展到细致划分的阶段，只有部分高校收集了教学科研经费数据，却没有深入分析。四所授予博士学位高校，只有东北大学与亚利桑那州立大学呈列了教学科研经费数据。东北大学的科研经费是教学经费的近三倍，而亚利桑那州立大学的教学经费与科研经费基本持平，各占一半。从简单的数据中只能得到，东北大学对于科研的重视程度高，亚利桑那州立大学对于教学与科研同等重视。

表 4.15　**两所高校教学科研经费**　单位：美元

学年	东北大学		亚利桑那大学	
	教学	科研	教学	科研
2001—2002	N/A	N/A	254832929	235742673
2002—2003	162807000	40122000	272946143	248055796
2003—2004	178783000	44674000	285946000	308192000
2004—2005	185326000	47697000	N/A	N/A
2005—2006	195498000	52317000	N/A	N/A
2006—2007	198480000	53526000	N/A	N/A
2007—2008	215549000	58272000	N/A	N/A
2008—2009	231272000	58327000	N/A	N/A
2009—2010	215549000	58272000	N/A	N/A

4. 两个基本数据

班级规模是指一位特定教师指导下的一个特定班级或一个教学团体招收的学生人数。财政和教育质量是制约班级规模的两个重要因素。通常认为，班级规模缩小，教师压力小，教师可以将注意力和精力更多地分配给学生，更能关注学生的成长和发展变化，有助于提高教学质量和教学效率。从表 4.16 看，这四所大学的班级规模基本控制在 30 人左右，属于小班规模。教师可以充分发挥自己的积极性带动学生学习和科研，可以把握学习的进程和科研的效果，随时发现各种问题，学生也可以在教学与研究的过程中随时得到问题的答案，有利于提高教学质量和科研成果。

表 4.16 **四所高校班级规模** 单位：人/班

学年	东北大学	亚利桑那大学	罗格斯大学	康奈尔大学
2001—2002	28	29	34	33
2002—2003	26	32	35	36
2003—2004	28	32	34	35
2004—2005	28	31	32	34
2005—2006	N/A	31	32	34
2006—2007	N/A	31	34	34
2007—2008	N/A	31	34	34
2008—2009	N/A	32	35	34
2009—2010	25	N/A	34	34

生师比，是指某学年内平均每个教师所教的学生数，其中在校生数是指本学年具有学籍的注册学生总数。这个指标根据教师总数和学生总数大小之间的关系来测量人力资源的投入。生师比高，表明每个教师负担的学生多，学生与老师的接触相对较少；生师比低，表明每个教师负担的学生少，学生与老师的接触相对较多，这样最终可能使学生的学习效果更好。可见生师比是用于衡量教学质量的一个重要参数。从表 4.17 可得出，康奈尔大学生师比基本控制在 10∶1 以下，然

后依次是罗格斯大学、东北大学、亚利桑那州立大学，四所高校的生师比都不高于20∶1。四所授予博士学位高校的生师比，对于私立大学与公立大学来说，差距不明显。

表4.17　**四所高校生师比**

学年	东北大学	亚利桑那大学	罗格斯大学	康奈尔大学
2001—2002	15.5∶1	20∶1	14∶1	11∶1
2002—2003	16∶1	20∶1	14∶1	9∶1
2003—2004	16∶1	20∶1	14∶1	9∶1
2004—2005	16∶1	20∶1	14∶1	9∶1
2005—2006	16∶1	19.1∶1	13∶1	9∶1
2006—2007	16∶1	18∶1	14∶1	9∶1
2007—2008	16∶1	18∶1	13∶1	9∶1
2008—2009	16∶1	19∶1	14∶1	9∶1
2009—2010	15∶1	N/A	15∶1	9∶1

二　授予博士学位高校内部质量指标分析

授予博士学位高校在美国高等教育中，层次最高，社会影响力最大，培养的人才规格与质量代表着美国科技进步与科学发展的水平，对社会发展水平与生产力提升程度具有重要的作用。同时，授予博士学位高校的内部质量如何，对于其他层次高校的引领与促进也具有不可忽视的作用。

（一）授予博士学位高校内部质量指标的特点

授予博士学位的美国高校统计年鉴，在美国所有高校中编撰历史最早、持续时间最长、编写最详细、呈现的指标最为全面，它直接影响其他层次与类型的统计年鉴，是授予硕士学位、学士学位、副学士学位高校的模板，其他三种类型的高校的统计年鉴在某种程度上都受到授予博士学位高校统计年鉴的影响。正因为如此，美国授予博士学位高校的内部质量指标，是美国高校内部质量指标中最为丰富与翔实的指标体系。

1. 授予博士学位高校内部质量指标体系全面、翔实

美国授予博士学位高校居于美国高等教育金字塔的顶端，是其他层次与水平的高校的标杆，是美国高等教育发展成熟程度的标尺。因此，美国授予博士学位高校内部质量指标体系具有一定的科学性与参考性，它在监控美国授予博士学位高校质量中具有指导性的作用。

收集与整理授予博士学位高校统计年鉴的过程比较容易，而且很多高校基本上是从 20 世纪 90 年代就开始尝试编写统计年鉴，持续编写至今。编写的翔实程度反映出美国统计年鉴不断向精细化发展的脉络。每所授予博士学位高校统计年鉴基本从学生、教师与经费、基本指标四个质量指标入手，深入细化二级质量指标，从而构成基本全面且翔实的内部质量指标体系，如表 4. 18 所示。

表 4. 18　　**授予博士学位高校内部质量指标体系**

一级指标	二级指标
学生指标	学生总数及学生类型
	全日制学生与非全日制学生比例
	学生入学数量
	转学学生人数
	平均入学成绩（SAT）
	新生第一年保持率
	研究生入学人数
	获得学位人数
	6 年毕业率
教师指标	教师职称
	终身教授比例
经费指标	来自联邦、州与地方政府的财政支持
	高校接受的捐赠
	高校教学科研经费
基本指标	班级规模
	生师比

美国授予博士学位高校内部质量指标中，学生、教师、经费、基本4个质量指标为一级指标，在此基础上，对学生、教师、经费、基本4个一级指标进行细化，学生指标细化为9个二级指标，教师指标细化为2个二级指标，经费指标细化为3个二指标，基本指标细化为班级规模与生师比。经过细化的众多指标基本反映出高校的整体态势与发展现状、具有的优势与存在的问题、未来发展的方向与需要改革的事项等。首先，高校内部质量指标体系成为高校校长、管理人员制定学校发展规划、改革教育教学、进行高校内部管理改革的抓手。其次，高校内部质量指标体系是教师了解高校发展运行态势、谙熟高校发展目标、掌握教师全体的整体水平、加强教育教学合作的基石。再次，高校内部质量指标体系使学生了解高校的声誉与质量、学科专业发展基本情况、在校学生的学习状态与学习热情、自我发展可能达成的程度等。最后，高校内部质量指标体系是利益相关者与外部评估机构掌握与促进高校向良性循环发展的基础。

可见，社会中关心教育、关注教育发展的群体，通过高校基本全面且翔实的内部质量指标体系了解高等教育发展的基本情况以及未来发展态势，它是人们评价高等教育与评估高等教育发展质量的资源。高校内部质量指标体系也是高校向利益相关者展示高校质量发展与人才培养质量的窗口，宣传高校个性发展与特色追求的平台，更是高校寻求外部经费（联邦拨款、科研经费、捐赠等）的重要手段，等等。

2. 授予博士学位高校以内部质量指标监控高校使命与任务的达成

高校内部质量指标体系建构的基本价值与目的是掌握高校运营的基本态势与人才培养质量规格，了解高校在每个层次与类型的高校中的发展水平与位置，以便更好地在现有的基础上寻求发展的空间与经费，改革教育教学中存在的问题与管理中的弱势与盲点，其实质就是要完成高校任务，不断向卓越发展迈进。可见，高校内部质量指标体系与高校的使命紧密相连，高校内部质量指标体系时时监控与评价高校任务达成的程度与人才培养质量的高低，高校的使命与任务的完成程度由高校内部质量指标来衡量与评价。授予博士学位的高校，虽然每所高校的特色不同，发展重点各异，历史迥然，但在高等教育人才培养、科学研究、社会服务的基本功能上却基本相同，从这个侧面体现与证实了2000年卡内基高校分类的基本标准。

3. 授予博士学位高校内部质量指标具有普适性作用

美国授予博士学位高校，在统计年鉴发展过程中逐渐形成高校内部质量指标体系，监控与指导高校的卓越发展。依照2000年卡内基高校分类中授予博士学位高校的标准，200多所授予博士学位高校各自的内部质量指标不尽相同，但总体上趋于相同，基本上形成了适应美国授予博士学位高校发展的质量指标体系（见美国授予博士学位高校内部质量指标体系表）。这一质量指标体系一方面监控与评估着美国授予博士学位高校的发展与完善，高校根据各自优势寻求卓越目标，一方面对美国授予硕士学位、学士学位、副学士学位高校的质量指标体系的完善具有指导意义。当然，授予硕士学位、学士学位、副学士学位的高校不同于授予博士学位的高校，每种类型的高校都有各自的任务与使命，具有各自的特色与优势，拥有高校发展的空间与范围，但美国授予博士学位高校的内部质量指标体系在某种程度上是其他类型高校发展的灯塔与风向标，具有其指导与引领的作用。

（二）授予博士学位高校内部质量指标存在的问题

虽然美国授予博士学位高校内部质量指标在漫长的发展过程中不断完善，已经形成基本的质量指标体系，但指标体系还不尽完美，还需要进一步研究与深化。授予博士学位高校只有不断完善高校内部质量指标体系，通过与世界范围内著名高校的比较与分析，找寻发展中的问题与症结，解决发展中的瓶颈，才能促进美国高等教育不断向卓越发展，尤其是居于高等教育金字塔顶级的授予博士学位高校的卓越发展。

1. 授予博士学位高校需进一步加强经费指标研究

四所授予博士学位高校内部质量指标体系涵盖学生指标、教师指标与经费指标以及基本指标（班级规模与生师比）。经费指标在授予博士学位高校的四种指标中，数据处于缺失状态。

众所周知，经费是高校正常运营的资金保障，是高校良性管理与发展的基础，尤其处于美国高等教育市场化发展的今天，高校经费已经成为高等教育卓越发展的重中之重。据此，授予博士学位高校作为美国高等教育最为成熟的教育层次，对美国其他类型高校发展具有指导作用，在一级质量指标的建构与发展中处于引领的地位。因此，加强经费指标研究，重视经费指标的收集与整理，加强经费指标的分析与管理，是美国授予博士学位高校内部质量指标发展的重点。

2. 授予博士学位高校需深入开发与细化二级内部质量指标

授予博士学位高校在统计年鉴漫长的发展过程中，基本形成了以学生、教师、经费与基本指标为基础的一级质量指标，并在一级质量指标的基础上发展与细化了二级质量指标，学生指标细化为 9 项二级指标，教师指标细化为 2 项指标，经费指标细化为 3 项指标，基本指标细化为 2 项指标。一级质量指标与二级质量指标基本能够勾画出高校发展的基本态势与质量状况。但是，授予博士学位高校不应该停留于此，还应该深化二级指标，细分二级指标。如学生指标中，应该注意学生类别的细化。授予博士学位的大学是综合性研究型大学，学生类别多且复杂，比如本科生、硕士研究生、博士研究生、攻读证书的学生等，对不同学生的细化应该更为深入，这样才能更清晰地了解学生的状态。再比如，本科生、研究生以及攻读不同证书的学生获得经费资助或者研究经费的多寡都直接影响人才培养的质量规格与优劣程度。教师指标需要细化得更能体现教师教育教学与科研质量提升，比如教师获得教学奖与科研奖，教师获得教学与科研的经费支持等。通过这样的细化，一方面可以向利益相关者呈现高校的声誉与质量，另一方面可以促进教师不断向更高更远的目标发展。

3. 授予博士学位高校应注意全球高校内部质量指标的比较

美国授予博士学位高校处于美国高等教育发展的顶级位置，这些高校之间具有可比性与差异性，它们在弥补各自发展劣势的基础上不断提升发展空间，持续不断地追求卓越。不仅如此，这些学校也要与世界级顶尖高校的发展进行精细比较。每个国家的顶尖高校都有各自的质量指标体系，都有国家与高校的质量要求。美国授予博士学位高校不应该故步自封，应以更广阔的国际视野审视各国顶级高校的发展质量标准，才能打破本国固有的狭隘与民族自封，才能向更高的质量标准提升。

第三节 授予硕士学位高校内部质量指标及其分析

本部分主要探讨授予硕士学位高校内部质量指标。根据卡内基2000年高校分类标准，美国共有661所授予硕士学位的大学，此类大学以州立大学居多。授予硕士学位的高校主要有两种，硕士型学院和大学Ⅰ类、硕士型学院和大学Ⅱ类。前者提供领域广泛的学士学位计划，提供直到硕士学位的研究生教育，在三个学年中，每年至少在3个学科授予至少40个硕士学位；后者提供领域广泛的学士学位计划，提供直到硕士学位的研究生教育，在三个学年中，每年授予至少20个硕士学位。授予硕士学位的高校居于授予博士学位与学士学位高校之间，具有自己的特色与个性，高校统计年鉴的质量指标具有自己的特点。

一 美国授予硕士学位高校内部质量指标

（一）四所授予硕士学位高校概况

美国授予硕士学位的高校有661所。在收集与整理授予硕士学位高校的统计年鉴过程中分析发现，州立大学是授予硕士学位高校的主要构成部分，这些大学在承担各州与地方政府的教育教学任务的同时，持续提高教育和科研水平。从661所授予硕士学位高校中选取瓦尔多斯塔州立大学、诺福克州立大学、肯塔基州立大学及南伊利诺伊大学艾德华兹维尔分校作为研究授予硕士学位高校内部质量指标对象。

瓦尔多斯塔州立大学（Valdosta State University）成立于1906年，学校的名字经常被简化为VSU或Valdosta State。瓦尔多斯塔州立大学是一所美国公立大学，位于乔治亚州瓦尔多斯塔市小镇，面积200

英亩，距离瓦尔多斯塔市中心有0.68千米的距离。

瓦尔多斯塔州立大学是由充满活力的学者构成的一所大学，专注于教学、科研、创新与社会服务。大学是以学生为中心，向学生提供卓越教育，促进学生多样化发展与提升学生道德标准，用以适应技术进步并促进经济和文化发展。

瓦尔多斯塔州立大学可以提供副学士、学士、硕士和博士学位。学校现有本科生7635名，60%为女生，转学的学生占8%。教师461名，师生比例为1∶19。学校设有文理学院以及商科、教育、艺术、护士等专业。硕士教育还包括了社会工作学、图书馆学等专业。

诺福克州立大学成立于1935年，是弗吉尼亚州一所四年制、州政府支持的公立大学，是瑟古德·马歇尔（Thurgood Marshall）奖学金和弗吉尼亚高等技术合作组织中的一员。诺福克州立大学接受美国南部学院与学校协会认证，提供副学士、学士、硕士与博士学位。学校设置六个学院，分别是：商学院、教育学院、文科学院、工程学、科学与技术学院、社会工作学院，还有一个研究生学院。这些学院提供2个博士研究生课程，15个硕士研究生课程以及36个本科学位课程。诺福克州立大学的使命是“向多种族与多元文化的学生群体提供负担得起的、高质量的教育，使他们成为具有生产力的公民，适应全球和瞬息万变的社会”。

南伊利诺伊大学艾德华兹维尔分校（SIUE）是南伊利诺伊大学系统［另一个分校是南伊利诺伊大学卡本代尔分校（SIUC）］中的一员，是一所以研究、教学闻名国际的综合性的州立大学。1955年开始成立学院，1959年开始招生。目前，SIUE是首屈一指的都市大学，专业多样，选择较为广泛，为本科生与研究生开设文理、商业、教育、工程、护理专业，同时具有颁发牙医与药剂学专业学位资格。学院优质的教育使其在2006年《美国新闻与世界报道》中列为全国第4级的学校。学院被《普林斯顿评论》评为全美最好，且最有价值的学校之一。学校的商学院排名为全美最好的商学院，财经系名列全美前5%。学院最具特色的科系为飞行管理，拥有自己的机场来从事机师训练。除此之外，通信及MBA课程也颇为突出。南伊利诺伊大学艾德华兹维尔分校作为大都会大学，致力于卓越专业的发展，培养具有专业性人才与地区领导者。

肯塔基州立大学成立于1886年，最初是一所有色人种的师范院校，是肯塔基州两所州政府提供支持的大学之一。肯塔基州立大学超过一半的学生都是非洲裔美国人。肯塔基州立大学致力于本科与硕士学位课程，除此之外，还提供一些专业的网络教学。该大学被《普林斯顿评论》列为“最佳东南大学”。在《美国新闻与世界报道》中也被列为“2007美国最好的大学”之一。

（二）授予硕士学位高校内部质量指标

美国授予硕士学位高校的统计年鉴基本与授予博士学位高校的统计年鉴相同。因此，授予硕士学位高校统计年鉴数据比较齐全，统计内容翔实，充分反映出学校的特色与优势。本书从学生、教师与经费等方面进行研究。

1. 学生方面

表4.19 **四所高校学生总数及学生类型**

学年	指标	瓦尔多斯塔州立大学	诺福克州立大学	南伊利诺伊大学艾德华兹维尔分校	肯塔基州立大学
2001—2002	总数（人）	9230	6721	21598	2314
	本科生比例	85.9%	88.7%	77.8%	93.6%
	研究生比例	14.1%	11.3%	22.2%	6.4%
2002—2003	总数（人）	9900	6839	21873	2253
	本科生比例	84.4%	87.3%	77.1%	93.5%
	研究生比例	15.6%	12.7%	22.9%	6.5%
2003—2004	总数（人）	10547	6846	21387	2306
	本科生比例	83.4%	88.2%	76.5%	92.7%
	研究生比例	16.6%	11.8%	23.5%	7.3%
2004—2005	总数（人）	10400	6165	21589	2335
	本科生比例	86.7%	87.5%	78.1%	93.4%
	研究生比例	13.3%	12.5%	21.9%	6.6%

续表

学年	指标	瓦尔多斯塔州立大学	诺福克州立大学	南伊利诺伊大学艾德华兹维尔分校	肯塔基州立大学
2005—2006	总数（人）	10503	6096	21441	2386
	本科生比例	86.6%	87.5%	77.9%	93.3%
	研究生比例	13.4%	12.5%	22.1%	6.7%
2006—2007	总数（人）	10888	6238	21003	2500
	本科生比例	87.2%	86.6%	77.6%	93.6%
	研究生比例	12.8%	13.4%	22.4%	6.4%
2007—2008	总数（人）	11280	6155	20983	2696
	本科生比例	86.2%	87.2%	77.2%	93.1%
	研究生比例	13.8%	12.8%	22.8%	6.9%
2008—2009	总数（人）	11490	6325	20673	2659
	本科生比例	84.5%	89.4%	77.3%	93.9%
	研究生比例	15.5%	10.6%	22.7%	6.1%
2009—2010	总数（人）	12391	6993	20350	2834
	本科生比例	83.4%	87.9%	76.4%	93.1%
	研究生比例	16.6%	12.1%	23.6%	6.9%

美国授予硕士学位的高校在人才培养方面主要承担培养学士学位与硕士学位的重要任务。因此授予硕士学位的高校主要由本科生与研究生组成。根据2000年卡内基高校分类标准，两种类型高校在硕士学位授予方面的最高要求是连续三年在3个学科授予40个学位。因此，授予硕士学位高校主要是进行本科生培养，研究生培养只是此类高校的一部分任务。随机选取的四所高校在校学生人数方面，规模最大的是南伊利诺伊大学艾德华兹维尔分校，是一所拥有2万人的大学；肯塔基州立大学人数最少，仅有2000多在校学生；瓦尔多斯塔州立大学与诺福克州立大学学生人数大致在6000人与万人之间。虽然高校的规模不尽相同，但在本科生人数与研究生人数占比方面却趋于相同，四所高校的本科生人数占全部在校生人数的75%以上，研究生人数占全部在校生人数的25%以下，可见，授予硕士学位的高

校基本是教学研究型大学。教学与科学研究在此类大学中具有同样的地位与作用，是此类大学的使命与任务。

学生若想进入美国高校，须经过申请、录取与入学基本过程。因此，一所高校申请者数量多少在某种程度上可以揭示出大学的教学质量与受学生欢迎程度；录取人数的多少可以说明高校在“进口”方面的质量要求；入学率是学生最后选择某所学校并进入高校学习的学生比例。申请人数、录取率与入学率可以折射出高校在入学方面的要求及学生对于大学教学质量与特色发展的满意程度，是高校内部质量好坏的反映。

选取的四所大学在申请人数方面，南伊利诺伊大学艾德华兹维尔分校与瓦尔多斯塔州立大学相对其他两所高校人数较多；在接受率方面，南伊利诺伊大学艾德华兹维尔分校与瓦尔多斯塔州立大学、诺福克州立大学录取率高达60%—80%，在某种程度上可以说明这三所高校在学生“进口”控制上不是非常严格，高校的质量要求不是很高，所以录取率相对较高。肯塔基州立大学学校规模小，申请人数相对少，录取率大致在30%—60%，相对较低。在入学率方面，四所高校中瓦尔多斯塔州立大学比例最高，相对其他高校，这所学校是学生愿意选择并接受教育的高校，其次是南伊利诺伊大学艾德华兹维尔分校与诺福克州立大学，基本保持在30%—40%，肯塔基州立大学入学率大致在20%—60%（见表4.20）。

表4.20 **四所高校学生入学情况**

学年	指标	瓦尔多斯塔州立大学	诺福克州立大学	南伊利诺伊大学艾德华兹维尔分校	肯塔基州立大学
2001—2002	一年级申请人数	4532	3993	8112	1769
	录取率	67%	80.27%	69%	58.79%
	入学率	58%	35.35%	39%	47.40%
2002—2003	一年级申请人数	5041	4700	47832	2174
	录取率	67%	77.45%	77%	55.15%
	入学率	54%	32.36%	40%	49.12%

续表

学年	指标	瓦尔多斯塔州立大学	诺福克州立大学	南伊利诺伊大学艾德华兹维尔分校	肯塔基州立大学
2003—2004	一年级申请人数	5400	4651	8538	1883
	录取率	68%	70.89%	76%	61.34%
	入学率	56%	35.00%	40%	49.52%
2004—2005	一年级申请人数	5224	4243	9113	2057
	录取率	65%	73.44%	76%	53.43%
	入学率	58%	32.57%	37%	60.96%
2005—2006	一年级申请人数	5782	4707	9075	5377
	录取率	63%	70.43%	77%	26.6%
	入学率	48%	30.20%	33%	31.3%
2006—2007	一年级申请人数	6281	4569	9013	5572
	录取率	61%	69.80%	71%	37.8%
	入学率	52%	33.15%	37%	26.5%
2007—2008	一年级申请人数	5978	4656	9807	7770
	录取率	63%	67.27%	71%	30.9%
	入学率	55%	31.77%	38%	28.6%
2008—2009	一年级申请人数	7025	4738	11785	10765
	录取率	62%	68.20%	69%	24.2%
	入学率	49%	36.69%	33%	20.7%

学生在高校修学过程中可以分为两类，即全日制学生与非全日制学生。全日制学生，是完全在高校中学习与参与各项活动，将大部分的时间与精力投放在学习与学校的各项研究、活动中。全日制学生之外都为非全日制学生，这些学生不需要全部时间在学校学习，可以根据自己的时间与精力选择适合的课程进行学习。相对来讲，全日制学生在学习主动性、积极性与参与性方面都要高于非全日制学生，对于教育教学质量的提升与高校任务的达成及人才培养规格的多样性都具有重要的意义。美国高校学制比较灵活，学生可以根据自己的实际情况，自由选择适合自己的学习方式。

抽取的四所授予硕士学位的高校，全日制学生占高校全部学生比例高达70%以上，非全日制学生占高校学生总数的比例基本保持在30%以下。这可以说明，四所高校严格控制全日制学生比例，要求学生积极投入学校的学习、科研及各项活动中，提升学生的学习质量与高校的参与程度，更有利于提高高校内部质量与人才培养规格（见表4.21）。

表4.21 **四所高校全日制学生与非全日制学生比例**

学年	指标	瓦尔多斯塔州立大学	诺福克州立大学	南伊利诺伊大学艾德华兹维尔分校	肯塔基州立大学
2001—2002	总数（人）	9230	6721	21598	2314
	全日制学生比例	71.3%	75.2%	N/A	74.6%
	非全日制学生比例	28.7%	24.8%	N/A	25.4%
2002—2003	总数（人）	9900	6839	21873	2253
	全日制学生比例	71.3%	74.2%	N/A	75.1%
	非全日制学生比例	28.7%	25.8%	N/A	24.9%
2003—2004	总数（人）	10547	6846	21387	2306
	全日制学生比例	71.0%	75.1%	N/A	75.1%
	非全日制学生比例	29.0%	24.9%	N/A	24.9%
2004—2005	总数（人）	10400	6165	21589	2335
	全日制学生比例	76.0%	79.2%	N/A	71.6%
	非全日制学生比例	24.0%	20.8%	N/A	28.4%
2005—2006	总数（人）	10503	6096	21441	2386
	全日制学生比例	76.0%	78.4%	80.7%	76.4%
	非全日制学生比例	24.0%	21.6%	19.3%	23.6%
2006—2007	总数（人）	10888	6238	21003	2500
	全日制学生比例	77.5%	78.5%	80.0%	72.9%
	非全日制学生比例	22.5%	21.5%	20.0%	27.1%
2007—2008	总数（人）	11280	6155	20983	2696
	全日制学生比例	78.8%	76.9%	80.5%	72.8%
	非全日制学生比例	21.2%	23.1%	19.5%	27.2%

续表

学年	指标	瓦尔多斯塔州立大学	诺福克州立大学	南伊利诺伊大学艾德华兹维尔分校	肯塔基州立大学
2008—2009	总数（人）	11490	6325	20673	2696
	全日制学生比例	78.9%	80.7%	81.9%	73.6%
	非全日制学生比例	21.1%	19.3%	18.1%	26.4%
2009—2010	总数（人）	12391	6993	20350	2834
	全日制学生比例	79.4%	81.2%	79.9%	77.8%
	非全日制学生比例	20.6%	18.8%	20.1%	22.2%

四所授予硕士学位高校的SAT成绩平均在810—1100分，其中瓦尔多斯塔州立大学与南伊利诺伊大学艾德华兹维尔分校的SAT在1000分以上，与授予博士类大学保持在同一水平。诺福克州立大学与肯塔基州立大学的SAT成绩在850分左右，相对较低。可以判断，在高校“入口”的要求方面，瓦尔多斯塔州立大学与南伊利诺伊大学艾德华兹维尔分校对学生质量要求较高，诺福克州立大学与肯塔基州立大学的要求相对较低（见表4.22）。

表4.22 **四所高校平均入学成绩** 单位：分

学年	瓦尔多斯塔州立大学	诺福克州立大学	南伊利诺伊大学艾德华兹维尔分校	肯塔基州立大学
2001—2002	1020	854	1078	840
2002—2003	1020	873	1087	870
2003—2004	1017	898	1087	870
2004—2005	1025	890	1099	875
2005—2006	1023	897	1054	827
2006—2007	1040	883	1056	835
2007—2008	1015	880	1042	830
2008—2009	1030	867	1040	811

学分制是教育模式的一种，是以选课为核心，教师指导为辅助，

通过绩点和学分，衡量学生学习质和量的综合教学管理制度。与班建制、导师制合称三大教育模式。19世纪末学分制首创于美国哈佛大学。目前，美国大部分高校采用学分制进行学籍管理。学分制为学生选择灵活的学习方式创造了条件，同时促进学生选择适合自己发展与提高的学习资源与学习场所。

授予硕士学位的四所高校的新生保持率大致在50%—75%。其中瓦尔多斯塔州立大学、诺福克州立大学、南伊利诺伊大学艾德华兹维尔分校的保持率连续8年保持率在70%左右，波动较小，比例高，肯塔基州立大学的保持率在50%左右。数据显示，瓦尔多斯塔州立大学、诺福克州立大学、南伊利诺伊大学艾德华兹维尔分校在某种程度上满足学生学习的基本要求，适合学生学习与发展，提供了较为优质的学习环境与学习氛围等，所以保持率较高；相对的，肯塔基州立大学保持率较低，从某种程度上表明高校在学生发展，尤其是特色发展与能力提高方面还有待加强，高校的教学质量与声誉仍有提高的空间（见表4.23）。

表4.23 **四所高校新生第一年保持率**

学年	瓦尔多斯塔州立大学	诺福克州立大学	南伊利诺伊大学艾德华兹维尔分校	肯塔基州立大学
2001—2002	72.5%	71%	71.8%	73.5%
2002—2003	75.1%	70%	70.2%	57.7%
2003—2004	75.7%	63%	70.2%	65.2%
2004—2005	76.2%	65%	70.2%	59%
2005—2006	73.6%	68%	67.4%	55%
2006—2007	71.5%	70%	69.8%	48%
2007—2008	71.2%	72%	69.1%	49%
2008—2009	71.8%	70%	67.8%	52%

硕士生培养是授予硕士学位大学的重要任务，也是授予硕士学位高校的重要标志。按照2000年卡内基高校分类标准，两种类型的授予硕士学位高校须连续三年在3个学科培养20个硕士生，这是最低要求。当然，授予硕士学位高校仍然以本科生培养作为高校的最基本

任务。选取的四所高校硕士生在校数量，基本上占全校学生人数的15%以下，硕士类高校的硕士生培养仍然处于精英教育阶段。这种小规模的培养模式，有利于提高教育质量。此外，四所高校研究生在校人数占全校人数比例连续4年比较稳定，起伏较小，说明高校的研究生培养政策稳定，研究生人才培养质量规格变化不大，比较容易监控人才培养质量（见表4.24）。

表4.24 **四所高校研究生入学人数** 单位：人

学年	瓦尔多斯塔州立大学	诺福克州立大学	南伊利诺伊大学艾德华兹维尔分校	肯塔基州立大学
2001—2002	1299	758	2643	149
2002—2003	1541	871	2694	146
2003—2004	1746	807	2732	168
2004—2005	1387	772	2682	152

美国授予硕士学位的高校通过SAT成绩选择可以进入高校学习的学生数量，是高校对“入口”质量的监控。学位获得人数是高校对人才培养的检查和控制，是对高校“出口”的监控。高校人才培养是否达到培养目标以学生获得学位数量为主要依据，它直接揭示学校的教学质量和人才培养水平。选取的四所高校中，除了肯塔基州立大学不培养博士生外，其他高校颁发的学位主要有博士学位、硕士学位、学士学位与副学士学位。四所高校主要以培养本科生为主，获得学士学位人数最多；其次是硕士生培养，获得硕士学位的人数次之；还有少量的博士学位和副学士学位。数据充分显示，美国授予硕士学位的高校在完成高校任务、达成人才培养质量与规格方面在不断努力（见表4.25）。

表4.25 **四所高校获得学位人数** 单位：人

学年	瓦尔多斯塔州立大学	诺福克州立大学	南伊利诺伊大学艾德华兹维尔分校	肯塔基州立大学
2001—2002	1677	928	5841	333

续表

学年	瓦尔多斯塔州立大学	诺福克州立大学	南伊利诺伊大学艾德华兹维尔分校	肯塔基州立大学
2002—2003	1878	1068	5858	321
2003—2004	1953	1008	5863	322
2004—2005	2148	1009	5636	330
2005—2006	2157	983	5643	280
2006—2007	1904	1003	5574	290
2007—2008	1994	1019	5642	315
2008—2009	2156	1059	5547	263

美国大学毕业率指的是学生在6年之内完成大学本科学习并且顺利毕业的比例。毕业率是高校人才培养的“出口”。通常地，学生在高校修业4—6年才能达到获得学位的学分标准。据此，美国高校基本上以第6年的毕业率作为高校毕业率，用于衡量高校学生毕业情况。第6年毕业率说明高校教学质量的高低和培养任务的完成程度。四所高校毕业率大致在23%—43%。其中瓦尔多斯塔州立大学的毕业率基本在40%左右，在四所高校中毕业率最高，且相对稳定。诺福克州立大学与南伊利诺伊大学艾德华兹维尔分校6年毕业率呈上升趋势，肯塔基州立大学6年毕业率呈下降趋势。不同高校的毕业率水平不同，可以充分表明高校的“出口”质量，也表现了高校内部质量的发展趋势（见表4.26）。

表4.26 **四所高校6年毕业率**

学年	瓦尔多斯塔州立大学	诺福克州立大学	南伊利诺伊大学艾德华兹维尔分校	肯塔基州立大学
2001—2002（1996）	43.3%	27%	38.5%	34.3%
2002—2003（1997）	38.7%	28%	34.3%	42.6%
2003—2004（1998）	38.6%	27%	42.6%	40.1%
2004—2005（1999）	41.0%	29%	40.1%	32.1%
2005—2006（2000）	42.2%	30%	N/A	33%
2006—2007（2001）	41.1%	31%	N/A	25%

续表

学年	瓦尔多斯塔州立大学	诺福克州立大学	南伊利诺伊大学艾德华兹维尔分校	肯塔基州立大学
2007—2008（2002）	39.6%	32%	N/A	23%
2008—2009（2003）	42.8%	N/A	N/A	23%

2. 教师方面

高校教师是知识的生产者、加工者与传授者，他们是教学、科研与服务的中坚力量。教师教育教学水平直接或间接影响着高校内部质量水平。授予硕士学位高校的教师由教授、副教授、助理教授和讲师四部分组成。授予硕士学位的高校具有科研、教学与服务任务。对于教师来说，教学与科研是最基本的任务。总体上，四所高校教授与副教授所占比例最高，约为50%或以上，助理教授比例大致在20%—40%，最后是讲师比例。诺福克州立大学的教授占全部教师比例最高，为30%左右，肯塔基州立大学的比例最低，为20%左右；四所高校副教授所占比例基本相同，为30%左右；瓦尔多斯塔州立大学、诺福克州立大学与南伊利诺伊大学艾德华兹维尔分校助理教授比例保持在30%左右，肯塔基州立大学助理教授所占比例相对较高，为40%左右；各所授予硕士学位的高校中讲师比例保持在20%以下。教授、副教授、助理教授及讲师占全部教师的比例可以直接反映出高校的教学质量与科研质量，是高校内部质量高低最为重要的影响因素（见表4.27）。

表4.27 **四所高校教师职称统计**

学年	高校	总计（人）	教授比例	副教授比例	助理教授比例	讲师比例
2001—2002	瓦尔多斯塔州立大学	324	27%	33%	35%	4%
	诺福克州立大学	302	30.5%	26.5%	28.8%	14.2%
	南伊利诺伊大学艾德华兹维尔分校	482	28.42%	26.97%	29.67%	14.94%
	肯塔基州立大学	176	14.8%	28.4%	31.3%	25.6%

续表

学年	高校	总计（人）	教授比例	副教授比例	助理教授比例	讲师比例
2002—2003	瓦尔多斯塔州立大学	377	26%	26%	35%	12%
	诺福克州立大学	314	29.2%	28.0%	27.4%	15.3%
	南伊利诺伊大学艾德华兹维尔分校	494	24.90%	27.53%	31.17%	16.40%
	肯塔基州立大学	137	22.31%	31.54%	35.38%	10.77%
2003—2004	瓦尔多斯塔州立大学	423	26%	24%	35%	14%
	诺福克州立大学	299	33.1%	25.8%	24.7%	16.4%
	南伊利诺伊大学艾德华兹维尔分校	518	22.59%	27.03%	31.27%	19.11%
	肯塔基州立大学	148	19.59%	31.08%	35.81%	13.51%
2004—2005	瓦尔多斯塔州立大学	420	25%	26%	33%	16%
	诺福克州立大学	285	33.3%	24.6%	26.3%	15.8%
	南伊利诺伊大学艾德华兹维尔分校	528	20.64%	27.46%	32.95%	18.94%
	肯塔基州立大学	152	22.37%	30.92%	36.84%	9.87%
2005—2006	瓦尔多斯塔州立大学	435	N/A	N/A	N/A	N/A
	诺福克州立大学	280	32.1%	23.6%	27.5%	16.8%
	南伊利诺伊大学艾德华兹维尔分校	901	21.1%	22.1%	41.6%	15.2%
	肯塔基州立大学	153	18.3%	33.3%	39.2%	9.2%
2006—2007	瓦尔多斯塔州立大学	438	28%	24%	31%	17%
	诺福克州立大学	277	28.9%	22.0%	31.8%	17.3%
	南伊利诺伊大学艾德华兹维尔分校	904	22.9%	28.8%	33.9%	14.4%
	肯塔基州立大学	138	17.4%	30.4%	42.0%	10.1%
2007—2008	瓦尔多斯塔州立大学	441	26%	23%	29%	20%
	诺福克州立大学	272	29.8%	20.6%	30.9%	18.8%
	南伊利诺伊大学艾德华兹维尔分校	915	23.3%	30.6%	30.3%	15.8%
	肯塔基州立大学	139	16.6%	29.5%	41.0%	12.9%

续表

学年	高校	总计（人）	教授比例	副教授比例	助理教授比例	讲师比例
2008—2009	瓦尔多斯塔州立大学	453	26%	23%	29%	20%
	诺福克州立大学	273	30.4%	19.4%	31.1%	19.1%
	南伊利诺伊大学艾德华兹维尔分校	931	21.5%	28.6%	32.7%	17.3%
	肯塔基州立大学	131	19.1%	29.1%	39.7%	12.2%

终身教授是高校教育质量指标体系中非常重要的一个指标。终身教授在全校教师中所占比重，决定着教师教育水平和科研能力的高低，直接影响着高校的声誉与质量，影响着学生申请与就读人数。四所授予硕士学位高校的统计年鉴中，终身教授占高校教师人数的比例都在50%左右，比例相差不大，说明授予硕士学位的高校教师不论在教学还是在科研方面实力较强，为培养高质量的人才和提高科研能力奠定了基础（见表4.28）。

表4.28　**四所高校终身教授比例**

学年	高校	终身教授比例	全校教师人数
2001—2002	瓦尔多斯塔州立大学	60%	324
	诺福克州立大学	49.3%	302
	南伊利诺伊大学艾德华兹维尔分校	62.8%	482
	肯塔基州立大学	51.1%	176
2002—2003	瓦尔多斯塔州立大学	52%	377
	诺福克州立大学	48.1%	314
	南伊利诺伊大学艾德华兹维尔分校	62.0%	494
	肯塔基州立大学	59.1%	137
2003—2004	瓦尔多斯塔州立大学	51%	423
	诺福克州立大学	51.5%	299
	南伊利诺伊大学艾德华兹维尔分校	58.9%	518
	肯塔基州立大学	59.5%	148

续表

学年	高校	终身教授比例	全校教师人数
2004—2005	瓦尔多斯塔州立大学	51%	420
	诺福克州立大学	52.3%	285
	南伊利诺伊大学艾德华兹维尔分校	57.5%	528
	肯塔基州立大学	54.6%	152
2005—2006	瓦尔多斯塔州立大学	51%	435
	诺福克州立大学	52.1%	280
	南伊利诺伊大学艾德华兹维尔分校	54.6%	901
	肯塔基州立大学	55.6%	153
2006—2007	瓦尔多斯塔州立大学	51%	438
	诺福克州立大学	47.3%	277
	南伊利诺伊大学艾德华兹维尔分校	56.2%	904
	肯塔基州立大学	53.6%	138
2007—2008	瓦尔多斯塔州立大学	51%	441
	诺福克州立大学	47.4%	272
	南伊利诺伊大学艾德华兹维尔分校	56.8%	915
	肯塔基州立大学	48.9%	139
2008—2009	瓦尔多斯塔州立大学	48%	453
	诺福克州立大学	45.8%	273
	南伊利诺伊大学艾德华兹维尔分校	53.2%	931
	肯塔基州立大学	51.1%	131

3. 经费方面

经费是高校正常运营和发展的重要资源，直接影响着高校任务的达成与人才培养质量的高低。自从20世纪80年代以来，随着美国高等教育改革以及新经济管理思想的深入，联邦政府紧缩了高等教育的财政拨款。但在人力资本增值的现代，政府不可能放弃对高等教育的管理，于是在总体财政拨款缩减的基础上加强了高校经费的竞争，一方面可以监控或促进高等教育的发展，另一方面可以加强高校之间的竞争，提高高等教育教学与科研及社会服务的质量。

授予硕士学位高校经费主要来自联邦政府与州政府，来自高校的收入主要是学生学费，还有一些其他外部资助，但数量较少。选取的四所授予硕士学位的高校，在收集与整理来自联邦政府与州政府的财政拨款的数据方面，不尽相同。其中，瓦尔多斯塔州立大学由于经费数据有限，无法判断其州政府与联邦政府对于高校经费的影响。诺福克州立大学收集了比较完整的经费来源，其中来自联邦政府的经费占总经费的20%—30%，州政府的经费占总经费的40%左右。相对联邦政府的拨款，州政府拨款较多。南伊利诺伊大学艾德华兹维尔分校与肯塔基州立大学相同，联邦政府拨款多于州政府，与诺福克州立大学恰恰相反。由于四所授予硕士学位的高校对于来自联邦政府与州政府的经费没有细化，无法判断两者之间区别存在的真正原因。只能认为，虽然都是州立大学，都是授予硕士学位的高校，但经费来源不同，有些高校大部分经费来自联邦政府，有些高校大部分经费来自州政府（见表4.29）。

表4.29　**四所高校来自联邦、州与地方政府等方面的资助**

高校	财政年	总计	联邦占比	州与地方政府占比	大学	其他外部资助
瓦尔多斯塔州立大学	2001—2002	105576980	7.90%	48.27%	35.05%	8.79%
	2002—2003	101056815	9.29%	48.33%	39.15%	3.22%
	2003—2004	113036682	8.75%	40.13%	38.91%	12.22%
	2004—2005	109721485	9.33%	41.11%	42.31%	7.25%
	2005—2006	114266243	8.53%	43.59%	46.21%	1.67%
	2006—2007	126154784	8.87%	40.68%	48.72%	1.74%
	2007—2008	137479630	9.18%	39.69%	48.20%	2.93%
	2008—2009	146070045	10.92%	35.43%	49.83%	3.82%
	2009—2010	171149563	18.12%	25.18%	52.26%	4.44%

续表

高校	财政年	总计	联邦占比	州与地方政府占比	大学	其他外部资助
诺福克州立大学	2001—2002	99093804	20.47%	40.31%	33.69%	5.53%
	2002—2003	106320126	22.01%	41.62%	32.31%	4.07%
	2003—2004	122779505	19.83%	35.65%	32.54%	11.98%
	2004—2005	132446882	19.45%	35.00%	33.07%	12.48%
	2005—2006	141402045	13.80%	35.56%	32.22%	18.42%
	2006—2007	149495196	14.55%	34.85%	32.94%	17.65%
	2007—2008	141180147	16.07%	37.88%	36.01%	10.04%
	2008—2009	131881550	19.31%	40.16%	38.18%	2.35%
	2009—2010	146703202	21.49%	34.69%	37.11%	6.71%
南伊利诺伊大学艾德华兹维尔分校	2001—2002	208472138	9.90%	38.69%	32.32%	19.09%
	2002—2003	216845166	10.19%	33.34%	33.24%	23.23%
	2003—2004	245891451	9.33%	27.73%	32.41%	30.53%
	2004—2005	213497447	10.23%	32.16%	41.34%	16.26%
	2005—2006	221296472	9.88%	31.85%	44.08%	14.19%
	2006—2007	241099133	8.72%	29.60%	45.46%	16.21%
	2007—2008	266168498	8.34%	27.21%	47.23%	17.22%
	2008—2009	283603962	8.39%	26.29%	48.16%	17.16%
	2009—2010	313584782	10.03%	24.25%	45.87%	19.85%
肯塔基州立大学	2001—2002	60875331	24.11%	40.17%	18.73%	16.99%
	2002—2003	52401371	24.32%	46.43%	26.13%	3.12%
	2003—2004	54381063	27.02%	44.77%	23.16%	5.05%
	2004—2005	59660663	26.43%	45.37%	21.67%	6.54%
	2005—2006	57779282	25.40%	45.34%	26.39%	2.86%
	2006—2007	75961812	17.70%	38.76%	25.24%	18.31%
	2007—2008	74973318	22.10%	39.75%	26.08%	12.07%
	2008—2009	67499532	25.06%	43.15%	30.89%	0.90%
	2009—2010	77929126	30.32%	34.44%	31.38%	3.86%

科学研究是授予硕士学位高校的一个重要任务。科学研究需要大

量的科研经费作为支撑，才能顺利开展科研活动，研究经费是授予硕士学位高校科学研究发展程度的重要影响因素。选取的四所高校的科研经费数据不全，指标没有细化，无法进行比较，但相对于其他类型的高校，能够收集科研经费质量指标已经是一大进步。从各所高校所呈现的研究经费来看，高校科研经费比较稳定，起伏不大，科学研究处于平稳发展状态（见表4.30）。

表4.30 **四所高校研究经费** 单位：美元

学年	瓦尔多斯塔州立大学	诺福克州立大学	南伊利诺伊大学艾德华兹维尔分校	肯塔基州立大学
2001—2002	N/A	N/A	N/A	N/A
2002—2003	N/A	N/A	N/A	4178005
2003—2004	N/A	N/A	N/A	4578772
2004—2005	N/A	N/A	N/A	4169629
2005—2006	5542550	N/A	N/A	4993596
2006—2007	N/A	N/A	58130818	5129031
2007—2008	N/A	N/A	50401246	4753263
2008—2009	2133659	N/A	51406960	4935414
2009—2010	2607292	N/A	52085431	4670936

高校财政收入与财政支出之间的平衡关系，反映出高校良性运营的基本状况。只有良性运作，高校才能为教育教学改革与科学研究及社会服务提供财政支撑，才有可能为提升高校内部质量进行改革与规划。授予硕士学位的四所高校，从总体讲，高校财政收入与财政支出基本持平。在连续8个财政年中，虽然有三所高校没有财政结余，但基本能够满足财政支出，所以这三所高校想要进行教育教学改革与科学研究就显得捉襟见肘。只有诺福克州立大学连续8年在财政方面有结余，因此可以在提高内部质量方面进行教育教学改革，并为教育教学与科学研究提供经济保障（见表4.31）。

表 4.31 **四所高校教学经费** 单位：美元

高校	财政年	财政收入	财政支出	教学费用
瓦尔多斯塔州立大学	2001—2002	67688393	67053380	39889842
瓦尔多斯塔州立大学	2002—2003	69749982	69757303	38596189
瓦尔多斯塔州立大学	2003—2004	68766622	68722364	38120363
瓦尔多斯塔州立大学	2004—2005	69766442	69438908	41032989
瓦尔多斯塔州立大学	2005—2006	75611048	75202128	38120363
瓦尔多斯塔州立大学	2006—2007	75202128	80065791	41032989
瓦尔多斯塔州立大学	2007—2008	78994644	81355709	43523025
瓦尔多斯塔州立大学	2008—2009	86992124	86613852	44965646
瓦尔多斯塔州立大学	2009—2010	88641162	N/A	46669232
诺福克州立大学	2001—2002	125735144	78092188	62558901
诺福克州立大学	2002—2003	110606578	78454693	62368502
诺福克州立大学	2003—2004	103722980	79237862	62652898
诺福克州立大学	2004—2005	110899180	81218140	64742. 124
诺福克州立大学	2005—2006	118021718	86186574	71500408
诺福克州立大学	2006—2007	118312138	90037477	71718896
诺福克州立大学	2007—2008	126849335	94232782	75761932
诺福克州立大学	2008—2009	129512851	89705743	74599805
南伊利诺伊大学艾德华兹维尔分校	2001—2002	N/A	N/A	N/A
南伊利诺伊大学艾德华兹维尔分校	2002—2003	N/A	N/A	N/A
南伊利诺伊大学艾德华兹维尔分校	2003—2004	476633725	469165165	152830608
南伊利诺伊大学艾德华兹维尔分校	2004—2005	593917271	601473977	150066313
南伊利诺伊大学艾德华兹维尔分校	2005—2006	527943425	523677152	168771247
南伊利诺伊大学艾德华兹维尔分校	2006—2007	551523535	550926800	171484726
南伊利诺伊大学艾德华兹维尔分校	2007—2008	574843561	565521152	177145945
南伊利诺伊大学艾德华兹维尔分校	2008—2009	626405677	606505356	186539281
肯塔基州立大学	2001—2002	48971705	N/A	12265843
肯塔基州立大学	2002—2003	N/A	N/A	N/A
肯塔基州立大学	2003—2004	N/A	N/A	N/A

续表

高校	财政年	财政收入	财政支出	教学费用
肯塔基州立大学	2004—2005	38287114	37350482	N/A
	2005—2006	59660663	55187466	12679224
	2006—2007	57779282	56374945	11672453
	2007—2008	66356376	57358175	12535681
	2008—2009	64908931	59482822	14440330

高校学生接受大学教育，是一种消费行为。学生每年获得资助，可以获得维持学习的资金；同时，高校通过对学生的资助，促进学生学习的积极性与热情，从而提高高校内部质量。选取的四所授予硕士学位的高校，只有南伊利诺伊大学艾德华兹维尔分校没有收集与整理此类经费数据，其他三所高校呈现了学生获得资助情况，但由于指标有限，无法判断学生接受资助的真实情况。但至少可以说明一点，各所高校学生获得资助费用差别不大，且获得资助的经费比较稳定，数量差别不大（见表4.32）。

表4.32 **四所高校学生获得资助情况** 单位：美元

财政年	全日制学生获得资助金额			
	瓦尔多斯塔州立大学	诺福克州立大学	南伊利诺伊大学艾德华兹维尔分校	肯塔基州立大学
2001	9270	8025	N/A	N/A
2002	9018	8509	N/A	N/A
2003	7452	9165	N/A	N/A
2004	7471	9873	N/A	10841
2005	7974	10075	N/A	10420
2006	7783	13067	N/A	10571
2007	7941	14812	N/A	10962
2008	7909	15573	N/A	11930

4. 两个基本数据

班级规模的大小既要考虑到教育质量，也要考虑学校的财政收入。教育质量的高低与财政收入的多少之间的博弈，是影响班级规模的最主要原因。四所授予硕士学位高校的班级规模控制在28人以下，基本达成授予博士学位高校的班级规模。较小班级规模有利于教师关注每位学生的发展与变化，满足每位学生的基本需求并促进学生学习的能动性，有利于提高教育教学质量，有助于人才培养规格的提升。四所授予硕士学位的高校中，诺福克州立大学的班级规模最小，每个教学班只有18人（见表4.33）。

表4.33 **四所高校班级规模** 单位：人/班

学年	瓦尔多斯塔州立大学	诺福克州立大学	南伊利诺伊大学艾德华兹维尔分校	肯塔基州立大学
2001—2002	27	18	26	28
2002—2003	27	18	26	27
2003—2004	27	18	27	26
2004—2005	27	18	26	26
2005—2006	27	18	27	24
2006—2007	27	18	27	23
2007—2008	27	18	26	23
2008—2009	27	18	26	24

生师比，是指某学年内平均每个教师所教的学生数，可以根据教师总数和学生总数之间的关系来测量人力资源的投入。生师比的高低，说明教师承担的工作任务的多少。教师承担的工作量多，就不会有更多的时间和精力关注学生的学习情况和认知能力，也会很少关注其他相关领域的发展和进步，直接影响着教师教学与科研的质量，进而影响学生的发展潜力的发挥与学生质量的提高。所以，适当的生师比是提高教师教学质量和科研能力的关键。四所授予硕士学位高校的生师比基本控制在20∶1以下。这个比例与授予博士学位高校的生师比基本相同。可见，授予硕士学位的高校在控制学生数量、加强教师

教育教学质量方面不断提升，为促进学生的特色发展与高校的整体发展提供了先决条件（见表 4. 34）。

表 4. 34　　　　四所高校生师比

学年	瓦尔多斯塔州立大学	诺福克州立大学	南伊利诺伊大学艾德华兹维尔分校	肯塔基州立大学
2001—2002	N/A	16:1	17:1	18:1
2002—2003	N/A	16:1	18:1	19:1
2003—2004	18:1	16:1	18:1	20:1
2004—2005	21:1	16:1	18:1	18:1
2005—2006	20:1	17:1	18:1	15:1
2006—2007	N/A	17:1	17:1	12:1
2007—2008	N/A	17:1	18:1	13:1
2008—2009	N/A	18:1	17:1	15:1

二　授予硕士学位高校内部质量指标分析

授予硕士学位高校在美国高等教育中，仅低于授予博士学位高校，在教学、科研与社会服务等方面做出了自己的贡献。授予硕士学位高校在内部质量的监控与管理上，紧紧跟随授予博士学位高校，不断发展与完善高校统计年鉴，在尽力保证高校统计年鉴完整性的同时，不断发展高校内部质量指标，并在监控高校内部质量的优劣方面做出重大的贡献。

（一）授予硕士学位高校内部质量指标的特点

依据 2000 年卡内基高校分类标准，授予硕士学位高校在层次上仅低于授予博士学位高校，它会紧跟着授予博士学位高校的发展轨迹不断向上提升，在卓越发展的过程中不断提高高校内部质量与水平。选择的四所高校呈现的内部质量指标，具有如下特点。

1. 授予硕士学位高校内部质量指标体系已基本形成，质量指标不断向授予博士学位高校靠拢

美国授予博士学位高校与授予硕士学位高校，依据 2000 年卡内基高校分类标准，具有很大的区别。授予博士学位高校居于美国高等

教育发展的塔尖，在世界高等教育的发展中具有一定的地位与影响，此类高校内部质量指标发展程度反映着美国高校质量的最高水平与世界级人才培养水平的最高要求。美国授予博士学位高校内部质量指标基本全面且比较翔实，为其他类型与层次的高校的发展与完善树立了标杆式的典范。授予硕士学位的高校，在发展高校的内部质量指标时，不断寻求完善与发展，紧紧跟随授予博士学位高校的内部质量指标的基本要求，形成授予硕士学位高校内部质量指标体系。

表 4.35 **授予硕士学位高校内部质量指标体系**

一级指标	二级指标
学生指标	学生总数及学生类型
	全日制学生与非全日制学生比例
	学生入学数量
	平均入学成绩（SAT）
	新生第一年保持率
	研究生入学人数
	获得学位人数
	6 年毕业率
教师指标	教师职称
	终身教授比例
经费指标	来自联邦、州与地方政府的财政支持
	研究经费
	高校教学经费
	学生获得的资助情况
基本指标	班级规模
	生师比

美国授予硕士学位高校质量指标体系中包含一级指标与二级指标，在学生、教师、经费、基本四个一级质量指标的基础上，细化为多个二级质量指标。一级质量指标与二级质量指标共同反映与监控授予硕士学位高校的基本质量水平。与授予博士学位高校的质量指标体

系相比，授予硕士学位高校一级质量指标与授予博士学位高校完全相同，只有二级质量指标上有所区别，但区别不大。在经费指标中，授予硕士学位高校质量指标，不论在指标的细分还是在数据的收集与整理方面不逊于授予博士学位高校。可见，授予硕士学位高校在质量指标的构建与发展过程中，不但研究与发展授予博士学位高校的指标体系，同时也具有自己的特色与特点。

2. 授予硕士学位高校质量指标与高校的使命与任务紧密相连

高校内部质量指标之所以存在的重要原因之一，即高校内部质量指标监控高校使命与任务的达成，反映高校运行的基本情况，检视高校在运行中的基本问题，为高校的决策者提供高校内部的各种信息，有利于高校决策的正确性与及时性。这是质量指标体系的基本任务与作用。高校的层次不同，水平各异，类型迥然，高校的使命与任务存在巨大差别。但从高校统计年鉴中的内部质量指标中可以发现，两者之间的联系直接影响着高校的整体发展状况，影响着人才培养、科学研究、社会服务等基本任务的达成程度，影响着高校在美国高等教育中的位置。

3. 高校内部质量指标反映出授予硕士学位高校寻求着自身的发展空间

把美国授予博士学位高校与授予硕士学位高校的内部质量指标体系进行比照后，不难发现，两种类型的高校虽然一级质量指标与二级质量指标基本相同，但每个质量指标中呈现的数据却差异显著，这些指标为高校准确定位提供了最基本的素材，促使不同类型的高校在美国高等教育发展中寻找最适合自身发展的空间。因此，美国高等教育整体发展空间井然有序，不存在杂乱无章的状态。

当然，同种类型高校的质量指标在数据方面，却呈现相互竞争的局面。每所高校不断研究自身发展的空间，比较同种类型高校发展的优势，找寻高校发展的劣势与问题，深入分析问题存在的症结与内部原因，以便制定高校发展最优方案与策略，促进高校不断向卓越发展。这是同类型高校在自身发展空间中的竞争，是有序且良性的竞争，是美国高校不断提升高等教育质量、满足社会对人才的持续不断的要求、达成学生追求高质量人才发展的最高价值需求、符合利益相关者各自利益要求的最直接的体系。

美国授予博士学位高校与授予硕士学位高校的质量指标体系基本相同，但数据反映的质量水平却区别较大，这也充分证明美国 2000 年卡内基高校分类标准直接针对两大类型高校在质量方面的巨大区别。这样的区别对于不同高校的定位与发展具有重大意义，促使高校在各自空间与领域发展，不会形成美国高等教育机构向同一性方面发展的态势。

（二）授予硕士学位高校内部质量指标存在的问题

授予硕士学位高校在内部质量指标发展的过程中，逐渐形成了自身的特色与发展的空间，但对随机抽样中选择的四所高校的内部质量指标的分析，清晰地反映了授予硕士学位高校内部质量指标的基本问题。

1. 授予硕士学位高校需加强内部质量指标的完善与发展

总体上，美国授予硕士学位高校内部质量指标基本与授予博士学位高校的内部质量指标相同，这说明授予硕士学位高校已经基本形成普适性的内部质量指标体系，它们已经形成此类高校的基本质量标准，用于规范高校发展过程中决策的制定与质量管理。

随机选择的四所高校，在学生、教师、经费与基本指标方面已经构成了授予硕士学位高校的一级质量指标，并发展出若干二级指标。如同授予博士学位高校的二级指标一样，授予硕士学位高校的二级指标也存在一些问题。经费中的二级指标还没有形成普适性的指标体系，并且各所高校对经费指标的收集与分析的重视程度不同，一些高校仍然存在经费指标缺失的现象。授予博士学位与授予硕士学位的高校，其经费指标直接与学生指标、教师指标、基本指标有着密切的关系。经费指标缺少细化的二级指标，并且各所授予硕士学位高校在经费的二级指标中的普适性功能并没有体现，所以在比较与分析高校内部质量运行态势与发展方向时很难深入且到位，很有可能错误判断，导致高校发展过程中出现本不应该出现的问题，影响高校的正常发展与质量提升。

因此，授予硕士学位高校需深入研究经费指标的具体化，将影响内部质量发展的各项经费深入细化，从多方面规范内部质量发展的二级指标甚至三级指标。只有这样，才能更好地提升授予硕士学位高校的质量，优化人才培养的方案，在高校的发展中寻求自身的优势，形成自身的特色。

2. 授予硕士学位高校在普适性的质量指标体系基础上需发展具有自身特色的质量指标

授予硕士学位高校在统计年鉴的发展过程中，基本形成了与授予博士学位高校相同的质量指标体系，这种普适性的质量指标体系较好地监控此类高校发展的水平与质量的优劣。一方面，高校透过质量指标，审视高校整体运行态势，发现高校具有的优势与存在的问题，以便更好地制定各项发展规划，调整内部管理策略，协调校内外的各种关系，促进高校的卓越发展。另一方面，授予硕士学位高校与授予博士学位高校通过质量指标的比较，探讨两种类型高校在质量管理方面存在的差异，授予硕士学位高校能否通过自身的改革与发展向更高水平发展。两种类型高校都属于研究型大学，发展的过程中具有一定的相似性。授予博士学位高校在成熟程度与发展水平等方面都远远高于授予硕士学位高校，授予硕士学位高校可以学习或参考授予博士学位高校的发展历程，加强内部质量管理，持续提升内部质量管理水平。在这里，可能有人担心两种类型的高校在发展的过程中出现趋同现象，尤其是授予硕士学位高校定位不清，发展目标不准，好高骛远，导致两种类型高校发展空间上的混乱现象。事实上，根本不需要有这样的担忧。2000 年卡内基高校分类标准严格区分不同类型的高校质量水平，两种类型高校具有本质上的差异，下级高校即使改善内外部的管理并提高高校质量水平，也很难达到更高类型高校的质量标准。

但我们必须认识到，美国授予博士学位高校与授予硕士学位高校毕竟是两种不同类型的高校，在高校使命、人才培养规格、发展方向与发展任务等方面存在一定的不同，不同类型的高校通过内部质量指标设计与规划自身发展的任务与要求。授予硕士学位高校在学习与审视授予博士学位高校的内部质量指标的基础上，需要研究本类型高校发展的特色与优势，分析高校存在的问题与症结，探求本类高校内部质量指标的特点，为本类高校的更好发展研制出具有特色的内部质量指标体系。

第四节 授予学士学位高校内部质量指标及其分析

本节主要探讨美国授予学士学位的大学内部指标及其呈现的基本特征。根据卡内基2000年高校分类标准，美国共有606所授予学士学位大学。这类教育机构提供大学本科教育，授予学士学位，并且培养学生不断提高学习质量与学习水平，使他们拥有进入高层次课程研读的能力。美国授予学士学位的高校主要包括三类：第一类是授予文理类学士学位的大学/学院（Baccalaureate Colleges-Liberal Arts）的类别，这类大学/学院主要是提供学士学位计划的本科院校。在三个学年中，每年授予的文理学科学士学位至少占50%；注重学士课程教育，至少在所开设的学科中有一半以上可授予学士学位。通识课程包括：英语（语言、文学、书信）、外国语言文学、生物及生命科学、数学、哲学和宗教、物理学、心理学、社会科学和历史、视觉和表演艺术、地区少数民族及文化研究、一般研究、人类学、跨学科研究等。第二类为授予普通类学士学位的大学/学院（Baccalaureate Colleges-General），此类大学/学院主要是提供学士学位计划的本科院校。在三个学年中，每年授予的文理学科学士学位占50%以下。第三类授予学士学位的大学/学院为学士/副学士型学院，此类大学/学院主要提供副学士学位与证书教育的本科院校。在三个学年中，每年授予的学士学位数占总授予学位数的比例至少为10%。这三类授予学士学位的大学/学院构成了美国社会发展的最主要的人力资源。

一 授予学士学位的大学内部质量指标

美国授予学士学位大学，是社会人力资源的生力军，在数量上占有重要优势，占美国全部高校数量的1/3左右，它们在美国高等教育发展过程中的作用不可忽视。本书在研究授予学士学位高校内部指标时，采取随机抽取的方式，选取克莱顿州立大学、犹他山谷州立大学、美国西南学院（温菲尔德）、莫宁赛德学院（奥古斯塔）四所学院作为研究样本。

2000 年卡内基分类的美国高校中，授予学士学位的大学很多，但在寻找大学内部指标的过程中却非常困难。众多授予学士学位的大学或者学院并没有跟随授予博士学位或者硕士学位的高校，每年在研发统计年鉴的过程中不断提升研究能力，加强统计年鉴在高校发展与诊断中的重要作用。美国授予学士学位的高校在统计年鉴的编制与开发中仍处于发展阶段，有些学校的统计年鉴仍处于刚刚起步阶段，数据非常简单，大部分只对学生人数从不同视角进行了分类，至于教师的职称与学历数据以及学院的财政收入与支出，并没有进行统计与分析，甚至很多高校没有编撰统计年鉴。可见，美国授予学士学位院校的统计年鉴还需经过漫长的发展，才能真正在学院发展的前瞻与学院发展的问题诊断方面体现统计年鉴的意义。只有做到这点，授予学士学位的院校才能不断达到卓越的质量标准。

（一）四所高校概况

按照 2000 年卡内基分类标准，本章主要介绍四所授予学士学位的高校，分别是克莱顿州立大学、犹他山谷州立大学、美国西南学院（温菲尔德）、莫宁赛德学院（奥古斯塔），这四所院校发展的过程不尽相同。

克莱顿学院成立于 1969 年，是美国一所公立院校，坐落于距离亚特兰大市区 15 分钟的摩若，属于乔治亚州大学系统的一部分。学院成立的主要原因是，格鲁吉亚大学体系的校董们决定成立三个初级学院，于是克莱顿初级学院成立。1986 年，克莱顿初级学院成为授予学士学位的学院，当年只有护士学位和商业学位，后来增加了应用科学学位。

目前，克莱顿州立大学学校环境优美，设备齐全，深受学生和老师的一致好评，并以其高质量的教学享誉全美。学校可授予专科、本科和硕士学位，开设的主要课程包括：通识教育、英语教学、数学教学、健康管理、护理、会计、行政管理、生物学、商业、通信和媒体研究、刑事司法、历史、信息技术、市场营销、数学、中学教育、音乐教育、音乐表演、政治学、心理学与人类服务、社会学、科技管理、戏剧等。

克莱顿州立大学接受多个协会的认证。首先，接受美国南方大学中学协会的认证；其次，接受牙科认证协会、佐治亚州护理委员会、国家护理联盟的认证。同时，由乔治亚职业标准认证委员会批准，在克莱顿州立大学开设大学教师培养计划，并且全国教师教育认证委员会认可。多个协会的认证，对克莱顿州立大学发展与质量提升具有重要的影响。

犹他山谷州立大学是一所州立大学，位于犹他州。这所学校成立于 1941 年，是美国经济大萧条后的产物。在约翰逊·海仑领导下，将经济恢复期间建立的职业培训课程转移到南普罗沃的中心区域，被命名为中央犹他职业学校。1945 年，学校由美国资助进行基础设施建设。学校几次易名。1963 年由中央犹他职业学校改为犹他州贸易技术研究所。1967 年改为美国犹他州普罗沃技术学院，发展为授予副学士学位的高校。1987 年学校易名为犹他山谷社区学院，以满足社会各个方面对更多教育机会的需求。在此期间，校园不断扩大，开启重大建设项目，同时增加一些教育计划，用以满足地区社会发展的需求。1988 年后，由于更换校长，学校加强软件建设，分析学生基本需求，发展国际教育，增加人文与艺术教育，新增短期培训、特别有价值的行业培训和职业培训，促使学校学生数量猛增。1992 年，由犹他州的高等教育系统与校董事会倡议，学校提升为四年制学院，增加学院的各种教育机会，其中工商管理、计算机科学、信息系统管理是学院早期获得的学士学位课程。到 2003 年，学院共提供 33 个学士学位课程，很快可提供 43 个本科学位，学院更名为犹他山谷州立大学。1993 年开始接受西北部大学中学协会认证。到目前为止，犹他山谷州立大学有很多个研究院系，包括越来越多的学士学位，但它还保留了很多商业和工业职业学校的根基。目前提供 58 个学士学位、60 个专科学位、20 个证书课程和 3 个硕士学位。

犹他山谷州立大学主要有两个任务，一是保留全面的社区学院的理念和使命，二是进行学士学位人才的培养。它致力于为学生提供广泛的学术、职业、技术、文化和社会机会，旨在鼓励学生实现自我价值，同时帮助学生提升才智，发挥潜能，促进个性化发展，提升专业学习质量。此外，学校满足个人对继续教育和职业提升的需求，为在职人士自我发展提供了多样化的社会、文化学习机会。

莫宁赛德学院为私立非营利的四年制高校，位于爱荷华州苏族市，接受中西部大学中学协会认证。学院以向来自世界各地的学生提供高质量的文理教育为傲，该校连续跻身《美国新闻与世界报道》“美国中西部地区最佳大学”排名和《普林斯顿评论》“最佳中西部地区大学”提名。

莫宁赛德学院专业设置广泛，包括工商管理、工程学、生物学、护理学等，还设有专业预科课程。针对表现优异的学生，莫宁赛德学院特别设立了荣誉课程，并鼓励学生参与实习和出国留学等活动。

莫宁赛德学院以学生为中心，向学生提供文科课程与多样化的实践活动。强调批判性思维、有效沟通、文化理解、实践智慧、精神导引、道德践行，促进人格发展与专业成功，培养具有高尚道德、责任感的公民。

西南学院建校时间为 1885 年，学校的办学性质为一所综合性私立大学。西南学院校园面积为 82 公顷（约 1230 亩），位于美国堪萨斯州的温菲尔德市。温菲尔德市在全美综合素质最佳 100 小城镇评比中排位第 56，离美国飞机制造中心城威奇塔市约 40 英里。学校全职教职员工为 165 名，其中专职教师 50 名；师生比例 1∶13。西南学院学生来自全美 37 个州以及世界 11 个国家。西南学院开设有相关专业学科的专科、本科以及硕士学位课程，开设的专业主要包括财经、医学、信息科学、教育、语言、管理、新闻传播、体育、自然科学、会计、工商管理、商务教育、初级/中级/少儿教育、运动管理、运动训练、计算机科学、传播学、英语、艺术与科学、表演艺术、护理学等。对于条件优秀的申请者，学校可提供一定比例的奖学金或助学金。

（二）美国授予学士学位高校内部指标

研究美国高校统计年鉴的内部质量指标，主要从学生指标、教师指标与经费指标三个方面进行深入研究。三个主要内部质量指标下有很多二级指标用以表现一级指标，这些二级指标直接影响高校内部质量的提升与高校发展未来。本书在研究美国授予学士学位高校内部指标时，既研究三大主要内部质量指标，同时也深入研究二级指标。

1. 学生指标

依据卡内基2000年高校分类标准，美国共有606所授予学士学位大学，主要有授予学士学位的公立高校与私立高校。其中，私立高校分为以营利为目的的私立高校与以非营利为目的的私立高校。一般来说，美国授予学士学位的公立高校规模都比较大，私立高校的规模小。

随机选择的四所美国高校中，克莱顿州立大学与犹他山谷州立大学属于公立大学，所以学校的规模比较大，在校学生人数在5000人以上。尤其是犹他山谷州立大学，高校规模已经达到2万人以上，是佐治亚州与犹他州的州立大学，在美国高等教育大众化与普及化过程中扮演着重要角色，承担提高民族素质与为社会与经济发展提供人力资本的重任。莫宁赛德学院、西南学院是美国授予学士学位高校中的两所私立非营利学院，这两所学院严格控制学校规模，基本保持在2000人以下。控制学校规模有利于不断提升与维持高校内部质量，通过提高质量、追求卓越提升学院声誉，是学院得以生存并持续发展的主要动力。可见，学院规模的大小直接影响高校内部质量（见表4.36）。

表4.36　**四所高校在校学生总人数**　单位：人

学年	克莱顿州立大学	犹他山谷州立大学	莫宁赛德学院	西南学院
2001—2002	4675	17800	996	1276
2002—2003	5214	19956	1040	1306
2003—2004	5661	21162	1176	1401
2004—2005	5954	21120	1204	1420

续表

学年	克莱顿州立大学	犹他山谷州立大学	莫宁赛德学院	西南学院
2005—2006	6212	20959	1440	1416
2006—2007	6081	N/A	1722	1557
2007—2008	6043	N/A	1798	1703
2008—2009	N/A	N/A	1906	N/A
2009—2010	N/A	N/A	2036	N/A
2010—2011	N/A	N/A	1991	N/A
2011—2012	N/A	N/A	2047	N/A

收集整理学生申请人数、录取人数与入学人数是一些美国高校质量指标中的重要一项。这项指标直接体现学生对于高校的认可程度，反映了高校的声誉及高校满足学生需求的可能状态。高校的录取人数比例在某种程度上体现了高校选择学生的基本要求及高校未来发展的方向，而这里的基本要求体现了学生入学的基本标准，如 SAT 成绩、学生参加社会活动情况、学生高中三年的学业表现等。这是高校培养人才的起点，是高校人才培养的基本要求，直接影响高校的声誉与未来人才培养的规格。

四所授予学士学位的高校中，只有莫宁赛德学院、西南学院在统计年鉴中收集整理了这项指标，且数据非常完整。这两所授予学士学位的私立高校，在学人数差异很小，但申请入学的人数差异明显。莫宁赛德学院的申请人数远远高于西南学院，在一定程度上，莫宁赛德学院对学生的吸引力比较大，高校声誉比较高，因此许多学生申请莫宁赛德学院。两所高校的录取率表现也不尽相同，莫宁赛德学院的录取率保持在 70% 以上，而西南学院的录取率 7 年间起伏不定，呈现不稳定的态势。说明莫宁赛德学院发展的稳定性大大高于西南学院，而一所高校持续稳定地发展对于持续提升高校内部质量具有重要意义。两所学院的入学率都保持在 30% 左右，差距较小（见表 4.37）。

表 4.37 四所高校学生入学情况

学年	指标	克莱顿州立大学	犹他山谷州立大学	莫宁赛德学院	西南学院
2001—2002	一年级申请人数	4675	N/A	944	263
	录取率	N/A	N/A	72.4%	50.9%
	入学率	N/A	N/A	26.6%	47.1%
2002—2003	一年级申请人数	5214	N/A	1129	268
	录取率	N/A	N/A	73.1%	97%
	入学率	N/A	N/A	29.7%	39.6%
2003—2004	一年级申请人数	5661	N/A	1126	422
	录取率	N/A	N/A	74.5%	91.2%
	入学率	N/A	N/A	32.4%	41.9%
2004—2005	一年级申请人数	5954	N/A	1182	512
	录取率	N/A	N/A	78.4%	68.9%
	入学率	N/A	N/A	34.1%	27.5%
2005—2006	一年级申请人数	N/A	N/A	1296	494
	录取率	N/A	N/A	74.3%	63.8%
	入学率	N/A	N/A	32.1%	27.5%
2006—2007	一年级申请人数	N/A	N/A	1332	484
	录取率	N/A	N/A	75.3%	62.8%
	入学率	N/A	N/A	33.1%	28.9%
2007—2008	一年级申请人数	N/A	N/A	1334	655
	录取率	N/A	N/A	75.3%	67.3%
	入学率	N/A	N/A	28.9%	21.1%

学生在学人数中，全日制学生人数比例与非全日制学生人数的比例决定着高校人才培养的质量与规格。众所周知，全日制学生将精力大部分投入学业中，而非全日制学生在某种程度上对于学业投入的时间与精力不如全日制学生，因此在学业上表现不尽相同。从总体上看，全日制学生的学业成绩高于非全日制学生。因此，全日制学生人数比例的高低直接影响高校的教育教学质量。

四所授予学士学位的高校，全日制学生比例基本在 50% 左右或者以上，全日制学生比例与非全日制学生比例大都相近。唯一比例相差较大的是莫宁赛德学院，全日制学生比例高达60%以上，非全职日学生比例较低。将四所高校全日制学生比例对比后，便很容易看出莫宁赛德学院的教学质量与学生学业表现明显高于其他三所高校（见表4.38）。

表4.38　**四所高校全日制与非全日制学生比例**

学年	指标	克莱顿州立大学	犹他山谷州立大学	莫宁赛德学院	西南学院
2001—2002	全	44.8%	48.9%	75%	46%
	非	55.2%	51.1%	25%	54%
2002—2003	全	46.5%	52.1%	78%	48%
	非	53.5%	47.9%	22%	52%
2003—2004	全	46.9%	52.4%	74%	49%
	非	53.1%	47.6%	26%	51%
2004—2005	全	50.8%	50.6%	81%	49%
	非	49.2%	49.4%	19%	51%
2005—2006	全	53.3%	47.2%	74%	40%
	非	46.7%	52.8%	26%	60%
2006—2007	全	55.5%	41%	68%	N/A
	非	44.5%	59%	32%	N/A
2007—2008	全	55.4%	39%	64%	N/A
	非	44.6%	61%	36%	N/A
2008—2009	全	N/A	35%	61%	N/A
	非	N/A	65%	39%	N/A

四所授予学士学位的美国高校中，只有克莱顿州立大学与莫宁赛德学院两所高校在统计年鉴中表现了平均入学成绩，即SAT成绩。克莱顿州立大学的SAT成绩保持在900—1000分，莫宁赛德学院的入学成绩大都保持在1000分以上。克莱顿州立大学成绩有所起伏，但幅度不大，基本在1000分上下；莫宁赛德学院入学成绩一直保持在1000分左右，变化不大。SAT成绩是学生学业的最直接体

现，是学生继续接受高等教育的基础，也是学生素质的最直接体现。虽然两所学校的性质不同，一所为公立学院，一所为私立学院，但入学成绩差距不大，即学生高等教育入学水平差异不大（见表4.39）。

表4.39 四所高校平均入学成绩 单位：分

学年	克莱顿州立大学	犹他山谷州立大学	莫宁赛德学院	西南学院
2001—2002	1006	N/A	1030	N/A
2002—2003	993	N/A	1030	N/A
2003—2004	1002	N/A	1030	N/A
2004—2005	994	N/A	990	N/A
2005—2006	986	N/A	1030	N/A
2006—2007	998	N/A	1070	N/A
2007—2008	975	N/A	1070	N/A
2008—2009	N/A	N/A	1070	N/A
2009—2010	N/A	N/A	1070	N/A
2010—2011	N/A	N/A	1070	N/A
2011—2012	N/A	N/A	1070	N/A

新生第一年保留率是持续在一所高校专业学习的学生占学生总数的比率，用百分比来表示。通常来讲，一所高校的教学质量、学习环境、教师素质、学生个性发展与能力提高等方面是新生去留的重要因素。除犹他山谷州立大学没有统计此指标外，西南学院的新生保持率最高，达到80%以上，其次是莫宁赛德学院，保持率达60%以上，克莱顿州立大学最低，不过也达50%以上。较高的新生第一年保留率，说明学院能够满足学生求学的要求与期冀，同时也令学院在教学与研究、确保人才培养目标和专业体系的连续中不断获得发展，维持并提升学院的教育教学质量（见表4.40）。

表 4.40　　四所高校新生第一年保留率

学年	克莱顿州立大学	犹他山谷州立大学	莫宁赛德学院	西南学院
2001—2002	63.5%	N/A	69%	83%
2002—2003	61.1%	N/A	64%	92%
2003—2004	59.6%	N/A	66%	82%
2004—2005	56.3%	N/A	65%	85%
2005—2006	58.9%	N/A	77%	82%
2006—2007	61.1%	N/A	73%	81%
2007—2008	58.6%	N/A	70%	79%
2008—2009	N/A	N/A	73%	N/A
2009—2010	N/A	N/A	70%	N/A
2010—2011	N/A	N/A	75%	N/A
2011—2012	N/A	N/A	68%	N/A

四所高校统计年鉴中，只有克莱顿州立大学与莫宁赛德学院两所有毕业率，数据基本完整，但数据收集整理得较晚。美国高校统计 6 年毕业人数，是以某年作为基数后推 6 年的毕业人数。比如，克莱顿州立大学 2007—2008 学年的毕业率，实际上是以 2013 年毕业人数为参数。从表 4.41 中可以得出，克莱顿州立大学从 2007 年开始统计 6 年毕业率，而莫宁赛德学院从 2008 年开始统计。两个学院的 6 年毕业率基本保持在 40%—60%，大约有一半的学生在就读 6 年后顺利毕业。

表 4.41　　四所高校 6 年毕业率

学年	克莱顿州立大学	犹他山谷州立大学	莫宁赛德学院	西南学院
2001—2002	63.5%	N/A	N/A	N/A
2002—2003	61.1%	N/A	44%	N/A
2003—2004	59.6%	N/A	47%	N/A
2004—2005	56.28%	N/A	50%	N/A
2005—2006	52.4%	N/A	57%	N/A
2006—2007	51.3%	N/A	59%	N/A
2007—2008	52.3%	N/A	N/A	N/A

高校通常收集6年毕业率作为一个质量指标，用于判断学校提供的教育教学质量以及学生就学期间的学业成绩表现。从两所学院呈现的数据中可以判断，莫宁赛德学院比克莱顿州立大学学生更难毕业，说明莫宁赛德学院对学生的学业要求更高，对教育教学质量要求更严格。这是学院追求卓越的重要表现，同时也是提升学院声誉、吸收更优秀人才的关键。

2. 教师方面

克莱顿州立大学、犹他山谷州立大学、西南学院、莫宁赛德学院四所高校在教师指标统计过程中，从不同的视角进行收集整理、统计分析。克莱顿州立大学与西南学院主要从教师职称方面进行统计分析，克莱顿州立大学与莫宁赛德学院从教师获得的最高学历方面进行统计分析。虽然统计分析的视角不同，但从一个侧面可以推断授予学士学位的高校在教师指标方面的重要内涵。每所高校的教师指标统计见表4.42、4.43。

表4.42 **四所高校教师职称统计**

学年	高校	总计（人）	教授比例	副教授比例	助理教授比例	讲师比例
2001—2002	克莱顿州立大学	N/A	N/A	N/A	N/A	N/A
	犹他山谷州立大学	N/A	N/A	N/A	N/A	N/A
	莫宁赛德学院	N/A	N/A	N/A	N/A	N/A
	西南学院	51	21.6%	27.5%	51.0%	0%
2002—2003	克莱顿州立大学	N/A	N/A	N/A	N/A	N/A
	犹他山谷州立大学	N/A	N/A	N/A	N/A	N/A
	莫宁赛德学院	N/A	N/A	N/A	N/A	N/A
	西南学院	50	24%	34%	38%	4%
2003—2004	克莱顿州立大学	157	16.56%	17.20%	49.04%	17.20%
	犹他山谷州立大学	N/A	N/A	N/A	N/A	N/A
	莫宁赛德学院	N/A	N/A	N/A	N/A	N/A
	西南学院	47	21.2%	34.0%	42.6%	2.1%

续表

学年	高校	总计（人）	教授比例	副教授比例	助理教授比例	讲师比例
2004—2005	克莱顿州立大学	161	13.66%	16.15%	54.04%	16.15%
	犹他山谷州立大学	N/A	N/A	N/A	N/A	N/A
	莫宁赛德学院	N/A	N/A	N/A	N/A	N/A
	西南学院	48	20.8%	39.6%	37.5%	2.1%
2005—2006	克莱顿州立大学	138	15.6%	17.3%	56.5%	10.6%
	犹他山谷州立大学	417	23.7%	28.5%	33.8%	13.9%
	莫宁赛德学院	N/A	N/A	N/A	N/A	N/A
	西南学院	46	23.9%	32.6%	43.5%	0%
2006—2007	克莱顿州立大学	148	16.8%	18.8%	50.8%	13.7%
	犹他山谷州立大学	N/A	N/A	N/A	N/A	N/A
	莫宁赛德学院	N/A	N/A	N/A	N/A	N/A
	西南学院	45	31.1%	24.4%	44.4%	0%
2007—2008	克莱顿州立大学	197	14.7%	24.9%	52.3%	8.1%
	犹他山谷州立大学	N/A	N/A	N/A	N/A	N/A
	莫宁赛德学院	N/A	N/A	N/A	N/A	N/A
	西南学院	46	30.4%	32.6%	34.8%	2.2%
2008—2009	克莱顿州立大学	N/A	N/A	N/A	N/A	N/A
	犹他山谷州立大学	N/A	N/A	N/A	N/A	N/A
	莫宁赛德学院	N/A	N/A	N/A	N/A	N/A
	西南学院	46	28.3%	32.6%	37%	2.2%

表 4.43 **四所高校教师获得学位情况**

学年	高校	总计（人）	博士比例	硕士比例	职业证书比例
2001—2002	克莱顿州立大学	N/A	N/A	N/A	N/A
	犹他山谷州立大学	N/A	N/A	N/A	N/A
	莫宁赛德学院	65	63.0%	35.0%	2.0%
	西南学院	N/A	N/A	N/A	N/A

续表

学年	高校	总计（人）	博士比例	硕士比例	职业证书比例
2002—2003	克莱顿州立大学	N/A	N/A	N/A	N/A
	犹他山谷州立大学	N/A	N/A	N/A	N/A
	莫宁赛德学院	67	63.0%	33.0%	4.0%
	西南学院	N/A	N/A	N/A	N/A
2003—2004	克莱顿州立大学	157	52.2%	39.5%	5.1%
	犹他山谷州立大学	N/A	N/A	N/A	N/A
	莫宁赛德学院	63	68.0%	30.0%	2.0%
	西南学院	N/A	N/A	N/A	N/A
2004—2005	克莱顿州立大学	161	N/A	N/A	N/A
	犹他山谷州立大学	N/A	N/A	N/A	N/A
	莫宁赛德学院	65	68.0%	30.0%	2.0%
	西南学院	N/A	N/A	N/A	N/A
2005—2006	克莱顿州立大学	198	69.7%	27.3%	3.0%
	犹他山谷州立大学	N/A	N/A	N/A	N/A
	莫宁赛德学院	N/A	N/A	N/A	N/A
	西南学院	N/A	N/A	N/A	N/A
2006—2007	克莱顿州立大学	197	75.1%	22.3%	2.5%
	犹他山谷州立大学	N/A	N/A	N/A	N/A
	莫宁赛德学院	66	62%	38%	2%
	西南学院	N/A	N/A	N/A	N/A
2007—2008	克莱顿州立大学	197	76.7%	20.3%	3.0%
	犹他山谷州立大学	N/A	N/A	N/A	N/A
	莫宁赛德学院	70	62.0%	37.0%	1.0%
	西南学院	N/A	N/A	N/A	N/A
2008—2009	克莱顿州立大学	N/A	N/A	N/A	N/A
	犹他山谷州立大学	N/A	N/A	N/A	N/A
	莫宁赛德学院	69	62.0%	36.0%	2.0%
	西南学院	N/A	N/A	N/A	N/A

教师是教育教学与学术研究的主体，在高校内部质量指标中占有

重要地位，教师职称是教师专业素养和教学能力的集中体现。学生学习后能否达到培养目标与专业水平，教师承担着重要任务。因此各高校非常重视教师专业成长和聘用教师的标准与要求，很多高校严格控制与筛选教师录用指标，一旦录用后仍需要入职培训和适应阶段，经过试用期后的教师考核才能成为学院正式教师。

四所授予学士学位的美国高校中克莱顿州立大学与西南学院（犹他山谷州立大学只收集了 2005 年教师职称指标）收集统计了教师职称指标。统计数据中清晰表明，由于两所高校的招生规模差距大，所以高校教师人数差距也很明显，但两所高校呈现的教师职称数据具有相同点，即在所有高校教师中，拥有助理教授的人数最多，其次是拥有副教授职称的教师，最后是拥有教授职称的教师。两所高校虽然具有这样的相同点，但表现不同，克莱顿州立大学各个职称教师比例差距较大，而西南学院各个职称教师比例差距较小。助理教授人数在本科学院不少，他们是本学校教师的中坚力量，两所学校中助理教授所占教师比例基本超过 30%，克莱顿州立大学甚至达到 50% 以上。各学校还有小部分的讲师，他们在本科学院中也扮演着重要角色。

教师获得最高学历指标中呈现的数据，克莱顿州立大学与莫宁赛德学院具有共同特点。虽然两所高校的性质不同，学生在学规模不同，教师人数不同，但教师指标中获得博士学位的教师比例最高，基本达到 60% 以上，其次是获得硕士学位的教师，最后是拥有证书的教师（见表 4. 43）。

从教师的成长规律与专业发展的基本阶段两个方面可以推断，授予学士学位高校教师基本处于专业发展的最佳时期，具有基本理论知识深厚，思维灵活，拥有基本的教育教学能力，成长迅速等特点与优势，是授予学士学位高校的中坚力量，是高校提升内部质量与追求卓越的重要人才。

终身教授通常都具有较强的科研和教学能力，是在某一领域具有自己的学术专长的优秀教师。从准终身教授到终身教授，考核的内容与考核的条件都非常苛刻。因此，各所高校在世界各地招聘优秀人才，优先聘用终身教授，主要是希望他们在本校发挥终身教授的特长，带动学校教学、科研与服务不断提高和发展。所以，一所高校终身教授多少直接影响这所高校的声誉与质量。虽然本科学院以教学为主，科学研究更多地为教学服务，但本科学院也高度重视终身教授在学院中的比例。四所学院中收集统计终身教授人数的高校主要有克莱顿州立大学与西南学院，两所学院的性质不同，在整个社会教育发展的各种条件不同，终身教授的比例不同，西南学院的终身教授比例远远高于克莱顿州立大学的比例。此指标在两所院校表现不同，很容易理解。州立大学（公立大学）在州政府的资助下，拥有更多的优势条件，比如学生资助、经费支持、教师准入等，而西南学院属于私立学院，基本依靠教育市场良性运营维持学院发展，一定要考虑如何在众多授予学士学位的高校中处于优势、具有特色，如何吸引更多的学生与教师参与到学院的发展中，以促进学院在竞争中处于卓越位置。终身教授指标是一所高校重要的质量标杆（见表 4.44）。

表 4.44　**四所高校终身教授统计**

学年	高校	终身教授比例	全校教授总人数
2001—2002	克莱顿州立大学	N/A	N/A
	犹他山谷州立大学	N/A	N/A
	莫宁赛德学院	N/A	N/A
	西南学院	45.0%	51
2002—2003	克莱顿州立大学	N/A	N/A
	犹他山谷州立大学	N/A	N/A
	莫宁赛德学院	N/A	N/A
	西南学院	45.0%	50
2003—2004	克莱顿州立大学	26.8%	157
	犹他山谷州立大学	N/A	N/A
	莫宁赛德学院	N/A	N/A
	西南学院	44.7%	47

续表

学年	高校	终身教授比例	全校教授总人数
2004—2005	克莱顿州立大学	22.4%	161
	犹他山谷州立大学	N/A	N/A
	莫宁赛德学院	N/A	N/A
	西南学院	47.9%	48
2005—2006	克莱顿州立大学	24.7	198
	犹他山谷州立大学	N/A	N/A
	莫宁赛德学院	N/A	N/A
	西南学院	56.5%	46
2006—2007	克莱顿州立大学	25.4	197
	犹他山谷州立大学	N/A	N/A
	莫宁赛德学院	N/A	N/A
	西南学院	53.3%	45
2007—2008	克莱顿州立大学	29.9%	197
	犹他山谷州立大学	N/A	N/A
	莫宁赛德学院	N/A	N/A
	西南学院	53.3%	46
2008—2009	克莱顿州立大学	N/A	N/A
	犹他山谷州立大学	N/A	N/A
	莫宁赛德学院	N/A	N/A
	西南学院	50.0%	46

3. 经费方面

经费是高校正常运营与发展的重要因素。优秀大学与学院必须拥有充足的经费，用于高校运营与发展之需。只有充足的经费作为支撑，大学与学院才能改善软、硬件环境，提高教师素质，吸引优秀学生加入学校的学习和发展中来，深入开展教育教学改革。

本科院校的经费主要来自联邦与地方政府，这是联邦与地方政府扶持本科院校发展的重要举措，是联邦与地方政府逐渐掌控本科学院发展的方向和目标的主要手段。

授予学士学位的美国高校中，经费指标主要有来自联邦和来自地方政府的经费。四所高校的经费见表4.45。

表4.45 **四所高校来自联邦与地方政府的经费**

高校	财政年	总计（美元）	联邦	州与地方政府	教学
克莱顿州立大学	2001	49565491	N/A	N/A	33.8%
	2002	56447305	N/A	N/A	28.6%
	2003	51000733	N/A	N/A	33.5%
	2004	47208878	N/A	N/A	34.6%
	2005	51013710	N/A	N/A	N/A
	2006	N/A	N/A	N/A	N/A
	2007	N/A	N/A	N/A	N/A
	2008	N/A	N/A	N/A	N/A
犹他山谷州立大学	2001	69100000	N/A	59.63%	51.14%
	2002	76735000	N/A	52.08%	N/A
	2003	82700000	N/A	48.63%	N/A
	2004	89242000	N/A	46.58%	N/A
	2005	98381100	N/A	48.42%	N/A
	2006	N/A	N/A	N/A	N/A
	2007	N/A	N/A	N/A	N/A
	2008	N/A	N/A	N/A	N/A
莫宁赛德学院	2001	12430521	4670995	1512161	N/A
	2002	13967727	5363110	1376613	N/A
	2003	16220148	6165697	1411739	N/A
	2004	19587179	6839548	1823156	N/A
	2005	19203899	6474562	1929794	N/A
	2006	N/A	N/A	N/A	N/A
	2007	N/A	N/A	N/A	N/A
	2008	27694200	11088829	2240852	N/A

续表

高校	财政年	总计（美元）	联邦	州与地方政府	教学
西南学院	2001	N/A	N/A	N/A	N/A
	2002	N/A	N/A	N/A	N/A
	2003	N/A	N/A	N/A	N/A
	2004	N/A	N/A	N/A	N/A
	2005	N/A	N/A	N/A	N/A
	2006	N/A	N/A	N/A	N/A
	2007	N/A	N/A	N/A	N/A
	2008	N/A	N/A	N/A	N/A

本科高校的统计年鉴中经费指标数据还有待于进一步完善，很多学院的经费指标仍然空缺。2001—2008年四所本科学院来自联邦及地方政府的经费中，克莱顿州立大学、犹他山谷州立大学、莫宁赛德学院收集统计了部分年份的经费，但从不完整的经费表现中很难判断出各所高校经费的实际运行情况，也很难推断出高校在经费维持与经营中的各种问题。其中只有犹他山谷州立大学分析了来自州政府的财政数量，比例高达50%左右，这是州立大学经费的一大特点。克莱顿州立大学呈现了教学经费占总经费的比例，从总体上讲，克莱顿州立大学以教学型学院存在，高度重视教学投入。莫宁赛德学院作为一所私立非营利学院，虽然从联邦政府与州政府获得的经费很少，但在一定程度上是学院经费的重要组成部分。

4. 两个基本数据

班级规模是指一位特定教师指导下的一个特定班级或一个教学团体招收的学生人数。财政和入学人数及学校规模是制约班级规模的两个重要因素。而班级规模大小直接影响教育质量的高低，是高校内部质量指标的重要组成部分。通常认为，班级规模缩小，教师压力小，课堂气氛活跃，教师可以将注意力和精力更多地分配给学生，教师关注学生的机会增多，教师更能关注学生的成长和发展变化，有助于提高教学质量和教学效率。本科学院统计年鉴中班级规模指标还处于发展阶段，四所本科院校只有克莱顿州立大学呈现了班级规模，并且关注的时间非常有限（见表 4.46）。

表 4.46 **四所高校班级规模** 单位：人/班

学年	克莱顿州立大学	犹他山谷州立大学	莫宁赛德学院	西南学院
2001—2002	23	N/A	N/A	N/A
2002—2003	23	N/A	N/A	N/A
2003—2004	23	N/A	N/A	N/A
2004—2005	23	N/A	N/A	N/A
2005—2006	N/A	N/A	N/A	N/A
2006—2007	N/A	N/A	N/A	N/A
2007—2008	N/A	N/A	N/A	N/A
2008—2009	N/A	N/A	N/A	N/A
2009—2010	N/A	N/A	N/A	N/A
2010—2011	N/A	N/A	N/A	N/A
2011—2012	N/A	N/A	N/A	N/A

生师比，是指某学年内平均每个教师所教的学生数。其中，在校生数是指本学年具有学籍的注册学生总数。这个指标根据教师总数和学生总数之间的关系来测量人力资源的投入。生师比高，表明每个教师负担的学生多，学生与教师的接触相对较少；生师比低，表明每个教师负担的学生少，学生与教师的接触相对较多，这样最终可能使学生的学习效果更好。可见生师比是用于衡量教学质量的一个重要参数。本科授予学士学位的四所学院，除了西南学院在统计年鉴中没有呈现生师比外，莫宁赛德学院的生师比大致为 16∶1，犹他州山谷州立大学的生师比控制在 19∶1，克莱顿州立大学的生师比为 21∶1（见表 4.47）。

表 4.47　　　　**四所高校生师比**

学年	克莱顿州立大学	犹他山谷州立大学	莫宁赛德学院	西南学院
2001—2002	21:1	19:1	12:1	N/A
2002—2003	21:1	19:1	12:1	N/A
2003—2004	21:1	19:1	14:1	N/A
2004—2005	21:1	19:1	15:1	N/A
2005—2006	N/A	19:1	16:1	N/A
2006—2007	N/A	19:1	17:1	N/A
2008—2009	N/A	19:1	17:1	N/A
2009—2010	N/A	19:1	17:1	N/A
2010—2011	N/A	19:1	16:1	N/A
2011—2012	N/A	19:1	17:1	N/A

二　授予学士学位高校内部质量指标分析

（一）授予学士学位的高校内部质量指标特点

美国授予学士学位的四所高校是通过艰难选择后寻找出的具有多年统计年鉴的院校，才具有了四所院校统计年鉴内部质量指标的横向比较，同时也构成了美国授予学士学位高校内部质量指标的特点。

1. 授予学士学位高校统计年鉴内部质量指标基本相同

克莱顿州立大学、犹他山谷州立大学、莫宁赛德学院、西南学院四所高校的统计年鉴，已经连续编撰了很多年，虽然有一些高校的质量指标没有具体数值，但从整体上基本形成相同的内部质量指标，这说明美国授予学士学位的高校在内部质量指标的收集与整理过程中，基本向趋同方向发展。比如，学生指标中基本涵盖学生数量、全日制学生与非全日制学生的比例、申请人数、录取人数与就读人数、学生入校成绩、学生获得学位人数、学生第一年保留率等，教师内部质量指标的整理统计包括教师学位获得者、教师职称、终身教授等。少许不同的质量指标是经费指标，高校统计经费的视角不同，有的高校重视联邦拨款，有些高校重视州拨款，有些高校重视教学经费，有些高校重视学生资助等，虽然在经费方面的统计与分析不同，但从不同侧面反映了高校的经费状况与使用状况。

授予学士学位高校统计年鉴内部质量指标相同，很容易找寻此类高校不同质量指标在授予学士学位等级与水平的区间，从而判断各所高校的真实差距以及在区间范围内寻找可以发展的空间。此外，高校更便捷找寻存在的问题，诊断问题存在的原因，探究其他同类高校问题解决的策略，找到更恰当的解决方式方法，根除问题的瓶颈，促进高校的卓越发展。同水平与层次的高校通过如此的比较与对比，定位清晰，目标明确，培养人才的质量要求清楚明了，更容易群策群力，发挥高校各自的优势，改变高校中存在的影响人才培养的各种不利因素，战略目标更容易达成。

2. 授予学士学位高校的各项质量指标的区间范围

授予学士学位的高校，内部质量指标有一定的区间范围。这不是约定俗成的规定，而是高校在发展过程中通过良好的定位，逐渐发展起来的指标系统，它最好地反映出授予学士学位的高校在整体发展过程中的整体特征，描述此类高校当前发展态势，为教育决策与教育规划的制定提供最为真实的数据支撑。此外，高校各项质量指标也是进行内外部教育评估与质量监控的最直接的手段与方式，用以了解与解决高校发展中的各种问题。

四所授予学士学位的高校的各项质量指标都表现出相同的趋势。学生质量指标中，由于两所高校是州立大学，两所高校是私立高校，因此在学校学生在学人数与规模方面不同，这是由于各自承担的高等教育任务不同。州立大学主要由政府拨款，承担着提升民族素质与培养合格人才的重要使命，同时要面对利益相关者与纳税者等群体的问责，所以质量仍然是州立大学中最被关注的重要内容。私立大学在整个教育市场中，主要依靠教育质量的提升与高校的声誉促进高校的良性发展。从这个角度讲，不论是州立大学还是私立高校，质量问题都是高校发展的核心。学生、教师、经费三大一级指标中，不同类型的高校各不相同，但基本在一定的区间内。学生的各项指标中，私立高校的全日制学生的比例持平或高于州立大学，私立高校全日制学生基本占全部在学学生的50%，甚至高达70%，州立高校的全日制比例达到40%—50%，授予学士学位高校的全日制学生比例在40%—70%；学生的入学成绩差异显著，州立大学的SAT成绩大致在970—1000分，私立高校的SAT成绩大致在1030—1070分；新生保持率也呈现相同的趋势，私立高校明显高于州立大学，四所高校基本保持在60%—90%。但学生毕业率方面，州立大学高于私立大学，说明私立高校不仅在学生“入口”严格控制质量，在“出口”也高度关注学生的毕业质量。州立大学与私立高校，虽然在学生质量指标方面不尽相同，但基本在一定的区间范围，根据高校承担的不同任务，质量指标有所差别，但相差不大。教师方面的二级指标主要包括教师职称、教师学历和终身教授占全部教师的比例三个方面。第一，四所高校中教师职称比例从高到低依次为助理教授、副教授、教授和获得证书的教师；教师获得博士学位、硕士学位和持有证书的教师占全部教师的比例从高到低依次为博士学位、硕士学位和持有证书的教师；拥有终身教授的教师占全部教师的比例，私立高校明显高于州立大学。四所高校呈现的教师数据说明，授予学士学位的高校是教学型的高校，更多的教师是拥有博士学位且身居助理教授的层次，他们是授予学士学位高校教师中的中坚力量，是高校教学任务的主要承担者，是教育教学质量提升的重要促进者。经费方面，由于高校的种类不同，在经费的收入方面也不同。但由于授予学士学位的经费指标不清楚，无法进行具体比较。这也是授予学士学位的高校统计年鉴质量指标中非常重要的问题。高校中的两个基本指标——生师比与班级规模直接影响着高校内部质量，因此它们也是最基本的质量指标。四所高校中的生师比，私立高校明显高于州立大学，这与它们主要任务不同有着密切的关系。可见，高校的培养任务直接决定了不同的质量指标。随着美国高等教育普及化，班级规模这一质量标准已经慢慢弱化，但教学班级规模不同，也说明学生对于普适教育中高层级的教学课堂的渴望与追求。

3. 授予学士学位高校的质量指标监控着高校任务是否达成与质量提升程度

质量指标的重要功能之一是呈现高校目前运行态势与存在的问

题，构成高校内部质量指标的学生指标、教师指标和经费指标在监控高校任务的达成与质量提升上具有重要的意义。构成学校的三大要素是学生、教师与教育教学媒介，其中学生与教师是三大要素中最为重要的两大要素。学生质量高低与教师教学水平优劣直接影响高校的人才培养质量。经费是人才培养质量的最为直接的影响因素，它是高校良性运营的基础与保障。因此，学生、教师和经费作为高校的三个基本构成，直接影响高校追求卓越的程度与发展的潜力。

四所高校的内部质量指标中，不论是学生指标、教师指标，抑或经费指标，都影响监控高校任务达成与质量提升，都在监控高校内部质量。授予学士学位的高校，基本任务相同，都符合 2000 年卡内基高校分类标准。但由于高校类型不同，高校的发展目标与质量提升的要求也不尽相同。州立高校主要是承担民族素质的提升与良好的公民养成；私立高校的主要任务是提升教学质量与人才培养规格。因此，学生、教师和经费等基本数据不尽相同，但质量指标区间范围相差不大。

4. 授予学士学位的高校内部质量指标更注重学生指标与教师指标，经费指标仍然处于发展阶段

授予学士学位的高校，在学生、教师和经费三大质量指标中，重视学生指标与教师指标，经费指标还缺少更专业化的细分。其中，学生质量指标包括如下二级指标，涵盖学生数量、全日制学生与非全日制学生的比例、申请人数、录取人数与就读人数、学生入校成绩、学生获得学位人数以及学生第一年保留率等，教师质量指标的整理统计包括教师学位获得者、教师职称和终身教授等。此外，还包括生师比基本指标。对于学生与教师质量指标的细化，已经很清晰地反映出高校质量发展的基本状态。授予学士学位高校的经费指标，仍然处于发展中，每个高校的统计视角不同，每所高校经费表现方式不同，导致很难进行基本的经费指标的比较与分析，授予学士学位高校的经费指标还需要深入的统计与分析，以便形成普适的经费标准。

（二）授予学士学位的高校内部质量指标存在的问题

授予学士学位的高校内部质量指标已经形成基本的指标体系，并

且已经在质量指标的区间基本达成标准，各所授予学士学位的高校基本在此区间寻求生存与发展的空间，不断提升教育教学质量与人才培养的规格。但收集与整理授予学士学位的高校统计年鉴内部质量指标的过程中，发现存在以下问题。

1. 授予学士学位高校统计年鉴编撰的连续性比较差，持续收集整理内部质量指标的高校少之又少

撰写博士论文期间，在样本高校的选择过程中本打算采用随机抽样的方式，但在不断的随机抽样的过程中，每次随机抽取的授予学士学位的高校都很难找到高校的统计年鉴，更难找到高校的内部质量指标。因此，授予学士学位高校的样本基本是从600多所高校中逐一查找后才得到。收集到的质量指标更清晰地表明，即使尽力寻找各所高校的内部质量指标，但质量指标的不完整显而易见。收集整理的艰辛过程，更好地说明了美国授予学士学位高校统计年鉴及内部质量指标的收集与整理都处于被忽视的地位，很少有高校编写电子统计年鉴，更少有高校呈现内部质量指标。

四所高校收集整理的内部质量指标中，呈现的一级指标与二级指标缺失比较严重，比如犹他山谷州立大学，学生指标与教师指标两大基本要素的数据不完整，是四所高校中数据最不齐全的一所高校。西南学院学生指标与教师指标也不完整。经费指标是四所高校三大基本指标中最不完整的一项，且每所高校呈现的经费指标视角不同，虽然可以从经费指标呈现的数据中明晰一些基本事实，但不具有普适作用，无法进行比较与分析。

2. 授予学士学位的高校应加强同类高校内部质量指标的比较分析

高校内部质量指标的收集与整理，具有重要的意义。它是高校目前发展态势最为真实的反映，是高校优劣的判断标准，是高校未来发展的预测标尺，是探究高校问题的基础与源头。因此，授予学士学位的高校在探讨高校发展时，需要根据统计年鉴中呈现的各项内部质量指标谨慎深入地思考高校现实。

美国四所授予学士学位的高校，从统计年鉴的撰写及内部指标的

收集与整理中不难看出，四所学校比较重视内部质量指标中的学生指标与教师指标，经费指标处于发展阶段。即使如此，四所高校并没有高度重视内部质量指标的价值与意义，对于内部质量指标的收集与整理，停留在学生与教师各项质量指标的整理与简单的分析上，还没有将学校放在一个更大范围内，将学院发展的态势与同类高校进行比较与分析，研究其他高校发展的优势与发展模式，通过比较找寻自身发展的问题并寻找问题存在的症结及其解决的方式方法，进而促进高校内部质量不断提高。

更重要的是，授予学士学位的高校应该高度关注高校多年来发展中的内部质量指标的变化，这是找寻高校发展空间与路径的基本方式方法。授予学士学位的高校处于高等教育发展的中间层次，上面有授予博士学位与硕士学位、不断追求卓越的高校，下面是社区学院与初级学院。授予博士学位与硕士学位的高校，资质优，教学质量高，声誉好，在招生与就业方面都优于授予学士学位的高校。社区学院与初级学院规模小，办学灵活，市场转化快，人才培养适应社会与经济发展的需要，在学费与就业市场方面具有一定的优势。处于夹层的授予学士学位的高校，在有限的空间中寻求发展更为困难。因此，美国授予学士学位的高校既要研究授予硕士学位高校的特点，又要研究授予副学士学位的社区学院与初级学院的发展特色，以便准确定位，寻求自身发展的空间，积极地寻找发展的策略与方案。

第五节 授予副学士学位高校内部质量指标及其分析

美国授予副学士学位的高校，主要以美国的初级学院与社区学院为主体。这两种类型的学院都是在20世纪初发展起来的，它们也承担了美国高等教育大众化与普及化的重要任务，在高等教育发展史中扮演了重要角色。两种学院发展过程中，美国社会发展已达到一定高度，处于世界先进水平，这两所学院的出现一方面是满足一部分人接受高等教育的需求，更多是满足学生个性化发展与兴趣爱好，当然仍有学历教育与补偿教育的作用。初级学院和社区学院社会适应性强，转型和变革快，服务于社区的任务各异，所以在指标分类和统计过程中也百花齐放。鉴于此，授予副学士学位高校的分析和讨论，不同于授予博士学位、硕士学位和学士学位的高校的模式，主要通过对各所授予副学士学位的学院的个案分析，呈现出美国授予副学士学位学院指标类型和特色。即使如此，仍然从学生、教师、经费、基本指标四个方面进行系统分析。

一　美国授予副学士学位高校内部质量指标

（一）戈登学院

1. 发展概况

戈登学院是一所在服务与奖学金方面具有优势传统、拥有颁发副学士学位资格的高等教育机构，于 1972 年加入格鲁吉亚大学系统。自 1852 年建校以来一直处于改革发展中，以满足社区需求及发展的要求。学院的影响不断扩大，已经远远超过了附近的农村地区，还包括迅速发展的亚特兰大南部郊区、哥伦布东部及梅肯北部地区。区域内既具有农村特点，同时又呈现向郊区化发展的趋势，因此具有多样性的特点，在经济与人口方面发展迅速。

戈登学院主要为此区域及其他地区的人们提供接受文化教育机会，强调教学卓越，重视学生需要，为学生提供学习环境，与其他机构合作以丰富学院教学资源。戈登学院将进一步致力于组织一批从事教学和争取奖学金的优秀教师。

2. 主要任务

戈登学院作为一所社区学院，在以下几方面努力进取，不断提升学院在社会中的地位与影响力。

（1）通过学校转学系统，为学生转学以获得学士学位和专业学位做准备。

（2）通过学生接受学院的护理与应用学位课程获得副学士学位，为学生成功进入特定职业和职位做准备。

（3）通过学习支持项目，加强学生学术能力，为他们进入本科学院学习打下坚实基础。

（4）通过社区服务项目，为终身学习和专业发展人员提供服务社区的机会。

戈登学院教师、学生与行政管理人员在校长与教授委员会的领导下共同协作研制了《2003—2008 年五年发展计划》，主要完成以下方面的任务：

（1）高质量教学：戈登学院通过卓越教学以提升教学质量。

（2）社区教育：戈登学院通过提供社区教育等灵活的培训项目满足当地经济、人力资源及文化的需要。

（3）学生管理与资助：戈登学院在五年内需研制出学生管理系统与学生资助项目，以满足学生需要。

（4）提升教职员工的质量：戈登学院在未来的五年内通过人才战略的举措用以培养高质量的教职员工。

（5）提高教学技术：戈登学院将用五年的时间在技术与教学整合方面扮演领导者的角色。

（6）教学设备的维护与管理：戈登学院购买并维护教学设备、教学设施及教学系统的正常使用与运转，提高教学设备、教学设施与教学系统的高效使用率，并不断提高教学安全性。

（7）拓展外部关系：戈登学院积极与外部建立良好关系，旨在寻求外部捐赠及提升学院招生声誉。

戈登学院的培养任务与近景目标：在追求卓越的基础上为当地的经济与社区服务，提升人才培养质量和社会服务品质。

3. 与学生相关的指标

戈登学院统计年鉴中学生指标方面比较齐全，学校规模中等，与授予学士学位的学校规模相当，基本都是本州学生。每年新生入学在 2000 人以上，但由于新生第一年的保留率在 50% 左右，所以学院总人数基本在 3000 人以上，2001 年和 2002 年在 3000 人左右，2003 年和 2004 年人数有所增加，但幅度不大。戈登学院全日制学生和非全日制学生的比例悬殊，全日制学生占全校总人数的 2/3，非全日制学生仅占 1/3（见表 4. 48）。

表 4.48 **与学生相关指标**

年份（秋季）	在校总人数	新生人数	全日制学生比例	非全日制学生比例	第一次全日制学生人数	一年后在校学生人数	保持率	本州学生比例
2001	3074	2144	69.34%	30.66%	1021	536	54.10%	99%
2002	3116	2111	70.1%	29.9%	990	556	58.53%	99%
2003	3415	2298	65.24%	34.76%	1122	632	59.6%	99%
2004	3449	2326	66.69%	33.31%	1070	554	55.0%	99%
2005	3500	2365	66.94%	33.06%	1177	573	52.0%	99%
2006	3596	2500	65.84%	34.16%	1214	582	51.8%	99%
2007	3703	2051	66.14%	33.86%	1158	533	50.9%	99%
2008	4545	3141	68.5%	31.5%	1518	659	56.9%	99%
2009	N/A	N/A	N/A	N/A	1498	791	N/A	N/A

戈登学院在校学生接受多方面的资助，为他们顺利完成学业奠定了基础。从 2000 年开始州不再向学生贷款，学生获得的主要资助有联邦拨款与贷款、希望奖学金、其他资助等，其中联邦拨款与贷款数量最大。戈登学院 80% 左右的学生都能获得资助，丰富的资助资金和大量的资助人数让戈登学院的学生能够安心学习（见表 4.49）。

表 4.49 **学生接受资助情况**

学年	联邦拨款与贷款（美元）	州贷款（美元）	希望奖学金（美元）	其他资助（美元）	接受资助学生人数	接受资助学生百分比
2001—2002	4627202	从 2000 年开始不给学生贷款	1947550	708987	2354	76.60%
2002—2003	5345756		2126806	325527	2606	83.60%
2003—2004	6125201		2366092	473636	2814	82.40%
2004—2005	6529855		2278912	559296	2870	83.20%

由于社区学院的学生来自社会的各个层次，教育类型多样，受学生整体水平不高等因素的制约，加之美国灵活的教学与毕业规定，戈

登学院学生毕业人数比例非常低。以2002—2003学年为例，学院总毕业人数为371人，2年或少于2年毕业的人数为75人，3年毕业人数为156人，3.5—5年毕业人数为102人，6—10年毕业人数为25人，10年以上的毕业人数为13人。从毕业需用的时间看，大部分毕业的学生需要3—5年的时间（见表4.50）。

表4.50　**学生毕业人数及所需时间**　单位：人

学年	毕业总人数	2年或少于2年	3年	3.5—5年	6—10年	10年以上
2001—2002	N/A	N/A	N/A	N/A	N/A	N/A
2002—2003	371	75	156	102	25	13
2003—2004	390	66	166	104	33	21
2004—2005	419	79	161	125	27	27
2005—2006	433	82	168	128	20	17
2006—2007	422	N/A	N/A	N/A	N/A	N/A
2007—2008	415	135	135	82	40	23
2008—2009	455	N/A	N/A	N/A	N/A	N/A
2009—2010	490	N/A	N/A	N/A	N/A	N/A

在学位授予方面，戈登学院可以授予护理专业的副学士学位以及应用科学的副学士学位。应用科学的副学士学位是与格里芬技术学院（Griffin Technical College）及弗林特河技术学院（Flint River Technical College）联合培养的涵盖商业、医疗卫生、服务和技术领域的副学士学位。戈登学院颁发的以上两种副学士学位旨在为社会提供劳动力的后备人才。

此外，戈登学院为准备进入大学系统继续后两年的学习获得学士学位的学生颁发文学副学士学位与理学副学士学位。

2006年戈登学院可以授予学前教育的本科学位，并从2007年开始招收学生。本科学位授予权的获得，是戈登学院在教学与学位授予方面追求卓越的重要表现。

表 4.51　**获得学位学生数**　单位：人

年份	2001	2002	2003	2004	2005	2006	2007	2008（含本）
获得副学士学位的学生数	350	368	371	390	419	433	415	490

4. 与教师相关的指标

戈登学院的教师指标不是很全，从 2001 年到 2004 年学院教师基本在 100 人以下，行政人员只有 5—6 人，大部分教师从事教学工作。美国的社区学院与初级学院是教学型高校，因此大部分教师以教学为主，完成相应的教学任务是每个教师的最主要任务，科研要求不高。行政人员主要承担相应的服务任务，由于人员极少，承担的服务任务也相对简单（见表 4.52）。

表 4.52　**教师情况**　单位：人

年份	专职教师	行政人员	专职教学人员
2001	76	6	70
2002	84	6	78
2003	85	5	80
2004	91	5	86
2005	103	5	98
2006	102	5	97
2007	104	6	98
2008	108	6	102
2009	119	6	113

戈登学院的教师以副教授与助理教授为主，他们是教学的主力军，教授与讲师人数较少。美国的社区学院与初级学院是教学型高校，主要培养当地、社区发展的最初级的劳动者，抑或为转学或追求高层次教育的学生完成前两年的普通教育，教师主要以完成教学任务、提升教学质量作为己任。美国院校的管理以市场调节为主，学生自主选择性大，因此社区学院与初级学院能够提供给学生最适合的教

育内容、最优化的个性发展的教育环境，持续提升的教育质量可以稳定入学人数与保持率，提高毕业率、获得副学士学位与证书的人数，能够直接影响学院发展及声誉。美国社区学院与初级学院需要更多具有一定理论水平且教学水平颇高的副教授与助理教授，帮助学生尽快完成学习任务，提升教学质量，满足学生个性化发展需求（见表4.53）。

表4.53　**教师职称情况**　单位：人

年份	教授	副教授	助理教授	讲师
2004	15	14	51	0
2005	N/A	N/A	N/A	N/A
2006	13	30	45	10
2007	18	33	41	6
2008	N/A	N/A	N/A	N/A
2009	25	40	28	20

戈登学院的经费主要由来自学校内部的费用与来自州的拨款两大部分组成。除此之外，还有少量的辅助性收入。其中，来自学校内部的费用主要是学生的学费、赠予与契税和质量提升获得的收入以及设备、技术与建设费用，教育服务费和其他费用。从戈登学院的收入中可以看出学院费用主要来自州政府的拨款，占全部收入的2/3左右。但在2003—2004年与2004—2005年间，来自学校内部的费用大大增加的同时，州拨款变化很小（见表4.54）。

表4.54　**与经费相关的指标**　单位：美元

学年	来自学校内部费用	来自州费用	总收入	辅助收入	支出
2001—2002	4132063	10505314	14637377	2996094	14642440
2002—2003	3027197	10508800	13535997	3272387	15857247
2003—2004	6488673	10367466	16856139	3523009	17533728

续表

学年	来自学校内部费用	来自州费用	总收入	辅助收入	支出
2004—2005	7142844	10091320	17234164	3662460	18009325
2005—2006	5839957	11166759	17000617	N/A	17168018
2006—2007	6041923	11736060	17777983	N/A	17737496
2007—2008	6221609	12741587	18963196	N/A	18846737
2008—2009	8335233	11869449	20204682	N/A	25201207

戈登学院的支出，主要表现在教学、奖学金、学生服务、学术发展、学院发展与实体产业等。其中教学支出占全部支出的一半左右，其次是奖学金发放。可见，戈登学院将教学与学生发展放在学院发展的首位，学院以提升教学质量与促进学生发展为学院发展的首务。

从学院的收入与支出看，学院的经费运转良好，收入与支出基本持平。此种收支状况为学院的良性发展与追求卓越提供了财政上的保证。

5. 班级规模与生师比

戈登学院是一所社区学院，主要的任务是教学，一方面是学历教育与补偿教育等方式的学历教育，一方面是证书等方式的技能教育。学生在戈登学院主要学习相关专业的知识和技能，培养专业素质。戈登学院的班级规模为平均每班 31 名学生，学生与教师比例是 18∶1。

戈登学院的班级规模和生师比都不大，合理的班级规模与师生比例，可以保证学习质量，提高学习效果。

戈登学院的各种数据，如与学生相关的各种数据、与教师相关的各种数据、财政收入及班级规模与生师比，充分显示出戈登学院在设置学院的发展目标及近景规划中，坚持教学为先的教育理念，以学生发展为本的教育思想，灵活地适应当地经济发展和社会服务的需求，在满足地区发展的人才需求及学生不断寻求自我提升方面做出了重要的努力，在整体教育系统中寻求卓越的发展。

（二）得克萨斯学院

1. 学院概况

得克萨斯学院成立于 1927 年，当时是一所初级学院，拥有学生 109 人，是得克萨斯地区公立学校中的一员，拥有自己的高中。学院成立之初，拥有自己的教室、实验室、办公室及一个体育馆。得克萨斯学院从建校起，进入稳步缓慢发展的过程中。第二次世界大战后，由于退伍军人的加入，促使学院快速发展，学生人数迅速增加，1953 年学生人数达到 530 人。

1957 年，得克萨斯独立学区理事会通过投票，决定“放弃对得克萨斯初级学院区的控制，由得克萨斯初级学院自我管理和运作”。因此，得克萨斯学院成为一个独立的、由九名成员组成的董事会进行自我管理的得克萨斯学院。

1971 年，得克萨斯学院与东得克萨斯州立大学联手，成为合作关系，为东北部得克萨斯州居民接受高等教育提供了更大的机会。得克萨斯学院不断开拓和发展与周围的学区的关系，持续提升高品质的继续教育，不但增加了新的项目和伙伴关系，还为所有社会成员提供更多元的学习机会和学习场所。

得克萨斯学院一直致力于满足得克萨斯及周边地区的教育需求。向学生提供学习机会和终身学习的经验，促使他们发展智力、提高批判思维能力，富有社会与公民意识、正确的文化价值观，获得贸易、商业技能与职业能力。卓越的教学水平是达成这些目标的基本条件，灵活的政策是满足不断进步的社区要求的关键。

学院的主要教育目标有以下几点。

（1）提供认可的、可达到转学标准的副学士和学士学位课程。

（2）提供和研制技术与职业课程，以使学生能够在职业市场立足或提高现有职业技能。

（3）提供有学分或无学分继续教育，以满足人们对文化及实际工作需要。

（4）向学生提供各种服务，实现学生自我价值，提供就业信息。

（5）在社会审美与文化活动及公民项目中处于主导地位。

（6）为教师的成长与发展提供各种机会与支持。

（7）提供健康、安全的自然环境，为不同性别、种族、宗教、年龄及残疾者提供学习和高质量教学环境。

（8）合理有效的管理机构和运作方式。

（9）进行发展研究，获得基本技能，顺利完成学业。

（10）积极发展各项体育运动，促进学生身心健康。

（11）为本地区高中生提供技术准备衔接协议和信贷双招生机会。

2. 与学生相关指标

得克萨斯学院总人数在4000人左右，与一般本科学院规模大体相同，但全校非全日制学生比例高于全日制学生比例，学术型学生比例较高，在70%左右，技术型学生占学生总数的30%左右。学校为学生设定了很多发展性课程，有20%左右的学生参与到这类课程中。学术型学生比重高于技术型学生，充分表现了得克萨斯学院培养的学生为四年制的学士学位高校提供了大量的生源，为学生更高的自我价值实现创造了条件。得克萨斯学院新生保持率为70%左右，比例很高。新生保持率能达到70%，数据充分显示了得克萨斯学院具有很高学术声誉，教学能力强，满足学生的各种需要，稳固了大批学生在尽短的时间内安心完成两年的副学士学位的学习生活，学生流失率低（见表4.55）。

表4.55 **学生情况**

年份（秋季）	在校总人数	非全日制学生比例	全日制学生比例	学术型学生比例	技术型学生比例	一年后在校学生人数	保持率	发展性课程学生人数
2001	3875	58.74%	41.26%	67.70%	32.30%	1167	71%	789
2002	3895	60.13%	39.87%	69.50%	30.50%	1114	74%	760
2003	4370	56.00%	44.00%	73.80%	26.20%	1103	73%	1109
2004	4217	54.38%	45.62%	71.90%	28.10%	1318	69%	1040
2005	4060	56.10%	43.90%	73.30%	26.70%	N/A	N/A	898
2006	4046	58.30%	41.70%	72.90%	27.10%	N/A	N/A	941

得克萨斯学院的学生大部分是当地或者本州生源，占全部学生总人数的99%。其中白色人种居多，占全部总人数的80%左右，其次是黑色人种。因此，其主要为当地或者本州适龄青年人提供了学习机会，并服务于当地及本州的经济与发展。

得克萨斯学院学生毕业人数保持在常态，从2001年到2004年毕业生人数（特指获得副学士学位和获得各种证书的学生）基本在600—700人，其中学位人数占毕业人数的1/3，大部分学生毕业时获得了相应的证书（见表4.56）。

表4.56 **就业与学生毕业情况** 单位：人

年份（秋季）	毕业总人数	AA/AS	AAS	证书
2001	614	112	85	417
2002	658	110	101	447
2003	669	105	106	458
2004	670	106	80	484
2005	788	152	100	536
2006	N/A	N/A	N/A	N/A

3. 教师相关指标

得克萨斯学院教师指标非常清晰，从教师的学历与学位视角分析，学院教师学历与学位水平较高。从2001年到2006年教师人数变化不大，基本在180人左右，其中拥有博士学位的教师人数很少，占总体教师人数的5%左右，拥有副学士学位的教师与拥有证书的教师也很少，占教师总人数的比例分别大致为2%和4%；得克萨斯学院教师主体为拥有硕士学位的教师，其次是拥有学士学位的教师，前者占全校教师的72%左右，后者占全校教师的17%左右（见表4.57）。

表4.57 **教师统计情况**

年份（秋季）	总人数	博士占比	硕士占比	学士占比	副学士占比	证书占比
2001	183	4.9%	76.0%	12.6%	2.2%	4.4%

续表

年份（秋季）	总人数	博士占比	硕士占比	学士占比	副学士占比	证书占比
2002	177	5.1%	69.5%	18.6%	18.6%	4.5%
2003	173	4.6%	71.7%	16.8%	2.3%	4.6%
2004	178	4.5%	70.8%	16.8%	0.6%	4.6%
2005	173	5.8%	74.0%	13.9%	0.6%	5.8%
2006	178	5.6%	75.3%	14.0%	0.6%	4.5%

得克萨斯学院除了提供正规的全日制或非全日制学习外，还提供大量的网络学习和远程学习。表4.55中呈现的学生总人数是指正规教育中全日制与非全日制的学生总人数，不包含参加网络学习和远程学习的学生。在得克萨斯学院的学生中，参加网络学习和远程学习的学生人数要持平于或者超过正规在校生。可见，得克萨斯学院是重要的远程学院或者网络学院。网络学习与远程学习是该学院重要的学习方式，为学生提供了更广阔的学习方式和学习机会，为当地经济发展和人力资源培养了大批人才。

得克萨斯学院的经费中，学年总收入大于总支出，处于良性发展态势。得克萨斯学院的收入中，除了学费收入与州投入外，还有地方税收与其他收入，但这两种收入所占比例小。得克萨斯学院的主要收入来自州投入，其次是学费收入，这两项收入占全部总收入的2/3以上。从2005学年开始，学院以基金与契约为形式的收入开始增加，这说明得克萨斯学院开始增加收入渠道（见表4.58）。

表4.58 **与资金相关指标** 单位：美元

年份（秋季）	收入	学费收入	州投入	支出	教学支出
2001	14015178	3288600	8998778	13614249	8859193
2002	14316391	3403700	9069391	13915193	9001011
2003	13860852	3759300	8184552	13764347	8799217
2004	14381931	4080450	8141331	14231549	9216864
2005	21924898	3593745	9920587	21835983	10071468
2006	23374576	3932745	11044135	22835979	10367797

得克萨斯学院的总支出包括学院行政管理费用、工厂维持与发展费用、教学投入费用、教学设备维持与发展费用以及为学生发展提供的费用和其他费用。其中教学投入费用与教学设备维持与发展费用总和占总支出的2/3，行政管理费用只占总支出的5%—6%。可见，得克萨斯学院大大缩减了管理费用，在教学投入与服务中投入大量经费，改善了教学环境与教学设备，提升了教学改革的质量，满足了学生多方面的需求，这也是学生保持率一直处于较高比例的重要原因。

（三）纳瓦罗学院

1. 学院概况

1946年，在当地居民倡议下，由专门指导委员会促成了纳瓦罗学院的建立。纳瓦罗学院位于得克萨斯州，由当地税收来维持学校发展。纳瓦罗学院成立之初是一所初级学院，由7人构成董事会负责学院的运营与发展。第一批学生中有238个是第二次世界大战后的退伍军人。1954年，接受南部委员会学院与学校认证。1974年，基于地区经济发展与教育需求，学院不断更新教育观念，更名为纳瓦罗学院。

纳瓦罗学院期望通过富有远见的领导、优秀的教学、高质量的服务，以不断提升学院在两年制学院中的地位和声望。通过高质量教学为学生接受更高层次教育、培养领导才能和未来就业做好准备。纳瓦罗学院拥有五年战略规划，2006—2010年的战略规划如下。

战略规划1：继续扩大学生招生工作，加强师生之间的联系。由招生委员会和市场研究委员会共同合作的一个行动计划，旨在提高学生的入学率和增加学生学习时间，以期提高学习质量的重要战略规划。

评估：每学期和学年深入研究学生招生情况与学生人数变化等，根据学生需求进行必要的调整，从而扩大招生人数。

战略规划2：通过“教师中心”的学生辅助计划，以“质量提升”为目标，防止学生的流失，提高学院保持率，为外部评估与认证做好最充分的准备。

评估：招生管理和制度研究办公室每年对学生辅导计划进行评

估，以确定是否达到了既定的目标，并提出建设性的意见，用以提升质量。

战略规划 3：为学生提供多样化和个性化的项目以促进学生参与学院各项活动，旨在提高学生在纳瓦罗学院的热情，提升学院保持率。

评估：招生管理和制度研究办公室设计评估指标，用以衡量学生对学院设计的各种活动的参与程度，并根据参与程度进行适当的调整。

战略规划 4：寻求资金，增加纳瓦罗学院的教育教学设施和教育教学设备，满足招生增长的需求。纳瓦罗学院董事会深知招生人数的增加、师生交往的增多与经费的直接密切关系。董事会期望学院的准确定位满足学生的需求，旨在扩大招生人数。

评估：2006 年之前，为学院开展的各个项目研制拨款战略行动计划，并对拨款情况进行评估，进而调整以满足学生的各项要求。教育教学设施与设备的更新计划与学院的总体发展相一致，并于 2007 年春季接受评估，用以促进此战略目标的达成。

战略规划 5：创设一个具有吸引力的、良好校园氛围的、积极向上的学院学习环境。学生与教师内心期望拥有和谐的校园环境与氛围，这是对学院评价的第一指标，纳瓦罗学院致力于为学生和教师提供尽可能好的环境。

评估：招生管理和制度研究办公室定期安排人员评估校园环境和学习环境。评估采用抽样的方式，涵盖所有群体，贯穿全年。对审查结果进行深入评析，用以改善纳瓦罗学院环境。

纳瓦罗学院 2006—2010 年战略规划的五部分内容充分显示，招生人数的增加及保持，对于学院的发展至关重要。因此，纳瓦罗学院把多渠道招生计划、加强师生联系、满足学生多样的需求和个性化发展、提供和谐学院环境、多渠道筹措经费等方式作为五年规划的重要举措，用以提升学院质量与声誉，促进学院的持续发展。

2010—2015 年战略规划也已经出台，但从总体来看，此次战略规划不同于 2006—2010 年战略规划，也意味着两个五年规划的发展任务与内容不尽相同。从以下五方面的战略目标中可见2010—2015年的战略规划越来越明晰和具体，目标也越来越集中。

战略目标1：提高学生进入学院的计划，增加师生之间的交流与合作。

战略目标2：促进学生参与学院的各项活动以降低学生的流失率。

战略目标3：不断提升教育质量。

战略目标4：以“服务”为宗旨的各项措施，加强学生与家长之间的沟通与融合，创造和谐的教育环境，尊重学生的尊严。

战略目标5：依据学院中长期技术更新和发展的需求，多方面筹措资金。

2. 与学生相关的指标

纳瓦罗学院较前两所学院规模大，2001年到2007年人数已经从4411人发展到7539多人，全日制学生与非全日制学生基本各占半壁江山，学生保持率保持在50%左右，修发展课程的学生占全校总人数的1/3。从学院的基本情况可以得出，此高校一直努力维持学院正常的教育教学，尽量保持全日制学生人数，但2006—2007与2007—2008两学年全日制学生人数有所下降；第一次入学学生数一直保持在1300人左右，保持率也努力维持在50%左右，说明学院在提升声誉、促进学生发展等方面竭尽全力，吸引或保持了一定的初次入学学生申请并减少流失，但从总体上看，保持率有下降趋势。从某个侧面反映出学院在满足学生需求、发展的吸引力等方面处于下降趋势（见表4.59）。

表4.59 **学生情况**

年份（秋季）	在校总人数	全日制学生占比	非全日制学生占比	第一次入学人数	修发展课程人数	保持率
2001	4411	57.0%	43.0%	1837	1151	53.4%
2002	5051	56.7%	43.3%	1363	1280	47.6%
2003	5604	54.5%	45.5%	1319	1344	52.5%

续表

年份（秋季）	在校总人数	全日制学生占比	非全日制学生占比	第一次入学人数	修发展课程人数	保持率
2004	6027	54.3%	45.7%	1258	1363	51.7%
2005	6451	51.8%	48.2%	1307	1516	49.9%
2006	7380	45.2%	54.8%	1387	1959	50.8%
2007	7539	44.9%	55.1%	N/A	1927	N/A

纳瓦罗学院统计了学生进入学院学习后一年的 GPA 和进入学院学习两年后的 GPA，数据的对比中显示，学生进入学院后 GPA 的变化很小，而且基本呈现负增长的趋势。获得副学士学位的学生相对较少，以 2006 年为例，共有 758 名学生获得学位，其中获得副学士学位的学生 468 人，获得证书的学生 290 人。从学生在校后 GPA 的发展及获得学位的认识上可以判断，学院在提升学生质量方面仍需继续努力（见表 4.60、表 4.61）。

表 4.60 **学生 GPA 表现**

年份	2002	2003	2004	2005	2006	2007
一年后 GPA 平均分	2.7	2.7	2.7	2.8	2.9	3.13
两年后 GPA 平均分	N/A	N/A	2.63	2.94	2.83	3.18

表 4.61 **获得学位人数** 单位：人

年份	2003	2004	2005	2006	2007	2008
获得证书人数	309	230	270	290	304	294
获得学位人数	373	430	465	468	555	514
合计	682	660	735	758	859	808

纳瓦罗学院的学生中，当地学生或者本州学生占全部学生的 97%—98%，以服务当地人才需求和当地社会经济等的发展。

3. 与教师相关的指标

纳瓦罗学院教师在四所学院中人数最多，教师人数占教员人数的60%—70%，其余是工作人员或行政人员；教师人数中，全日制教师人数少，非全日制教师比例非常高，已经达到70%以上；行政人员中，全日制人数多，基本达到80%以上。对于教学型的高校，纳瓦罗学院的全日制教师与非全日制教师的比例不尽合理。全日制教师能够全心用于课程准备与学生发展，不但促进教师专业发展，还可以提高学生学业，保证并提高学院教育教学质量。因此，在某种程度上，全日制教师比例不高直接影响着纳瓦罗学院的教学质量与追求卓越程度（见表4.62）。

表4.62 **教师情况**

学年	教员总人数	教师总人数	全日制	非全日制	行政人员人数	全日制	非全日制
2001—2002	411	288	26.04%	73.96%	123	91.10%	8.90%
2002—2003	596	410	21.95%	78.05%	186	79.60%	20.40%
2003—2004	582	395	24.81%	75.19%	187	83.40%	16.60%
2004—2005	604	409	24.45%	75.55%	195	84.10%	15.90%
2005—2006	635	417	25.20%	74.80%	218	80.70%	19.30%
2006—2007	735	438	25.60%	74.40%	297	63.00%	37.00%

4. 生师比

纳瓦罗学院的生师比保持在20∶1以下，生师比例不高，教师从教学与提供其他服务方面能够尽力满足学生的基本要求。此外，教师在教学过程中，能够达成以学生为中心，持续提高教学质量，促进学生个性化发展（见表4.63）。

表4.63 **生师比**

年份	2005	2006	2007	2008	2009	2010	2011	2012
生师比	19∶1	17∶1	15∶1	17∶1	18∶1	20∶1	20∶1	18∶1

5. 与资金相关的指标

纳瓦罗学院统计年鉴中有关资金的指标非常少，但有一项重要指标，即州投资用于学生面授率。这个指标充分说明州拨款对于纳瓦罗学院教学的正常展开及人才培养的顺利完成，对于质量的保障与提升提供了财政上的保证（见表4.64）。

表4.64 **教学经费**

学年（秋季）	支出（美元）	教学支出占比	州投资用于完成面授率
2001—2002	N/A	N/A	86%
2002—2003	N/A	N/A	86%
2003—2004	N/A	N/A	86%
2004—2005	42629310	29.90%	86%
2005—2006	N/A	N/A	N/A
2006—2007	38878806	N/A	N/A
2007—2008	42265795	N/A	N/A

（四）科荷马社区学院

1. 学院概况

科荷马社区学院是公立社区学院，位于密西西比河三角洲西北角。学院提供方便的、社会认可的、支付得起的、多样的、高质量的课程，包括升入学士学位的转学课程，发展学生的智力技能、职业技能、个人成长的转学课程。

科荷马社区学院同时扮演着促进经济与社区发展的重要角色，为促进农村教育发展提供智力支持。1924年，成立科荷马农业高中，是密西西比州第一个为黑人提供农业高中教育的学校。1949年，增加初级学院课程，所以学校改名为科荷马初级学院与农业高中。1965年，科荷马初级学院开始向所有学生开放。1989年7月1日，科荷马初级学院改名为科荷马社区学院。

科荷马社区学院接受南部学院与学校协会认证，授予的副学士学位有文学、应用科学以及职业教育证书。科荷马社区学院是美国社区学院和初级学院协会的成员。

2. 与学生相关的指标

科荷马社区学院相对于其他三所学院规模很小，学生在学人数大致在 1000—2000 人，学生进入社区学院的 GPA 是 2.5 左右，相对较低，新生一年的保留率在 2001—2003 年都在 30% 左右，直到 2004 年才达到一半左右，学生的犯罪人数从 2001 年到 2004 年保持在 40 人左右。

表 4.65 **学生人数**

年份（秋季）	学生在学人数	保持率	GPA	学生犯罪人数
2001	1322	32.92%	2.47	55
2002	1633	34.35%	2.69	38
2003	1794	32.84%	2.57	47
2004	1964	52.61%	2.62	38
2005	1946	64.06%	2.74	55
2006	1838	55.91%	2.85	18
2007	2216	48.43%	2.72	30
2008	2263	N/A	N/A	30

科荷马社区学院的学生数据表现的各种质量指标都不是很高，GPA 数据表明进入此所学院的学生素质不高，从某种程度上导致了保持率底，学生流失严重。同时，也可以判断学校在为学生提供个性化的教育服务中存在一定的问题。

科荷马社区学院获得学位人数，相对于在校人数非常低，只有 1/4 的学生可以获得学位或证书。但令人可喜的是，这所社区学院每年仍有部分学生进入高校接受更高层次的教育，基本上呈现上升趋势，进入高校的人中仍有部分学生可以从高校顺利毕业。从某个侧面可以判断，一方面此所高校拥有的学生资质与潜力很大，提升空间依然存在，另一方面学院也为此类学生提供了优质的教育，促进学生继续接受高层次教育（见表 4.66）。

表 4.66 **毕业人数**

年份（秋季）	学位获得人数	副学士/证书获得人数	转入高校人数	转入高校学生毕业人数
2001	N/A	N/A	121	45
2002	N/A	N/A	159	47
2003	204	157	105	50
2004	285	238/47	175	60
2005	285	237/48	420	69
2006	254	192/62	480	98
2007	254	197/57	533	97
2008	262	199/63	500	70

3. 与教师相关的指标

科荷马社区学院统计年鉴从 2003 年开始出现相关教师指标，收集整理比较晚且不全面（见表 4.67）。

表 4.67 **教师情况** 单位：人

年份（秋季）	教师数量（全职）	行政人员数量（全职）	教师数量（兼职）	行政人员数量（兼职）
2001	N/A	N/A	N/A	N/A
2002	N/A	N/A	N/A	N/A
2003	148	42	79	55
2004	158	45	64	40
221	177	44	N/A	N/A
241	198	33	N/A	N/A
273	199	74	N/A	N/A
275	197	78	N/A	N/A

总体上，科荷马社区学院中教师不少，但兼职教师的比例较高。兼职教师的特点决定了他们不可能将个体时间与精力全部投放在教学与学生上，必然影响教学质量与学生学习效果，对于学院的质量提升

的影响显而易见。

4. 班级规模与生师比

科荷马社区学院学生就读人数很少，只有1000多人，教师人数200人左右，从总体看，班级规模保持在21人左右，生师比为5∶1。从总体上判断，科荷马社区学院这两个数据都不高。

班级规模与生师比例是决定学院质量的重要指标。众所周知，班级规模小，生师比例小，教师在恒定的时间与空间内，分配给学生的时间与精力多，关注学生发展的机会多，学生发展的质量就高。但由于科荷马社区学院的教师中，兼职教师比例高，不可避免地影响教师的教学质量与对学生的关注，导致教学质量不高、获得学位或者证书的学生不多，也是一个很大的问题。

二 授予副学士学位的高校内部指标分析

美国社区学院与初级学院是授予副学士学位的主要高校，它们在20世纪初发展起来，当时是为了满足人们对高等教育的需求以及第二次世界大战后退伍军人的需要而出现，因此社区学院与初级学院承担了美国高等教育普及化的重要使命。由于社区学院与初级学院规模相对较小，社会适应性强，转变快，因此这类学校可以根据社会与市场的需要进行变革。当前，社区学院一方面提供副学士学位或者多种证书教育，另一方面可以为追求更高层次教育的学生提供转学机会。除此之外，社区学院与初级学院还为更多在职人员提供各种培训，一方面满足了人们个性化的教育需求，另一方面提升人们的职业技能与职业素养。

统计年鉴是美国高等院校研究的主要任务与内容，是将高校每个学年的实际情况进行统计，进而做横向比较与纵向对比。横向比较主要是与同类学院比较，判断学院处于同类学院中的位置与状态，评估学院发展的优势与劣势。通过比较认识自身发展中的问题与不足，寻找发展的空间与路径，从而改变自己的不利条件，加强学院各方面的管理，提升学院的内部质量。纵向对比主要是与学院的过去比较，分析学院发展中存在的问题是否得到妥善解决，学院的教育教学质量是否得到进一步的提升，学院发展中的各个领域是否与学院目标相一致并朝目标的方向发展，等等。通过这样的比较分析，高校清晰且确切地了解自身发展的优势与不足，从而进行相应的改革与调整。因此，美国高校统计年鉴是美国高等教育内部质量的重要晴雨表，充分反映了高校质量的高低优劣，是接受美国高校外部评估的重要内容与资源，也是向社会大众与利益相关者呈现高校发展状态的重要素材。

（一）授予副学士学位的高校内部质量指标特点

戈登学院、得克萨斯学院、纳瓦罗学院、科荷马社区学院是美国授予副学士学位的四所社区学院或者初级学院。四所学院在高校内部质量指标方面呈现了以下特点。

1. 学院的规模相对较小，基本任务相同，在不同程度上追求教学质量的提升

戈登学院、得克萨斯学院、纳瓦罗学院、科荷马社区学院是美国授予副学士学位的四所社区学院或者初级学院，四所学院处于不同地区，建立的时间不尽相同，发展的速度不尽相同。学院发展的历程中，规模相对较小。四所学院中，戈登学院、得克萨斯学院、纳瓦罗学院的规模在3000—7000人，科荷马社区学院规模最小，只有1000多人。相对于授予博士、硕士、学士学位的高校规模，美国的社区学院与初级学院规模相对较小。

由于四所学院同属于社区学院与初级学院，学院的基本任务相同，主要是完成副学士学位或者各类证书的获得，为追求高层次教育的学生提供两年普通教育，为学生的未来转学提供优质教学。此外，为学生个性化的发展提供各种教育机会，为在职人员提供丰富多彩的各类培训，为当地经济与社会发展提供人力资源储备，等等。

虽然社区学院与初级学院处于美国高等教育的最低层次，但此类高校并没有放弃学院的质量发展与提升，仍然在整个教育发展中寻找空间，且在发展的过程中形成个性化的发展特色，避免发展的同一性，努力促进规模发展的同时持续提升学院内部质量，在某种程度上追求卓越。

2. 学院的内部质量指标侧重于学生指标的分析

由于美国社区学院与初级学院发展的个性化、灵活化，内部质量指标发展比较缓慢等原因，各个学院在内部质量指标的收集整理统计分析方面不尽相同，因此在介绍美国授予副学士学位的高校中采用以学院为个体进行介绍。但从总体上看，授予副学士学位的高校非常注重学生质量指标，四所学院从不同视角收集整理学生的在校人数、全日制学生人数与非全日制学生人数、保持率、获得学位人数、修学发展性课程人数等，这些数据比较齐全。教师质量指标与经费质量指标在不同学院中处于不同的缺失状态。文中介绍的四所学院是在基本搜尽美国全部授予副学士学位的学院后确定的教师质量指标与经费质量指标表现最好的学院，但四所学院这两类指标也不完整。

学生指标中，四所学院规模虽然不同，全日制学生人数与非全日制学生人数这一质量指标直接影响学生发展质量与发展程度。四所学院中戈登学院的全日制学生人数比例最高，占全部学生人数的70%以上，其次是得克萨斯学院与纳瓦罗学院，保持在50%左右，科荷马学院此指标缺失。全日制学生人数占全部在学人数的比例高低直接影响教学质量提升与学生未来获得学位与证书的比例，直接影响学院声誉与未来招生人数，在更深层次意义上影响学院追求卓越的程度。保持率是学院是否具有吸引力、是否符合学生发展需要、是否具有发展潜力、是否能让更多的学生保留的重要内部质量指标，有些学院的保持率高达70%，有些学院保持率达到50%，有些学院的保持率只能达到30%，不同的保持率反映了不同学院的内部质量。学生入学后GPA的表现，也在一定程度上反映出学院提供的教育质量与学习质量，四所学院中有三所学院提供了GPA数据，基本都保持在2.7—3.0，GPA指标不高，学生入学后GPA并没有呈现上升趋势，这是学院质量发展中需要关注的最基本的问题。学生指标中的修学发展性课程人数、学位授予情况、转学情况等内部质量指标，在不同学院收集整理，但并不是很明晰，分析这些质量指标对于学院发展与质量问题不能提供充分的证据。

3. 授予副学士学位的学院主要为教学型的学院，提升教学质量是其重要任务

教师指标中，有些学院提供了教师不同职称人数比例，有些学院提供了教师获得的不同学历的人数，虽然质量指标不尽相同，但从某种程度上也反映出美国社区学院与初级学院教师群体具有的特点。四所学院教师指标中，大部分教师为副教授或助理教授，或者获得硕士学位、持有相关专业证书，很少部分教师为教授或者讲师，或者获得博士学位与学士学位，这是教学型学院的基本特点。教学型高校需要的是具有较高的学术水平与教学水平的优秀教师，这类教师不需要很高的理论水平，不需要为学生传授精尖的专业知识。授予副学士学位的高校只是向学生传递基本的专业知识，培养其基本的专业能力，这是由此类学院的基本任务所决定。

4. 学院在很大程度上服务于当地经济与社会发展

美国社区学院与初级学院在招生人数、招生地区、学生毕业服务区域等方面，很大程度上服务于当地经济与社会发展。四所学院在建立之初，就是为了适应当地发展需要而成立的高校；同时，美国高校收费中本州学生的学费比外州学生的学费低很多，这也使州政府的经费支出主要服务于本州的教育，体现了教育的公平及教育投入为当地居民服务的宗旨。四所高校中，在校学生主要来自当地或者本州，基本占全部学生的98%以上。

5. 经费方面主要来自学生学费与州的投入，为学院发展提供经济保障

经费指标中，四所学院提供的数据有些完整，有些缺失，但从提供的数据中可以管窥一斑。美国授予副学士学位的社区学院与初级学院的经费主要有两个重要部分，一是学生学费，一是州政府拨款，这两大部分财政收入是此类学院发展的主要经济支柱。因此，社区学院与初级学院在发展目标与任务中非常重视招生人数以及学生人数的保持率，这是获得州经费的重要指标，直接决定获得州财政拨款的比例。同时，学生学费也是此类学院重要的经费收入。经费支出中，教学经费支出基本占学院经费收入的30%或者更高，可见社区学院与

初级学院持续努力提高教学水平、更新教学设备，以不断提升教学质量。

6. 质量提升仍然是目前各学院重要的任务

美国的社区学院与初级学院发展的时间最晚，处于美国高等教育的最低层次，是美国学历教育与补偿教育的重要组成部分。因此，在社区学院与初级学院发展过程中，如何寻找生存空间，如何促进特色发展，如何提高学生学习质量，如何满足社会与经济发展需求等，是社区学院与初级学院需要重点考虑的问题。在教育高度成熟发展的美国，社区学院与初级学院必须持续提升教学质量，不断在可发展的空间中促进特色发展，是此类学院发展的方向与趋势。

从四所社区学院与初级学院的各项内部质量指标中不难看出，学生指标、教师指标、经费指标在美国高等教育的整体发展中，处于最弱势、最不利的地位，如何在目前的劣势中，努力提升授予副学士学位高校的质量，使培养的人才更适合社会与当地经济发展的需要，是此类高校目前最需关注的问题。

（二）授予副学士学位的高校内部质量指标存在的问题

1. 高校统计年鉴不完整，内部质量指标缺失

依据2000年卡内基高校分类标准，戈登学院、得克萨斯学院、纳瓦罗学院、科荷马社区学院是美国授予副学士学位的四所社区学院或者初级学院。这四所学院是从美国全部授予副学士学位的院校中随机抽取的。由于此类高校发展的时间短，并且处于社会最低层次的高等教育，整个社会对社区学院与初级学院的关注程度也不高，所以相对于其他类型的高校，此类高校的统计年鉴发展缓慢，很多学院只对学生指标进行了系统的分析和统计，教师与财政等其他指标都处于空缺状态。很多学院仍没有编撰统计年鉴，内部质量的监控处于模糊状态。因此，从众多的社区学院与初级学院中随机选择四所此类学院，说不上内部指标的完整性，只是在统计整理授予副学士学位高校的内部指标时，很难找到统计年鉴。可见，授予副学士学位的高校还没有充分重视统计年鉴的整理与收集，更没有重视内部质量指标对于学院的发展的重要意义。

在众多的社区学院与初级学院中找寻四所授予副学士学位的高校不容易，其实任何一所此类高校即使拥有统计年鉴，统计年鉴中的内部质量指标也缺失严重。大部分拥有统计年鉴的社区学院与初级学院更多关注学生指标，比如在学学生人数、全日制学生人数与非全日制学生人数、学生在学后的 GPA 指标变化、修学发展性课程人数等，有些学院有完成的学位获得人数与生师比等重要质量指标数据，但并不完整。教师指标与财政指标基本处于缺失状态。

2. 授予副学士学位的高校统计年鉴中内部质量指标的比较与对比性差

高校内部质量指标的收集与整理，有其重要的价值。高校需重视收集整理的质量指标，它们更好地反映了学院发展的基本态势、存在的问题、发展的优势、未来发展的预测等。因此，授予副学士学位的高校应高度关注内部质量指标，从而有针对性地解决存在的问题，规划学院发展的未来。

四所授予副学士学位的社区学院与初级学院，从统计年鉴的撰写及内部指标的收集与整理中不难看出，四所学院并没有高度重视统计年鉴在学院发展中的重要地位，对于内部质量指标的收集与整理，停留在学生各项质量指标的整理与简单的分析，对于由学生质量指标连带的教师各项指标、经费各项指标等也没有真正重视。此外，四所学院在收集整理校内统计年鉴与内部质量指标的同时，并没有将学院放在一个更大范围内，将学院发展的态势与州内同类学院或者接受国家相同认证的学院进行深入比较分析，从而达成“学人之长，补己之短”的发展局面，事实上有些井底之蛙的自大与盲目。

更重要的是，授予副学士学位的高校应该高度关注学院多年来发展的内部质量指标的变化，这是找寻高校发展空间与路径的基本方式方法。授予副学士学位的社区学院与初级学院处于高等教育发展的最低层次，如果想上一个层次，即迈进授予学士学位的高校难度较大，因此必须安心在授予副学士学位的空间中寻找适合自我发展的领域，这就需要更透彻地剖析学院发展的历史以及历史发展中存在的问题，才能更积极地寻找发展的策略与方案，为学院寻找更广阔的发展空间。

3. 社区学院与初级学院需重视统计年鉴质量指标中的问题并深入研究解决策略

统计年鉴的编撰与内部质量指标的收集与整理，只是院校研究的最基本工作，院校统计年鉴不仅仅呈现学院发展过程中的各项内部质量指标，其更大的价值在于分析收集与整理的各项质量指标，找寻各项指标反映的质量问题，评估学院在整体发展过程中的优劣事态，监控各项质量指标在发展过程中的价值体现，这是学院内部质量指标的真正意义所在。

四所授予副学士学位学院的统计年鉴中的内部质量指标，在学院发展过程中确实存在影响学院发展的各种问题，比如，纳瓦罗学院学生入学后的 GPA 分数的走势，就充分表明学院在学生学习质量提升方面存在问题。基本上，学生进入学院学习一年后，学习质量应该呈现上升趋势，第二年的上升趋势更应该在第一年的基础上有所提高。但事实并不是这样，纳瓦罗学院学生第二年的 GPA 表现并没有在第一年 GPA 的基础上有明显提高，甚至有下降的趋势。这在某种程度上说明学院并没有创造更好更优的条件为学生学习质量的提升做好充分的准备，恰恰反映出学院存在的内部质量问题。当然，其他学院也或多或少地存在着质量提升的各种各样的问题，这就需要学院在分析内部质量指标的基础上，反思学院在整体发展中存在的重要问题，以便更早更及时地去除各种质量提升中的瓶颈与障碍，促进学院的发展。

本书选取的四所授予副学士学位的学院，是 2000 年卡内基高校分类中的典型学院。典型学院的主要表现是这四所院校编撰了统计年鉴并呈现了内部质量相关指标。

四所学院的内部质量指标中，最为突出的是学生质量指标，教师指标与经费指标在不同的学院表现不同，有的学院比较完整，有的学院却缺失严重。这是美国授予副学士学位院校的统计年鉴的最大特点，同时也是其最重要的问题所在。

四所学院的内部质量指标，突出地表现出美国授予副学士学位的高校规模小，生源基本来自当地或者本州，为本州或当地发展提供人力资源；为追求高层次的教育提供良好教育，鼓励学生转学；提供多样化的教育机会，竭力满足不同人士的更多教育需求；学生入学成绩不高，GPA 变化小，全日制学生与非全日制学生所占比例基本持平，获得学位或证书的学生比例不高；教师中更多的是拥有副教授与助理教授的职称，抑或获得硕士学位的教师，表明授予副学士学位的社区学院与初级学院是教学型高校，既不需要高深的理论知识，也不需要更多的科学研究，学院尽力通过提升教学质量维持学生在校人数，保持率基本维持在 50% 或者更低；保持率的维持水平决定了州拨款的数量，同时也是学费多寡的重要指标。

从授予副学士学位高校的内部质量指标不难看出，此类院校在生源、教师及经费方面，处于美国高等教育的劣势地位，提升教育教学质量困难大，学院发展进程中障碍重重。如何在目前的生源、教师与经费的质量指标状态下寻求学院发展的空间，开拓发展的路径，提升发展的质量，是此类院校需要迫切思考的重要问题。

第五章　研究结论

美国是目前高等教育发展最为成熟的国家之一，作为世界高等教育的领头羊，在世界人才培养与世界高等教育的促进及发展方面作出了卓越的贡献。美国高等教育质量的不断提升与人才培养不断满足世界、国家、地区发展的需求，既是美国外部评估的重要功能的体现，更是美国高校不断追求卓越、通过发展内部质量指标用以管理美国高等教育质量的重要原因。

美国高校统计年鉴是美国高等教育内部质量指标发展完善的重要来源，美国高校通过内部质量指标，实现管理高校内部质量、探究高校发展存在问题、寻求高校发展空间，从而达成卓越发展的目标。第四章在2000年卡内基美国高校分类的基础上，分别对授予博士学位高校、授予硕士学位高校、授予学士学位高校与授予副学士学位高校内部质量指标进行整理与分析。本章在第四章的基础上，总结不同高校内部质量指标，分析各类高校内部质量指标的特点及存在的问题。最后，基于新公共管理理论以及全面质量管理理论，在美国各类高校内部质量指标实践的基础上，本研究深入剖析了美国高校内部质量指标体系的基本形态、特点、功能、存在的问题和启示，以期为准备设计高校内部质量指标的国家或高校以及正在研发高校内部质量指标的国家或高校提出建设性的建议，并对未来高校内部质量指标的发展进行展望。

第一节 美国高校内部质量指标体系的形态及特点

一 美国高校内部质量指标体系基本形态

从1636年哈佛大学成立之日起，美国大学已经有300多年的历史。在漫漫长河中，美国高等教育发展成为多类型、多层次、多样化的教育体系。以2000年卡内基美国高校划分标准为依据，将美国近4000所高校划分为6种类型，本章根据美国高校对质量控制的实际情况，对美国授予博士学位高校、硕士学位高校、学士学位高校与副学士学位的高校进行了系统分析。本节主要在四种不同类型高校内部质量指标归纳整理的基础上，对美国高校质量监控指标进行系统分析。

美国不同类型高校的指标基本由学生指标、教师指标、经费指标与基本指标（班级规模与生师比）四部分构成，下面主要从这四个方面进行分析。

（一）学生指标

1. 学生在校人数

四种类型大学每年秋季在校学生人数差距较大。其中，四所授予博士学位高校都是万人以上大学，由于亚利桑那州立大学与罗格斯大学是两所公立大学，承担着国家与州政府更多的教育任务，所以这两所大学基本在校人数高达40000—50000人，东北大学与康奈尔大学在校人数基本控制在10000—20000人；授予硕士学位的四所高校每年秋季在校学生人数上差距较大，除了南伊利诺伊大学艾德华兹维尔分校在校学生人数超过20000人外，其他三所高校的人数大都在万人以下，其中肯塔基州立大学在学人数最少，仅有2000多人；授予学士学位的四所高校，每年秋季在学人数基本控制在5000人或以下，其中，克莱顿州立大学人数达5000人以上，尤其是犹他山谷州立大学，人数达20000人以上，莫宁赛德学院与西南学院在学人数都在1000人以上；授予副学士学位的四所高校的人数在1000—7000人。

以上呈现的数据充分说明，美国四种类型的高校中授予博士学位与研究型大学在校学生人数最多，这既反映了国家与社会对高级专门人才的需要，也反映出学生追求自我发展的要求。众所周知，美国专门招收与招揽国内与国际高级专门人才，把他们作为国家和科技发展的“智囊团”，以促进美国经济和社会发展。从马斯洛需要层次理论来看，更多青年人也希望接受更好的教育，发挥与挖掘自身潜能，实现自我价值，因此学生对这种类型大学趋之若鹜。两方面的原因促使美国授予博士学位高校招生人数与在校生人数远远高于其他类型高校。授予硕士、学士、副学士学位高校在在校生人数方面差距不大，这与高校的历史、规模与就业有某种关系。

2. 全日制学生与非全日制学生比例

美国灵活的学制体系，使学生可以自由选择接受面授的时间。依据学生接受面授时间的多少，将学生划分为全日制学生与非全日制学生。全日制学生与非全日制学生占在校学生比例的多少，同教学质量与学习质量呈正相关。四所授予博士学位与研究型大学的全日制学生（见第四章全日制与非全日制学生占在校学生人数比例，下同）占在校学生 74% 以上的比例，非全日制学生比例较小，其中康奈尔大学基本上全部是全日制学生；授予硕士学位的四所高校全日制学生占在校学生比例为 70% —83% ，非全日制学生数占在校学生人数的比例低于 29% ；授予学士学位的四所高校全日制学生人数占在校学生人数比例基本都在 50% 左右，唯一比例较高的是莫宁赛德学院，全日制学生比例高达 60% 以上；授予副学士学位的四所高校全日制学生占在校学生人数的比例为 50% —70% 。四种类型大学全日制学生占在校学生人数的比例，授予博士学位高校最高，其次是授予硕士学位高校，最后是授予副学士学位高校和授予学士学位高校。从上面几所授予学士学位高校和授予副学士学位高校看，授予副学士学位高校的全日制学生比例更高，这可能与学生所处学习阶段与学习年限相关。副学士学位是学位中最低学位，是学生谋生与就业最基本的学位，并且研修副学士学位基本两年就能够完成，所以学生更倾向于全日制在校学习。学士学位通常四年，一些学生是获得副学士学位后继续深造，这个时候学生已经基本具备了就业能力，更倾向于一边工作一边读书，加上美国特殊的家庭关系与高昂的学费，承担高昂学费和生活费用对学生来讲仍然是很重的负担。

3. 学生申请入学人数

学生申请大学、大学录取、学生就读大学是大学招生的整个过程。学生就读大学人数占申请大学人数比例从一个侧面反映出高校声誉与教育质量。高校录取人数比例是高校控制学生入校质量的关键，它也间接反映出高校的声誉与教育教学质量。

录取率，是从高校角度呈现高校控制学生入学质量。从三种类型高校（授予副学士学位高校这项指标缺失）的录取率来看，授予博士学位高校的录取率差别较大，康奈尔大学录取率连续多年控制在33%或以下，两所公立大学的录取率却高达59%—80%；授予硕士学位高校由于都是公立大学，在录取率方面差异较小，基本控制在65%—81%；授予学士学位的高校录取率为47%—91%。上面的数据充分说明高校控制学生入学质量的严格程度，录取的比例基本按照高校层次与水平逐渐下降；同时也反映了私立高校比公立高校更严格控制学生入学质量。

就学率，是从学生角度呈现高校教学质量与声誉指标。学生入学率高，表明学校质量与声誉高，反之亦然。授予博士学位与研究型大学入学率与录取率恰恰相反，两所私立大学的入学率高达40%—52%，而两所公立大学的入学率却处于33%—36%；授予硕士学位的高校入学率控制在20%—60%；授予学士学位的高校中有两所高校入学率在21%—47%。

4. SAT成绩

SAT，原为学生能力考试（Scholastic Aptitude Test），现改为“学术水平测验考试”（Scholastic Assessment Test），由美国教育考试服务中心组织，是美国高中生进入美国大学的标准入学考试，用于测量学生未来在大学学习过程中的能力。SAT考试成绩被美国3600余所大学接受认可，是各高校接纳申请进入高校学习的学生的一项标准。不同层次高校，SAT 不同。美国四种类型高校中，授予博士学位高校 SAT 成绩基本在 1020—1392，授予硕士学位高校的 SAT 成绩在 810—1099。授予学士学位高校由于 SAT 成绩缺少，只有克莱顿州立大学与莫宁赛德学院两所高校统计了从 2001 年至 2008 年的 SAT 成绩，基本在 1000 上下。由于大部分授予副学士学位的高校采用开放式入学，高校没有统计 SAT 成绩。美国四种类型高校的 SAT 成绩基本上分化出不同类型与层次的高校水平。

5. 一年级新生保持率

保持率是持续在一所高校专业学习的学生占当年入校学生总数的比率，用百分比来表示。对于四年制高校来讲，是指初次为获得学士学位（或者相当于学士学位）、从秋季入学到第二年秋季仍然就读此高校的学生占当年入校学生总数的百分比。其他类型的高校，是指初次为获得学位或证书、从秋季入学到第二年秋季仍然就读此高校的学生占当年入校学生总数的百分比。一年级新生保持率是指第一次申请入读高校、从秋季入学到第二年秋季仍然就读此高校的学生占第一次申请入读高校的学生的百分比。

一年级新生保持率高低直接表明高校是否满足学生的学习、生活、活动的各项要求，从某种程度上是学生在校学习一年的满意度。美国四种类型高校 2001—2008 年的新生保持率，授予博士学位与研究型大学为 74% 以上，授予硕士学位的高校新生保持率大致在 48%—75%，授予学士学位高校新生保持率大致在 56%—92%，授予副学士学位高校新生保持率大致在 30%—70%。可见，授予博士学位高校一直保持较高的新生保持率，授予硕士学位与授予学士学位的高校相差较小，授予副学士学位的高校新生保持率变化较大。

6. 学生毕业情况

美国大学毕业率指的是学生在 6 年之内完成大学本科学习并顺利毕业的比例。因为美国大学实行学分制，学生少至三年，多至七八年才能毕业。美国大学生获得某种学历或学位后，需要寻找适合自己的工作并从事工作一段时间以判断是否适应，两年的时间基本将工作确定下来。因此 6 年毕业率成为衡量大学教育教学质量与学生学业水平的一项重要指标。

按照卡内基2000年分类标准，美国四种类型高校中，授予博士学位高校毕业率，从2001年到2004年基本控制在50%以上，其中东北大学与康奈尔大学毕业率高达90%以上，各所大学的毕业率7年内基本稳定；授予硕士学位高校的毕业率控制在23%—43%，其中诺福克州立大学的毕业率最低，一直保持在27%—32%；授予学士学位高校的毕业率，两所大学处于缺失状态，只有克莱顿州立大学统计的毕业率较全，并且保持很高比率；授予副学士学位高校还没有统计学生毕业率情况。

以上6项美国高校内部质量学生指标，可以从一个侧面说明卡内基2000年分类标准将美国近4000多所高校进行了精确分类。虽然卡内基2000年分类标准更多地依据毕业学生人数与授予学位人数为标准进行划分，但这种分类也反映了不同类型高校的教育质量在学生方面的具体表现。

（二）教师指标

高校教师，根据其所在学校不同，任务虽然有所侧重，但都在教学、科研与服务三大领域内。授予博士学位和硕士学位的高校基本为研究型大学，教师科研任务尤为重要；授予学士学位与副学士学位的高校，教师教学任务就比较突出。社会服务的任务是各所高校教师的共同任务。

1. 高校教师职称

教师水平是衡量大学水平、保证教育质量的最重要因素。美国大学在建立教师晋升制度的基础上，较好地处理了聘用问题，即实行终身聘任制度与任期聘用制度、试用制度相结合的政策，这可以保持教师队伍的相对稳定与绝对流动，以此促进教师持续提升与不断发展。美国大学教师的设置分为讲师、助理教授、副教授和教授，处于终身序列的是副教授和教授。大学教师在聘期内或聘期结束之前，如果得不到晋升就要离开学校另谋他职，即实行“非升即走”政策，从而形成竞争和淘汰机制，迫使教师必须不断提升自己的教学与科研水平。美国高校教师职称评定与其他国家一样，以教学与科研为主要依据，美国大学教授的聘任基本上是以年限与学术成果的质量为考评标准，要求任教者每5年上一个台阶，如果在聘任期间没有达到更高级的职称，教师要自动离职或者被解聘。

按照卡内基2000年分类标准，授予博士学位的四所大学中，教授比例基本在39%以上，康奈尔大学教授比例基本占全校教师一半以上；副教授比例占全校教师的24%—40%，助理教授比例仅占全校教师的1/4或以下。授予硕士学位的四所高校中教授比例相差甚远，教授占全校教师比例最高的是诺福克州立大学，基本保持在50%以上，最低是肯塔基州立大学，教授比例大致在16%—23%。四所高校的副教授比例控制在26%—36%，助理教授比例差异也较大，其中比例最高的是肯塔基州立大学，高达35%，最低的是诺福克州立大学，低到8%，授予硕士学位的高校教师中讲师也占有一定比例。授予学士学位的高校，教师职称统计不是很完整，尤其是2001年四所高校的教师职称统计数据。四所高校的教授所占比例为13%—30%，副教授所占比例为16%—39%，助理教授所占比例为37%—54%，讲师所占比例为2%—17%。①

三种不同层次的美国高校，之所以教师职称比例差距甚远，主要与高校承担的任务有着密切关系。众所周知，授予博士学位大学以科学研究与高级专门人才的培养为己任。不论是科学研究还是高级专门人才培养，需要有本专业领域全球或者全国著名学科带头人，有研究群体的支撑，有顶级的教学设备，才能培养出世界级杰出人才；研究型大学的研究是以创造知识、发展科学为主要任务，大学是基础研究与应用研究的场所，是专业人才共同研究与开发的集合体，大学教师能够获得国家与地方政府的科研经费，是大学科研实力的表现（下面将要具体介绍大学科研经费）。授予硕士学位高校虽然研究也占有一定比例，但从总体上看，人才培养和社会服务的比重更大，所以教授占全校教师比例比授予博士学位高校有所降低，且各个高校教授比例有明显的差异。副教授所占全校教师比例，授

① 由于授予副学士学位高校教师职称数据没有统计，所以这里略去。

予博士学位高校与授予硕士学位高校基本持平，助理教授与讲师比例有所升高。这说明科学研究在授予硕士学位高校不如授予博士学位高校。授予学士学位高校，副教授与讲师的比例范围增大，教授比例有降低趋势。

2. 终身教授

著名教育家梅贻琦老先生认为："所谓大学者，非谓有大楼之谓也，有大师之谓也。"终身教授在美国高校中可谓是大师级人物，他们经过多年潜心研究，在教学与科研尤其是科研方面不懈努力，成为某领域的杰出人物。他们一经被高校聘任，聘期可以延续到退休，不需要考虑学校阶段性教学、科研工作量的考核，而且没有被解聘的压力，同时，他们还享受学校颁发的终身教授津贴。高校主要为他们提供宽松、和谐的学术环境，让他们专心致志地做好学术研究。

美国授予博士学位高校、授予硕士学位高校与授予学士学位高校，终身教授占全校教师的比例有差异，但相差不大。授予博士学位与研究型大学中，终身教授比例为45%—79%，授予硕士学位高校的终身教授比例为49%—62%。授予学士学位高校的终身教授比例，只有两所学校收集了数据，西南学院最高比例达56.5%，克莱顿州立大学最低比例为22.4%。

（三）财政指标

1. 来自政府拨款

财政收入是办好高校的关键。美国大学多样化决定了美国高校财政收入的多样化，但来自联邦政府及州与地方政府财政收入在高校收入中仍然占有相当大的比例。目前美国联邦政府及州与地方政府更积极地加大高校经费投入，一方面想要加强对高校的管理，另一方面也可以适度加强对高校发展方向的调整以满足联邦政府、州与地方政府对高校人才培养、科学研究与社会服务的要求。当然不同类型与层次的高校，在决定如何使用这些经费时，主要以高校任务为标准。

授予博士学位的四所高校，来自联邦及州与地方政府的收入主要是研究经费。其中来自联邦政府的科研经费，除了亚利桑那州立大学从联邦政府获得的经费较少，其他三所高校的科研经费基本占有政府投入的76%以上，康奈尔大学与东北大学甚至获得90%以上的联邦投入；来自州与地方政府的拨款中，亚利桑那州立大学获得最多，基本占79%，其他三所大学所占比例较小，不到20%。四所高校从联邦及州与地方政府获取的科研经费不同，一方面说明大学积极从政府获得财政拨款的努力方向不同，另一方面也说明大学科研成果的领先程度及研究领域同联邦及州与地方政府的契合度之间的关系。

授予硕士学位高校从联邦及州与地方政府获得拨款的数据不是很完整，只有两所高校统计了这方面的数据。瓦尔多斯塔州立大学直到2004年才开始统计，南伊利诺伊大学艾德华兹维尔分校至今还没有统计政府的财政拨款。统计政府财政拨款的两所高校，也呈现出不同特点，诺福克州立大学从州与地方政府获得的拨款超过联邦政府，而肯塔基州立大学从联邦政府获得的拨款远远超过州与地方政府，2004年瓦尔多斯塔州立大学从联邦政府及州与地方政府获得的拨款基本相同。

授予学士学位的四所高校，统计年鉴中政府拨款数据处于缺失状态，只有莫宁赛德学院统计了相关数据，其中从联邦政府获得的拨款高达90%以上，从州与地方政府获得的拨款仅有10%以下。

2. 教学费用

授予硕士学位与授予学士学位的高校，来自政府的拨款主要用于教学，以促进高校教学改革，提高教学质量。授予硕士学位与授予学士学位的一些高校，还没有具体统计这方面的数据，所以仅以现有数据进行分析。其中，授予硕士学位的高校中，教学经费占财政收入的比例，瓦尔多斯塔州立大学与诺福克州立大学基本是50%—60%，肯塔基州立大学的教学经费比例较低，只占财政收入的25%；授予学士学位的高校，只有克莱顿州立大学进行了四年的统计，其中教学经费占财政收入的30%左右。

从上面的分析中可以看出，美国高校仍有很大一部分收入来自联邦政府及州与地方政府。政府为了支持高校的发展，加大了对高校拨款力度，但同时也加强了对高校的控制。从教学经费的比例看，大部分高校的教学经费占财政收入的50%左右，说明美国高校非常重视教学质量改革与提升。

（四）基本指标——生师比与班级规模

生师比与班级规模是影响教育质量的两个重要指标。生师比，是指某学年内平均每个教师所教的学生数，其中在校生数是指本学年具有学籍的注册学生总数。班级规模是指一位特定教师指导下的一个特定班级或一个教学团体招收的学生人数。

美国四种类型和层次的高校，在生师比和班级规模方面都存有一定差异。从生师比方面看，授予博士学位高校，生师比控制在9∶1—20∶1，主要是私立高校与公立高校的差异；授予硕士学位的高校生师比在12∶1—21∶1，差异较小；授予学士学位的高校生师比差异较大，克莱顿州立大学生师比为21∶1，而莫宁赛德学院为16∶1；授予副学士位的高校，其中戈登学院的生师比为18∶1，科荷马社区学院的生师比为27∶1。上面的数据充分表明，美国四种类型和层次的高校，为维持和提高大学声誉，不断提高教学水平，严格控制高校生师比例。数据也说明高校的层次越高，生师比越小。从班级规模方面看，授予博士学位与研究型大学的班级规模控制在25—36人；授予硕士学位高校班级规模在18—27人；授予学士学位的高校班级规模，克莱顿州立大学为23人；授予副学士学位的高校，戈登学院为31人，科荷马社区学院为22人。四种类型与层次的高校，在班级规模方面并没有呈现递增趋势，一方面说明各种类型和层次的高校都在控制班级规模，积极响应克林顿提出的缩小班级规模、提高教学质量的建议，另一方面也是学生追求高质量高层次教育质量的反映，因此授予博士学位与研究型大学的班级规模更高，其他类型和层次高校的班级规模反而更低。

众所周知，生师比小，班级人数少，教师可以在班级管理过程中消耗较少时间，将精力更多投注于学生学习状态与课程讲解中，关注学生的接受能力和接受程度。班级人数少，使班级更有秩序，更有安全感，学生与老师之间接触交流的机会更多，更有利于教师因材施教与启发式教学。总之，控制班级规模有利于教学质量的提高，虽然如此，班级规模不是越小越好，也应考虑专业、课程性质不同而有所差别。但同时，在降低生师比与班级规模的同时，要充分考虑到教育经费问题。

表 5.1 **美国不同类型高校内部质量指标**

质量指标类型			高校类型		
			授予博士学位高校	授予硕士学位高校	授予学士学位高校
学生指标	学生总数及学生类型	本科生	67%—81%	72%—93%	稳步增加趋势
		研究生	18%—35%	12%—23%	没有统计
	全日制学生与非全日制学生	全日制	67%—83%	70%—80%	35%—81%
		非全日制	17%—33%	20%—30%	19%—65%
	学生入学数量统计	录取率	20%—80%	24%—80%	47%—91%
		入学率	20%—50%	20%—60%	21%—47%
	转学学生人数统计	录取率	27%—72%	没有统计	没有统计
		入学率	44%—77%	没有统计	没有统计
	平均入学成绩（SAT）		1000—1200	811—1040	975—1070
	新生第一年保持率		74%—97%	48%—75%	56%—92%
	研究生入学人数		稳定，数量因高校规模而定	稳定，数量因高校规模而定	没有统计
	获得学位人数		稳定，数量因高校规模而定	稳定，数量因高校规模而定	没有统计
	6 年毕业率		50%—93%	23%—43%	44%—63%
教师指标	教师职称	教授	37%—57%	14%—33%	13%—30%
		副教授	23%—40%	20%—33%	16%—39%
		助理教授	19%—25%	25%—42%	37%—54%
		讲师	0%	4%—25%	2%—17%
	教师学历	博士	没有统计	没有统计	52%—77%
		硕士			20%—39%
		执业证书			2%—5%
	终身教授比例		45%—79%	49%—62%	24%—53%

续表

质量指标类型			高校类型		
			授予博士学位高校	授予硕士学位高校	授予学士学位高校
经费指标	联邦、州与地方政府的财政支持		76%—96%	16%—62%	数据不全
	高校接受捐赠		有捐赠	有捐赠	没有统计
	学生获得资助情况		没有统计	有资助	没有统计
	高校教学科研经费	教学经费	数据不全	21%—60%	没有统计
		科研经费		没有统计	
基本指标	班级规模		25—36	18—27	23（数据不全）
	生师比		9∶1—20∶1	12∶1—21∶1	12∶1—21∶1

二 美国高校内部质量指标的特点

质量是高等教育发展的生命线。美国高校从产生之日起，高度关注高校人才培养质量与规格，关注社会需要的人才类型与层次变化，关注高校人才培养是否达到外部人才需要的基本条件与素质。美国高等教育质量保障，以高校质量监控为本、以市场与政府调节为主的质量管理模式，通过高校外部认证与内部质量监控两种方式共同提高人才培养质量。从美国高校内外部质量管理模式的变迁中，不难得出，美国高等教育质量管理中，外部认证是高校质量的最低标准，它主要负责高校的准入制度、注册制度、质量改善，是高校存在和发展的基础；高校是不同类型层次人才的直接培养场所，监控高校人才质量规格及大学发展水平与发展特色，是质量保障与提升的主要手段。美国高校内部质量管理以质量指标为逻辑起点，抓住质量管理中的重要因素，通过教育质量指标的统计与监控，促进高校教育质量不断提高。

通过对美国授予博士学位、硕士学位、学士学位、副学士学位高校的分析与总结不难看出，美国不同类型与层次的高校内部质量指标具有一定的差异性，它们在发展的过程中具有自己的特点。

第一，除授予副学士学位高校外，美国授予博士学位、硕士学位、学士学位的高校基本形成了各自的内部质量指标体系。美国三种类型与层次的高校基本形成的三级内部质量指标体系中，一级质量指标包括学生指标、教师指标、经费指标与基本质量指标四个维度。在一级质量指标的基础上发展出多个二级质量指标，如学生指标中形成与发展了9个二级质量指标，教师质量指标具有3个二级质量指标，经费质量指标中细化了4个二级质量指标，高校基本质量指标包括2个，它们是班级规模与生师比。高校质量指标中部分二级质量指标从不同视角进行细化，进而形成三级内部质量指标。高校通过对内部质量指标的层层细化，形成了美国不同类型高校内部质量指标体系。在这里需要说明的是，美国授予副学士学位高校由于形成比较晚，高校统计年鉴撰写相对较晚，受市场影响较大，高校根据自身条件与当地市场需要培养社会需要的专门人才，在高等教育普及化过程中承担着提高民族素质、发展个性化教育等方面重要任务。与授予博士学位高校、授予硕士学位高校、授予学士学位高校相比，授予副学士学位高校还没有形成高校内部质量指标体系。可见，高校内部质量指标体系的构建既与高校发展的历史相关，同时与高校学术自由程度、与市场影响程度相关。

第二，美国不同层次与水平的高校内部质量指标体系中“质”基本相同，但“量”存在差异。从高校内部质量指标体系来看，不同类型高校的质量指标名称基本相同，但高校内部质量指标的数据却存有差异，尤其是授予博士学位高校，大部分质量指标中的数据都明显区别于授予硕士学位高校与授予学士学位高校。可见，美国授予博士学位高校在教育质量方面一直与世界各国顶尖高校教育质量相媲美，甚至追求更高教育质量，引领美国甚至全球高等教育质量。授予硕士学位高校与授予学士学位高校数据差距不大，在数据表现上有后者与前者相同甚至超过前者的现象。授予硕士学位高校与授予学士学位高校在质量发展中差别较小，甚至有时低于授予学士学位高校质量指标，如学生平均入学成绩（SAT），授予硕士学位高校入学成绩为811—1040，授予学士学位高校入学成绩为975—1070，授予学士学位高校平均入学成绩并没有低于授予硕士学位高校的平均入学成绩，反而更高，再如新生第一年保持率也呈现出相同的问题，等等。说明美国授予学士学位高校在历史发展中，不断追求高质量、高标准，在追赶授予硕士学位高校中表现非常突出。

第三，美国高校内部质量指标体系中各项质量指标发展不平衡。美国高校内部质量指标体系中，存有四个一级指标，这四个指标相比较而言，学生质量指标发展最成熟，其次是教师质量指标与基本质量指标，经费质量指标表现相对较弱。三种类型高校统计年鉴的收集、整理与分析中，经费质量指标处于缺失状态较多。经费指标在高校整体运营与发展中处于不可忽视的地位，是高校内部质量管理的重要内容，关系到高校发展质量的优劣。但是，不论是高居美国高等教育顶尖水平的授予博士学位高校，还是居中的授予硕士学位高校，或者居于下位的授予学士学位高校，经费质量指标都存在着不完整性，并且经费质量指标细化程度不如其他三个一级指标，还没有形成统一的经费指标体系。

第四，美国不同类型高校质量指标体系丰富性方面存在较大差异。比较美国不同类型与层次高校内部质量指标，授予博士学位高校质量指标最全、最完整，授予硕士学位高校质量指标次之，授予学士学位高校质量指标最不全面、最不完整。从数据中呈现“没有统计”指标方面，授予学士学位高校中存在 8 项，它们分别是学生类型中的研究生占全部学生比例、转学学生的录取率与入学率、研究生入学人数、获得学位人数、高校接受的捐赠、高校教学科研经费情况、高校学生获得资助情况；“数据不全”存在 2 项，一是来自联邦与州政府的财政支持，一是班级规模。授予硕士学位高校“没有统计”的质量指标有 4 项，它们分别是转学学生的录取率与入学率、教师学历、高校教学科研经费。授予博士学位高校质量指标中教师学历与学生获得资助情况 2 项“没有统计”，高校教学科研经费统计不全。

第五，美国高校内部质量指标的研制与发展，与高校培养目标紧密相关。美国以宪法的形式规定了教育管理权问题。美国政府是随着高等教育逐步进入“社会中心”的脚步，才慢慢通过经费拨款与学生资助等方式加大对高校的宏观调控。美国高校的真正管理者是市场，符合市场规律的高校在发展过程中动力充足，发展顺畅，否则就会处于危机中，甚至面临倒闭。据此，美国高校从发展的漫长过程中形成了自身特色，即不同类型的高校不会盲目冲动、情绪化地发展，而是理性地按照市场规律与人才培养规律为高校合理定位并设计发展道路，通过密切持续的调查与追寻社会及用人单位人才需求情况，根据自身水平高低和财力优劣等特点，知己知彼，发展自身优势。高校在“知己知彼”的基础上，通过“市场”杠杆力量，加之政府的宏观调控，三者形成合力以促进高校充分发挥人才培养中的重要作用，保证高校培养出国际需要、国家需要、地区需要的国际型人才、国家型人才和地方型人才。不同层次水平的人才培养，正是美国不同高校的培养目标与高校任务，是高校得以生存与发展的基础。美国高校的卓越发展，并不是所有高校对高质量人才的趋之若鹜，而是在高校市场竞争中，寻求自己发展的有利空间，寻求特色发展，满足市场对不同人才的需求。因此高校内部质量指标的研制与发展，基本上以高校的培养目标与任务为根本，促使高校自身设计发展方向，进而为高校内部质量管理打下坚实基础。

美国高等教育发展史，便是美国高校质量保障与质量监控的历史。随着高等教育的发展，美国不同类型与层次高校质量不断提升，其根本都是完成不同时期的教育任务，培养出不同规格和水平的人才，从而满足社会发展的需要与受教育者人才培养的需要。美国高等教育发展到今日，内部质量保障与监控功能的作用越来越明显，也越来越突出。

表 5.2 **美国高校人才培养任务**

高校类型	高校名称	高校任务
授予博士学位大学	康奈尔大学	大学主要促进每个人的发现和成长；培养发展学术和创造力；肯定个人价值，丰富人类智力和精神世界；致力于服务校友、社区、州、国家及世界；为社会培养明天的领导者，发展知识
	罗格斯州立大学	创造知识与观点，改善人类生存环境；为学生适应不断变化的社会做好准备，鼓励学生个人成长与专业成长；造福于我们的社区、国家和民族，就是要追求卓越

续表

高校类型	高校名称	高校任务
授予博士学位大学	东北大学	国家研究型大学之一，以学生为中心，注重实践、城市化，追求卓越
	亚利桑那州立大学	在教学、研究与创造性的活动中追求卓越，以促进和支持国家、亚利桑那州及州内其他大城市经济发展，同时提供相应服务
授予硕士学位大学	瓦尔多斯塔州立大学	通过提供特色专业或突出特点，在本州范围内或其他地区中致力于追求卓越；在技术方面致力于全校范围内的学习型社区建设，促使学生成功，维持教学卓越，为学生多样化及学习做充分准备，提供学术援助，满足所有学生；致力于公共服务，继续教育，技术援助和经济发展活动；致力于学术和富有创造性的工作用以提高教学效率，同时鼓励教师追求并专注于地区需求方面的院校优势领域
	诺福克州立大学	为多种族和多元文化的学生提供一个可负担得起的、高质量的教育，使他们有能力成为有用的公民，能够适应迅速变化的全球和社会
	肯塔基州立大学	为合格的高中学生提供不同的职业、文化和社会接触，构建学术技能和社会发展，激励、帮助、促使他们完成四年大学学习
	南伊利诺伊大学艾德华兹维尔分校	通过本科生、研究生、专业教育与学术性、创造性及具有研究意义的教师、行政人员与学生的努力，通过地区公共服务与文化艺术活动，传播、发展和整合知识
授予学士学位大学	科尔比学院	让学生认识广泛的人类知识，智力工具，积累各种经验，参与丰富多彩的学者活动，提供学生参与社会的机会
	密尔萨普斯学院	秉持专业学习和博雅教育的理念。在保持博雅学院特色与承担教会任务的角色中，学院寻求提供一个学习环境，通过增进知识、加深信念理解，用知识能力、道德准则与责任意识来促进市民的成熟发展
	约翰逊史密斯学院	为各个种族、社会经济背景和地理背景的学生提供受教育的机会，通过提供通才教育与专业教育培养各类人才，为学生进入研究领域和职业生涯做准备
	克莱顿州立大学	克莱顿州立大学提供了一个具有挑战性的智力、文化丰富的学习环境，鼓励为不同种族、社会经济、经验与地域背景的学生提供优秀的教育和就业机会

续表

高校类型	高校名称	高校任务
授予副学士学位大学	戈登学院	为学生转学和获得学士学位和专业学位做准备；为学生成功进入特定职业和职位做准备；加强学生学术技能，为他们进入本科学院学习打下坚实基础；为终身学习和专业发展人员提供服务社区的机会，提供服务社会的机会，提供终身学习和专业发展的社区服务项目
	得克萨斯学院	致力于满足得克萨斯及周边地区的教育需求，向学生提供学习机会和终身学习的经验，使得他们发展智力、提高批判思维能力，富有社会与公民意识、正确的文化价值观，获得贸易、商业技能与职业能力
	纳瓦罗学院	不断提升学院在典型两年制学院中的地位和声望。高质量教学为学生接受更高层次教育、培养领导才能和未来就业做好准备
	科荷马社区学院	学院提供方便的、社会认可的、支付得起的、多样的、高质量的课程，包括升入学士学位的转学课程，发展学生的智力技能、职业技能、个人成长转学课程

美国高校内部质量指标虽然存在不完整、不系统的特点，但已经基本构成内部质量指标体系，在高校内部质量的监控与管理方面具有重大的意义。它从不同侧面反映了高校整体的运行态势与质量发展，从不同角度反映了高校学生质量、教师质量、经费质量等质量现状，有利于高校决策者通过比较分析相同类型高校的质量，知晓本校质量发展态势，进而改革或完善本校质量管理达成卓越，有利于相关利益者行使高校发展质量的知晓权，了解与掌握高校质量发展水平，提出合理化建议，形成良好的舆论氛围，为高校更好发展提供有利的外部环境。

第二节 美国高校内部质量指标的功能及问题

本书在对美国高校内部指标实践系统梳理及分析的基础上，剖析美国高校内部质量指标体系的功能及存在的问题。

一 美国高校内部质量指标的功能

质量是高等教育的生命线，美国高等教育发展史就是质量保障与提升史。美国高校内部质量管理是从高校产生之初就已形成，并不断发展的，虽然在这个过程中出现外部质量管理，出现社会中介机构的认证，但高校内部质量管理一直在美国高等教育质量保障与提升中扮演着重要角色，人们通过指标的种类与统计数据判断高校质量的发展情况，这是质量指标最初形成的基本功能。随着高等教育的发展与质量指标的完善，质量指标在高校中发挥着越来越重要的功能。

美国大学与学院自建立以来，由于受到联邦法律的影响，高校高度自治。随着高等教育从社会边缘到社会中心的发展，高等教育重要性日益凸显。为了免于国家或者政府插手干预高等教育发展，美国大学与学院于 1897 年开始，逐步设立了一套高等教育认证制度，用于保证学校不受政府的控制，是一种自治行为。高等教育认证制度也是评估与保障高等教育质量的重要制度。

美国高校为达到高等教育认证标准，拓展高校发展的空间与范围，在市场中谋求发展的更广阔领域，成立了院校研究中心，负责编写发行院校统计年鉴。院校统计年鉴通过对大学与学院质量指标的收集与整理，达成数据的保存、传达、解释，在此基础上寻找大学与学院发展中的问题并寻求对策，规划大学发展的方向。美国高校内部质量指标功能主要体现在以下三个方面。

（一）高校内部质量指标的基本功能——质量保障、监控与定位

根据 Cave 等的观点，指标是预期中达到的指数、规格和标准，这是质的标准，这种质的标准用数据表示，就是量的规定性。既然指标是一种标准，一种规格，那么质量指标就是某种产品的标准或规格，高等教育领域中的绩效指标（质量指标），就是“一种权威标准（评估）——通常以数量形式——高等教育机构的活动属性”。

依此解释，高校以培养人才为己任，那么接受高等教育学生的规格与标准应该反映出高校质量态势。高校如何设计反映学生规格与标准的指标，保障和监控高校质量处于发展与提升之中，就成为高校质量管理的重要问题。早期的美国高校，规模小，受外界影响小，通过控制教师质量与学生质量来维护高校的质量发展。随着高等教育规模的不断扩大以及高等教育地位与作用的不断提高，政府开始想要插手

干预高等教育的发展，以此为契机，美国认证制度确立。高等教育不断发展，单纯依靠教师与学生质量已经无法充分反映出高校教育教学质量。于是，美国院校统计年鉴出现并越来越规范化，最早的院校统计年鉴是 1959 年两个区域组织出版发行的院校统计年鉴。新英格兰高等教育理事会（New England Board of Higher Education，NEBHE）出版发行的新英格兰学院与大学统计年鉴包含下列指标：高校类型、学费与杂费、学生入学、教师与行政人员，这些都是通过问卷形式获得的信息。西部州际高等教育理事会（Western Interstate Commission for Higher Education，WICHE）于 1959 年出版发行了西部高等教育院校统计年鉴前五部分，1960 年继续发行了其余部分。西部高等教育州际委员会采用问卷调查的方式获得数据，院校统计年鉴主要包含“某些研究生与专业领域、学生移民、院校潜在发展空间、院系之间的专业领域、院系申请学位人数、某些院系增长潜力（以存在院系为基础）、设施与人事”。

从美国最初的院校统计年鉴的质量指标可以看出，当时两大组织采用问卷形式获得高校信息，掌握高校的一些基本指标体系，如通过学生入学、学生移民、院系申请学位人数、教师与行政人员、学费与杂费、某些研究生与专业领域等指标的质与量来评估高校的基本态势，对高校人才培养的质量通过指标进行了基本的描述与统计。虽然当时的质量指标并不完备，但它从某种程度上反映了高校人才培养目标，这是美国高校最早的质量监控的形式。随后，第一次西部地区学院院校研究研讨会上指出：“西部高等教育统计年鉴主要向关心院校研究的大学与学院领导提供相关资料，即主要满足高校自我评估与进行院校或州际比较的需要。”后来，美国教育理事会统计信息和研究办公室埃尔默·D. 西博士出版了最有用的国家数据统计年鉴，西部州际高等教育委员会统计年鉴成为样板。可见，在当时美国高校已经深刻认识到自我评估中质量指标的重要性，在此基础上进行州际比较，知己知彼，保障并不断提升高校内部质量。

随着高等教育的发展，尤其是高等教育大众化以来，高校的规模不断扩大，人们已经认识到，简单的质量指标无法监控高校整体运营状况，无法判断高校发展过程中问题存在何处，更无法根据高校运行现状制定高校未来发展规划。高校需要全面质量管理，从全面管理中洞察高校质量发展的问题与优势。同时，随着新公共管理理论在公共部门尤其在政府部门的应用，人们开始关注高校发展情况，关注高校的投入与产出问题，关注高校功能的发挥，聚焦到高等教育质量，尤其是人才培养质量上来。这些问题与大学的使命相关，与大学培养目标紧密相连。

基于内外部情况的变化，美国高校既需要向外界公开高校的具体情况和运作方式，让人们清晰了解高校的各种活动，知晓高校在做什么、做出了什么、结果怎么样等；同时，高校内部也需要清楚知道高校运行的真实情况，了解在运行过程中存在的问题并研究对策，以便进行教育教学改革，其宗旨即达成高校的培养目标。因此，美国高校必须重新审视高校质量管理的整个链条，尤其是在美国院校研究办公室基础上发展起来的质量管理模式，将相关数据进行收集、整理、统计、分析，使高校人才培养与运营工作透明化，满足相关利益者的知情权。高校还要向公众展示出高校的质量高低与人才培养的特色等，在市场激烈竞争中获取更多生源，提升高校的声誉，从而形成良性循环。

在这种情况下，美国院校统计年鉴编写就成为必然。院校研究办公室通过收集信息、分析信息、总结信息，呈现高校基本运行态势，编写发行院校统计年鉴并公之于众。美国院校统计年鉴通过学生、教师、经费、基本质量四个方面基本能够反映高校发展状况，传达出高校人才培养质量的高低与大学运行过程中各种指标数据的优劣。这四项重要指标已经成为大学与学院是否完成高校使命的重要判断依据，是影响人才培养质量的关键要素。

美国院校研究办公室将编写的统计年鉴每年都公之于众，各所高校通过质量指标的统计分析、对比研究，能够知晓各所高校的质量在所有高校中的位置。这样做的主要目的，一方面可以知道高校的优势与不足，做到知己知彼，在市场竞争中处于有利位置；另一方面可以清楚知道自己的发展空间与发展领域，继续发展优势，改正不足，得以完善。美国高校通过质量指标的分析，为高校的分类发展做出了重要贡献。

（二）高校内部质量指标的衍生功能——追求卓越过程中的多样化发展

1636年哈佛学院建立，标志着美国高等教育的产生。在短短300多年时间里，美国已经形成类型多样、层次各异、质量卓越的高等教育体系。美国高校多样化的发展，在某种程度上得益于高校内部质量的发展。美国院校统计年鉴每年公布的各高校的数据，呈现了高校一些基础性的质量指标，在没有外力作用下，高校的基础水平实质就是这所大学的质量全貌，是这所高校发展的基础。高校发展什么、怎么发展、发展到什么程度，都以这所高校的基本质量水平为出发点，在此基础上，寻求市场发展空间，培养市场需要的、自身能够培养的高质量人才，这为美国高校多样化发展创设了条件。

美国宪法规定，联邦政府对教育没有管理权，主要由各州负责管理。各州政府只保留了对高校的一些基本管理权力，美国高校具有管理学校与发展学校的重要管理职责。同时，美国高校由于受到德国与欧洲高校的影响，一直坚持并维护着“教授治校”“学术自由”的传统。随着高等教育功能在社会的彰显，促使高校从象牙塔转移到社会中心地位，联邦政府以财政拨款的方式加强了对大学的控制。于是，美国高校形成了由政府、市场与高校共同管理的模式。高校不但要发展与政府的关系，以获取更多的财政与政策支持，获得大学发展的动力；同时，还要密切注意市场人才需求动向，咨询用人单位所需人才的素质与能力，预测未来人才需求的变化，通过教育教学改革等方式，及时果断地改善与调整质量指标，以便创造更为有利的发展空间并获取市场竞争中优势地位，保障与提升高校的质量标准，达到高校的可持续发展。美国高等教育基本按照市场规律运作与发展，通过高校之间横向指标分析与比较，找出自身发展的弱势与不足，寻求市场发展有利时机，设定高校的发展目标与任务，培养出“适销对路”的人才，得到更好的声誉，这是美国高校多样化发展的必要条件。美国4000多所高校，并不是杂乱无章地发展，而是按照市场规律有序发展，通过质量指标的质与量在各方面的适当变化，准确定位，找到适合高校发展的空间，并在发展空间范围内通过分析高校运行中存在的各种问题及问题存在的原因与解决问题的对策，提高高校运营中的质量与效能，促使高校在适合自己发展的空间中不断追求卓越。

（三）高校内部质量指标的衍生功能——有利于高校维护“学术自由”

《大美百科全书》指出：“学术自由指教师的教学与学生的学习，有不受不合理干扰和限制的权利，包括讲学自由、出版自由和信仰自由。就其主体而言，学术自由包括机构的自由和个体的自由；就其内容而言，学术自由包括教师教学的自由、科学研究的自由以及学生学习的自由。”学术自由是经典的大学理念之一，由于受到欧洲启蒙运动思想影响，中世纪开始在大学萌芽。当时主要是针对神学的绝对统治地位以及保证研究者和学习者自愿参加研究和学习活动的权利而提出的。19 世纪，柏林大学的创办则更集中、更强烈地体现了学术自由的理念。美国高校追求学术自由可以追溯到 17 世纪。“早在 17 世纪末期，殖民地学院就开始了争取宗教宽容和信仰自由的斗争。到 18 世纪中后期，宗教宽容和信仰自由的观念逐步深入人心。独立革命不仅推动了宗教宽容和信仰自由思想的发展，而且带来了欧洲理性主义的思想，公民自由的观念开始为美国社会所接受。”① 后来教师在反对教会的斗争中逐渐意识到了信仰自由和思想自由，直至萌发了最初的学术自由思想。

美国高校追求与维护“学术自由”，有其法律依据。根据美国宪法，高等教育由各州负责管理，美国联邦政府对高等教育没有直接管辖权（军事院校除外）。美国设有联邦教育部，它既不制定高等学校设定的标准，也无批准成立高等学校的权力。联邦政府对高等教育质量的影响是间接的。联邦政府规定一些与高校有关的法案，但这些法案都是规定联邦政府如何向高等院校提供资助、如何

① 赵叶珠、程海霞：《移植与创新：德国学术自由理念在美国的嬗变》，《现代大学教育》2010 年第 6 期。

向大学生提供奖学金和贷款，以及如何重点发展某些特定的学科等。美国绝大部分州都设有高等教育委员会。高等教育委员会主要通过宏观调控促进和保证本州高等学校的教育质量的提高。50 个州的高等教育行政主管部门对州内公立高校管理权限各不相同，但其主要职责是研究、制定州政府教育拨款分配方案、州内高校发展方向，处理政府与高校关系，不涉及学校具体办学事宜。可见，高校具有处理高校内部事务的一切权力，学术自由权利自然归高校所有。在美国高等教育发展的历史长河中，美国大学教授协会的成立以及终身教授制度的出现，是美国高校追求学术自由的典型代表，是高校教师学术自由权利的保障。

但是，高等教育发展到现代，其社会功能不断凸显，加之新公共管理理论的影响，外界对高校影响越来越大，学术自由不断受到冲击。其中最具代表的，一是政府通过财政拨款方式对高校进行宏观调控，二是相关利益者向高校提出“问责”。对于外界的影响，高校不得不对外界要求作出积极反应，这在某种程度上使高校被迫放弃一定的学术自由权利。但是，作为主体的高校及高校中的教师与学生，都不肯放弃学术自由的权利，必定为争取学术自由而努力。高校内部质量指标发展并逐渐成为体系，为维护学术自由具有重要的意义。不论政府拨款方式的改变还是相关利益者的“问责”，其实质是促进高校质量提升。高校采用“自律”换“经费”的方式，即高校自觉关注内部质量的发展与提升，并向社会公开高校的质量管理状况与水平，既能争取从政府获得更多的财政拨款，也向利益相关者展示他们关心的问题，实现他们的知情权。与此同时，政府与利益相关者还可以为高校质量发展与提升创造适宜的外部环境。高校通过内部质量指标方式实现质量的自律管理，不但学术自由的权利没有减少，相反，维护并捍卫了学术自由。

二 美国高校内部质量指标体系存在的问题

美国不同类型与层次高校统计年鉴经过短短几十年的发展，逐步形成了高校内部质量发展特色，形成较为成型的内部质量指标体系，它在监控美国高等教育质量发展、改善高校质量管理、提升高校质量水平等方面具有重要意义。但是，美国高校内部质量指标发展中亟须在两个方面进行完善。

（一）美国不同类型与层次高校质量指标发展水平不同，尚待进一步完善

从不同层次与水平的高校统计年鉴质量指标的全面性与完整性方面看，依次是授予博士学位的高校、授予硕士学位的高校、授予学士学位的高校、授予副学士学位的高校。授予博士学位的高校质量指标最全，可收集的统计年鉴的时间最早，通过统计年鉴的指标类型与指标不断完善可以充分反映该类型高校质量水平；授予硕士学位高校的统计年鉴略次于授予博士学位高校，有些高校的质量指标不全面，某些年次的指标呈现缺失状态；授予学士学位的高校的质量指标在寻找与整理过程中有一定的困难，说明这种类型的高校质量管理仍处于发展阶段，质量指标不全，统计时间较晚；授予副学士学位的高校统计年鉴的质量指标刚刚起步，统计时间最晚，高校间有些质量指标由于严重缺失无法进行对比。统计年鉴质量指标发展与完善程度，从某种意义上说明不同类型与层次的高校质量管理的规律性，不论是授予博士学位的高校还是授予硕士学位的高校，都属于研究型大学，是培养国际性人才的摇篮，是国家间人才竞争的主要培养场所，各个国家高度重视高层次人才的质量与规格，质量指标的管理与比较处于国际领域范畴中，国际普适性好，是一国高等教育质量的最高表现；本科层次的高校具有国家行业与地方化特征，是区域经济和社会发展的重要组成部分，高校紧紧围绕服务区域社会功能培养人才，美国很多大学或学院都属于此种类型；专科社区化程度高，特色各异，紧跟社会发展与地区变化，转型迅速，灵活多变。

（二）美国不同层次与水平高校质量指标细化程度不同，仍需要进一步科学细化

从理论上讲，教育系统复杂而多变，单一的或有限的个别指标不能提供完整的信息，更不能体现教育系统的复杂结构。指标系统将所

有有关指标联结起来，让单一指标之间产生联合作用，充分表达各种信息。通过第四章不同类型与层次高校统计指标的整理与分析不难看出，美国高校在质量管理中指标数据不同，人才培养质量各异。

美国高校质量指标主要有四个方面，分别是学生指标、教师指标、教育经费指标、基本指标（班级规模与生师比）。这四项指标中，除了班级规模与生师比不能细化外，学生指标、教师指标和经费指标通过细化后，不同类型与层次高校指标差异性就体现出来。学生指标细化后，主要包括学生总数及学生类型、全日制学生与非全日制学生比例、学生入学情况（申请人数、录取人数、就读人数）、转学学生人数统计、平均入学成绩（SAT）、新生第一年保持率、研究生入学人数、获得学位人数和6年毕业率等；教师指标细化后，涵盖教师职称统计与终身教授两大方面；高校经费指标细化后，主要包括高校来自联邦、州与地方政府的研究经费，研究经费总数，其他研究经费，高校教学科研经费等。从质量指标细化的结果看，不同类型与层次的美国高校，内部指标分别处于不同发展的层次和空间。这点充分说明，高校内部质量指标分类功能为高校定位提供了基本素材。高校质量指标在"量"上表现的差异性，能更好地说明高校所处类型与层次的不同，从而间接证明了卡内基2000年美国高校分类标准的准确性。这一规律的重大发现，有利于促使不同类型与水平的高校依据学生、教师与经费等方面的情况与特点，准确定位，找寻高校生长点和发展空间，促进高校特色发展，满足不同地区、不同行业、不同发展水平的"雇主"对人才的质量和标准需求，从而促进不同层次与水平的高校发展模式的探求，进而为研究各种不同高校制度提供了依据。

美国高校统计年鉴不同层次与类型高校质量指标体系中包括学生指标、教师指标、经费指标，虽然能够体现不同水平大学的质量，但这些指标需要进一步细化，以便更充分更全面反映高校内部质量水平；美国高校统计年鉴中质量指标还需要进一步继续挖掘，继续研制与开发能够揭示质量深层次意义的指标，如课程、学生学业管理与评定、教学与教师授课和辅导时数、高校经费的使用情况等。本书在附录中列出威诺娜州立大学比较全面、翔实的指标体系，这是未来美国大学甚至是世界各大学质量指标的发展趋势。

第三节 美国高校内部质量指标的启示

在对美国高校内部质量指标体系系统分析的基础上，本研究还形成了以下有助于我国高等教育质量提升的启示。

一 高校内部质量指标的合理性是提升高等教育质量的必经之路

高校以培养专门人才为己任。在专门人才培养过程中，教育三大要素教师、学生与教育媒介缺一不可。因此，高校处于行会发展阶段时，其通过教师素养与学生素质两个指标进行质量管理。这是最初的内部质量指标。随着高等教育的不断发展，规模不断增大，教育与每个人的利益都息息相关，高校对质量管理，不仅仅局限于教师与学生质量指标，发展出与人才培养相关的更多指标。同时，将教师质量指标与学生质量指标不断细化，从多个角度监控与管理高等教育质量。高校内部质量指标发展如何及处于什么位置，成为高校内外管理高等教育质量、评估高等教育质量的重要标准。

（一）高校视域下内部质量指标的本质

高等教育发展到今天，来自高校内部、外部的对教育质量的关注度越来越高。人们都期望，通过质量管理后的高校，其整体质量能满足更多人的期望与要求。但由于质量是一个抽象存在，是对产品高低优劣的表达，是一个难以测量的事物，高校无法找到一种恰到好处的方式来表述高校达到的质量标准，人们更无法描述自己期望的质量要求。其结果是，高校认为已经达成了培养日标，而利益相关者却认为高校根本没有完成它应有的使命。教育质量的认识与判断就变得模糊与内隐，高校与利益相关者之间的矛盾就越积越多。在此时，人们期望并要求改变质量的表达方式，将质量通过某种方式转换成人们可以测量与评价的事物，将抽象存在转变为具体实在成为可能。只有这样，才能达成内外部质量要求方面的契合。在这种情况下，应用于工业企业的“指标”移植到高等教育，用以表达高等教育中“质量”一词的真实面目。1988年经济合作与发展组织提出“指标就是用以测量某一难以定量之物的数值”，研究者们终于找到了一种用以表达教育质量的方式，曾经一直让教育质量无法深入研究的困境就变得豁然开朗。教育指标一词在高等教育中的应用，让研究者与实践者找到了可以深入研究教育质量的一把利器，“教育指标是经搜集整理各种教育相关资讯，为教育系统提供可解释的资料，以作为教育政策说明与决策参考之用”。[①] 可见，教育指标成为研究教育质量的重要工具，它使得人们在高等教育质量理论研究与实践应用的困境中变得豁然开朗。

在高等教育质量管理中，高校作为质量生成者，在质量维护与提升方面具有不可推卸的责任。高校通过收集整理来自高校各个部门与院系的、与学校运行相关的信息，形成高校运营过程中的各个质量指标，通过监控各项质量指标，掌握各项指标在高校运行中的态势，获得高校经营中的总体印象。在此基础上，分析各项指标在高校管理流程中的作用是否正常发挥，是否有影响各项指标发挥作用的问题存在，哪些指标影响高校质量维护与提升，如何改变存在的问题从劣势转变为强势，等等。其目的就是关注每一个质量指标在高校质量管理中是否为质量维护与提升发挥其应有的作用。通过整体了解与精准分析，高校决策者才能有的放矢地进行质量管理改革与决策制定，才能调整质量管理中存在的不和谐因素。

除此之外，高校内部质量指标的出现与发展，改变了高校一贯被迫接受外部影响的消极状态。高校通过内部质量指标管理，采用高校“自律”方式争取高校发展的“自由与自主”。由于经济危机导致政府财政紧缩，政府改变对高校的传统拨款方式，主张根据高校评估结果评定政府教育经费的多少，以此加强对大学的宏观控制。因此，高校必须通过质量提升争取更多的来自政府的财政收入。高校从被动接

---

① 简茂发、李琪明：《当代教育指标——国际比较观点》，学府文化事业有限公司2001年版，第37页。

受政府与利益相关者对高校质量的批评，转变为主动接受他们的批评和建议，积极了解高校运营的方方面面，深入挖掘影响高校质量的各种因素，制定各种有利于质量提升的方针政策。加强高校质量管理成为高校的自律行为，为高校获得更多自由和更大自主权创造了条件。

（二）高校内部质量指标对全面提高高等教育质量的意义

《国家中长期教育改革和发展规划纲要（2010—2020 年）》中明确指出，全面提高高等教育质量。并进一步指出，提高质量是高等教育发展的核心任务，是建设高等教育强国的基本要求。

高等教育，不论是通过挖掘高校内部发展潜力的方式增大高等教育规模，还是通过成立新高校的方式解决人们接受高等教育的迫切要求，都已经实现了高等教育大众化，并向普及化方向发展。高等教育接续而来的任务便是提高高等教育质量。从 20 世纪 80 年代开始，来自高校内外部的诟病持续不断，提高高等教育质量的呼声越来越高，全面提高高等教育质量已经成为高等教育当前最重要的使命。高校通过内部质量指标将高校运营全过程不断科学细化，收集并分析各种与质量相关的数据，探求质量指标背后隐含的各种与质量相关的有利与不利因素，促使高校改进质量管理方式，制定促进质量提升的政策。高校内部质量指标的出现，成为全面提高高等教育质量的标准。

高校通过内部质量指标科学细化后形成的高校内部质量指标体系，不但可以提升高校办学质量与办学效益，还可以通过与其他高校的比较分析，知晓高校的优势与劣势，促使高校在高等教育有限空间发展中，根据办学条件寻求适合自身发展空间。这有利于高校科学合理定位，有利于形成高校分类体系，在不同层次与领域中形成各自的办学理念与风格，在避免高校类型与层次发展的趋同性的同时，在不同层次、不同领域办出特色，争创一流。

此外，将高校内部质量指标引入高校质量管理中，改变了传统高校质量管理模式，高校可以通过全程的管理进行校内的资源配置与政策指导，在校内形成竞争机制，促进质量提升。

（三）高校内部质量指标对世界高等教育质量问题的应答

世界各国虽然经济发展条件不同，政治制度差异，文化底蕴千差万别，高等教育的发展也不尽相同，但是，不论各国高等教育发展处于何种程度，高校重视内部质量的角色不会改变。

高等教育，不论是处于精英阶段的高等教育，还是处于大众化阶段的高等教育，抑或处于普及化阶段的高等教育，教育质量都是高等教育的灵魂，是高等教育的生命线，是高校管理的核心问题。

高校是内部质量生成者，是质量维护与提升的真正“主人”，高校管理质量既是高校义务，又是高校具有的权利。从高等教育评估机构看，首先，高校当然要开展质量生成过程中的自我评估；其次，不同国家在高等教育发展中曾经出现过各种质量评估中介、机构及高等教育的利益相关者，它们在高校质量提升过程中具有重要的作用。不同国家，由于历史发展不同，政府对高等教育的管理采取不同的方式，但对高等教育质量评估都或直接或间接地产生影响。这些评估机构，在维护与提升高等教育质量方面起着重要作用。为促进高校质量不断提升，首先应该重视高校在质量生产过程中的重要作用，只有在生产过程中充分管理，才能尽可能保证产品质量，才能提升质量。作为具有评估与评价职能的社会机构与相关利益人以及各国政府，虽然它们的评估与评价对高校质量管理的改革与完善确实具有重要作用，但必须同时强调，在外部评估机制进入高校后，高校的学术自由与大学自治或多或少受到影响，高校为了迎合评估机构及利益相关者，有时候不得不放弃一些质量管理权力，弱化高校质量管理职能。因此，首先，需要为高校正本清源，保证高校质量管理权。其次，改变外部评估机构的价值取向，以促进高校卓越发展作为评估标准，避免出现以评估结果为大学分类与定位状况。再次，改善政府对高校的直接管理，应该采用“资源配置”的方式对高校进行宏观调控。最后，重视利益相关者的呼声与“问责”，正确对待对质量的各种诟病，促进高校开展自我评估。

高校分类与定位是高校内部的事情，高校必须根据市场的需求与变化，根据大学办学条件及与众多高校内部质量指标比较，找准位置，办出特色。强制性以评估结果作为高校定位标准，很容易挫败高校办学积极性与自主性，也会滋生出更多不利于高校质量提升的重大问题。

高校既然是内部质量的主人，就需要承担起质量维护与提升的重任。高校在全面质量管理过程中，必须借助内部质量指标这一标杆进行有效的管理，高校内部质量指标成为高校质量管理的“指挥棒”，用以判断高校质量的高低与优劣。内部质量指标是将高校全面质量管理的过程中与质量密切相关的各个要素细化为各个指标，形成内部质量指标体系，通过对质量指标体系动态发展与变化的关注，探究高校质量发展态势以及制约高校质量发展的各项指标，在对单项指标分析与整体指标研究的基础上，从提升各个指标入手，提高质量指标在整体中作用，进而促进高校内部质量的提升。

高校内部质量指标的研发宗旨，是维护与提升高校内部质量。但是，高校内部质量需达到什么程度？是否都要达到成熟发达国家最高质量标准？答案是否定的。高校内部质量以达到卓越为标准。卓越并不意味着世界高等教育质量的最高峰，也不代表各国高等教育的最高点，高校办学条件、发展历史、社会需要等多方面因素决定着卓越程度。这就为高校的合理定位与特色发展创造了条件。高校在知己知彼的基础上，寻求高校发展的适合空间，科学合理地制定高校发展规划，在适合空间中追求卓越。

二　优化高校内部质量管理是科学构建高校内部质量指标的内在逻辑

布伦南和沙赫认为，“质量管理”（quality management）可用来描述对于高等教育质量的判断、决策和行动的整个过程，涵盖“保证高等教育质量所涉及的一切内部和外部的结构和过程”。顾名思义，高校内部质量管理应是涉及高校内部的结构与过程，从质量管理的视角看，至少应该包括高校的质量理念、高校的质量文化以及高校的组织机构。

（一）培育内部质量意识与质量理念是高校质量管理的根本

高等教育发展到今天，不论教育理论还是教育实践都遇到了前所未有的挑战。高等教育如何面对各种挑战，去除高等教育质量的瓶颈，是当今高等教育研究者与实践者共同面对的问题。理念是质量的先导，质量理念指引着质量实践的发展。高校质量管理，是高校全面质量管理，是全员、全过程、全方位的质量管理。其旨意，就是动员全部可以动员的高校力量，参与并监控质量形成的整个过程，把专业技术、管理技术、数理统计技术集合在一起，建立起一套科学严密高效的质量保证体系，以提高教育质量为目的。正如前文所述，提高教育质量主要是达成高校在发展中追求卓越，追求持续不断的改进，追求适合自身发展的特色。“高等教育质量管理中必须突破质量观上符合标准的惰性，从大学内部树立起追求卓越的质量理念，而非依靠外界的评估来保持和提升高等教育质量。”①

（二）质量组织机构建设是高校质量管理的核心

高校内部质量管理是高等教育全面质量管理，是全员、全过程、全方位的管理过程，高校质量组织机构的建设在整个管理过程中的地位就格外重要。高等教育质量管理应建立起以质量为中心的组织结构，以高校内部质量为中心，设计与建设高校质量组织机构，实现高校质量管理的流畅性，高校内部治理管理才有可能取得成功。

高校内部已建设或正在建设的质量管理组织机构为数不少，但很遗憾的是，高校质量组织机构很多仍处于“独立机构”或者“机构之间的独立”，在高校质量组织机构中无法形成质量管理的全员、全过程、全方位，其结果是高校质量机构成了众矢之的。当然，高校无须重新建设高校质量管理组织机构，应在原有机构的基础上成立以校长为中心的多层次的组织机构，形成行政质量管理机构与院校质量管理机构的“立交桥”，充分发挥各自不同的质量管理功能，不断提高质量管理水平。

在质量组织机构建立的过程中，必须注意行政质量管理人员的管理素质与管理水平，其直接促进或者制约高校质量管理水平的高度。以美国院校研究的发展来看，院校研究人员素质分为三个层次。“基层”技能包括大学数据统计的基本概念以及计算机技术和数据分析

① 王建华：《多视角的高等教育质量管理》，高等教育出版社 2010 年版，第 10 页。

能力，例如学校各类统计指标的计算方法、数据库知识、统计学方法、统计学软件的使用等。“中层”技能是“基层”技能的升华，即在“基层”技能的基础上，掌握院校的相关事务，如熟悉决策程序、了解制定政策的标准和依据、熟悉数据收集方法、了解数据体系、熟悉中高层管理人员常遇到的问题等。“高层”技能是“中层”技能的升华，即在掌握了基、中层的技能后，院校研究人员须对院校背景知识有相当高的认知程度，如大学的发展理念、校园文化、大学主要人物的价值观和处世态度、大学赖以生存的国内国际环境等。

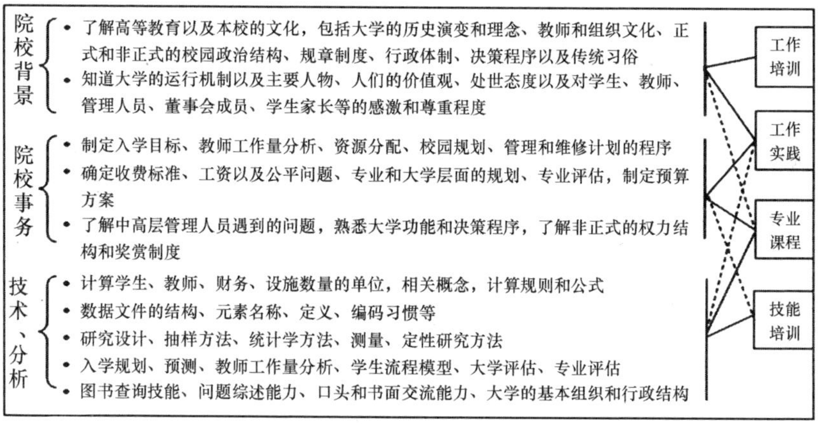

图 5　院校研究人员基本知识和技能需求及主要获取方式

资料来源：Patrick T. Terenzini, “On the Nature of Institutional Research and the Knowledge and Skills It Requires”, *New Directions for Institutional Research*, No. 104, Winter 1999, Jossey-Bass Publishers.

高校行政管理人员素质对于高校质量管理的提升与卓越发展，不可忽视。身为行政管理人员，既需要具有管理能力，还要有高等教育相关知识以及统计学知识，更要有人际交往能力，这些是作为高校质量组织机构管理人员的基本素质。

（三）质量文化建设是高校质量管理的关键

文化是人类物质和精神产品的总和，质量文化最初是作为企业文化的一个组成部分存在的。企业质量文化是企业的物质文化和精神文化的融合，是以质量为核心因素，建立在物质文化基础上的质量意识、规范和管理艺术等精神文化的融合。学校质量文化是指学校在长期的教育教学实践过程中，自觉形成的涉及质量空间的价值取向、价值观念、意识形态、思维方式、道德规范、运行机制和制度保障、法律法规及传统惯例、风俗习惯等“软件”的总和。[①]

20世纪80年代以来，随着人们对高等教育质量问题的持续关注和世界范围内高等教育质量保障运动的兴起，质量文化被引入了高等教育质量管理的理论研究和实际操作中。“全面质量管理必须从质量文化做起，技术也好，标准也好，只有在好的质量文化下才是有效的。”[②] 目前，高等教育质量管理还建立在问题解决与技术提升的基础上，建立在“问题”“技术”之上的非精神领域的质量管理，以解决质量问题为根本的管理方式。但我们必须承认，这是质量管理发展的必经之路，这只是质量管理的初级阶段。随着高等教育质量管理实践的不断积累，高等教育质量研究的不断深入，高等教育质量管理必将逐步超越其技术的范畴而演变为一种文化现象。因为“从更广泛的意义上说，质量是‘生产’出来的，而非检查出来的，一个真正持久的质量保证应当是学校全体师生员工共同努力的结果”。[③] 高等教育质量维护与提升，需要师生员工从意识、理念转化为自觉行动、共同追求与共同努力，形成质量文化中的合力，才能将质量提升内化为他们共同的目标去追求。学校保障教育质量的所有努力，只有通过组织高校广大教职员工积极自觉地行动才能取得预期的效果；这种行动只有当质量成为高校全体成员共同信奉的价值，成为高校全体成员的内在追求时，才有可能实现。[④]

质量文化作为一种文化生活存在于高校每个人成员的意识与理念

---

① 参见唐华生、叶怀凡《高校质量文化建设的价值探索与路径选择》，《学术论坛》2007年第3期。

② 《提高认识　统一思想　牢固树立和认真落实科学发展观》，《人民日报》2004年3月1日第1版。

③ 安心：《高等教育质量保证体系研究》，甘肃教育出版社1999年版，第48页。

④ 参见蒋家东《质量文化研究（上）》，《航空标准化与质量》2000年第3期。

中，它将全体师生员工的思想情感同学校的荣辱与命运紧密联系，在认同高校的质量价值观念与质量管理制度的同时，在内心产生心理效应，自觉遵守与维护高校质量管理的各项制度措施，从理念经过内化变为自觉行动，产生一种向心力，为达成学校的质量目标而共同奋斗。

以质量管理实践为基础，不断创新大学组织文化，培育融入组织内部、深入组织中所有人内心的质量文化，是高校内部质量保障体系建设的必然选择。[①]

当然，在高校塑造内部质量文化的同时，应培育高校外部质量文化。高校通过“自律”换“自由与自主”的同时，加强政府对高校内部质量宏观调控中的文化建设与制度制约；在回应利益相关者的同时，促进有利于高校质量发展的社会舆论环境形成。从而形成有效的高校内外部质量文化，共同为高校的卓越发展创造更优环境。

① 参见王建华《高等教育质量管理的新趋势及我国的选择》，《中国高教研究》2008年第8期。

结　语

《国家中长期教育改革和发展规划纲要（2010—2020 年）》指出未来十年我国高等教育发展的基本思路与发展规划，指出全面提高高等教育质量是高等教育的首要任务。“提高质量是高等教育发展的核心任务，是建设高等教育强国的基本要求。”要提高我国高等教育质量，既要分析我国高等教育内外各种环境，同时也要放眼世界，借鉴世界高等教育发达国家在高等教育质量提升方面做出的努力。美国是世界高等教育发达国家之一，在高等教育质量管理方面，已经形成较为成熟的高校内部质量管理方式方法，具有完备的高校内部质量管理机构，拥有独特的高校内部质量指标体系，它们在美国高校内部质量管理方面具有重要的作用。他山之石，可以攻玉，研究美国高校内部质量指标的发展、应用、特点、价值、存在的问题，旨在为我国，甚至世界高等教育质量提升提供可资借鉴的经验。

本研究以高校内部质量指标体系为研究对象，遵循从理论到实践再到理论的研究路径：首先，通过高校内部质量指标概念界定，厘清高校内部质量指标内涵；其次，深入剖析美国高校内部质量指标体系形成的动因及美国不同类型高校内部质量指标体系的实践状态；最后，基于新公共管理理论以及全程质量管理理论，凝练美国高校内部质量指标体系的基本形态、特点、功能、问题以及启示等，并试图将其上升到理论层面，形成本研究的研究结论。

美国高等教育大众化及经济危机带给高校不利影响，在回击双重影响的背景下，高校为获得“自由自主”与拓展生存空间而进行内部质量指标构建。本研究以卡内基 2000 年美国高校的分类为出发点，以美国不同类型与层次高校的社会影响力为基础，整理并分析不同类型与层次高校内部质量指标的真实状态及其特点，尝试建构美国不同类型与层次高校内部质量指标体系。由于美国高校内部质量指标发展与高校发展历史及其高校使命密切相关，高校内部质量指标发展成熟度及质量管理水平也不尽相同。首先，美国授予博士学位高校的指标最完整、最全面，其指标的学年编制持续发展；其次，授予硕士学位高校，除经费指标外，学生与教师的指标相对全面；再次，虽然授予副学士学位高校起步晚，但已经编制指标并不断发展，而且呈现迅速发展的趋势；最后，授予学士学位的高校，很多仍不具有统计年鉴或者不公开统计年鉴，各类指标不完整，且持续发展较差。这是美国高校回应来自社会各界的对高等教育质量诟病的改革措施，也是高校以内部质量指标为标杆实现“自律”换“自由与自主”的努力方向。

本书对美国高校内部质量指标的研究，在概念界定的基础上根据美国高校内部质量指标的发展，通过理论研究与实践应用两个方面，将研究理念、研究过程、研究结论、研究价值等进行充分论述，努力在三个方面突破原有研究，立足创新。首先，本书以高校内部质量指标作为研究对象，采用“指标”这一术语将教育质量由“抽象存在”转为“具体实在”，使得高等教育质量研究与实践有了抓手，使得高等教育实现全面质量管理与全面质量提升成为可能。其次，在研究理论中引入全面质量管理理论与新公共管理理论，使得高校质量管理提升到一个新高度。高校全面质量提升需要全程、全员、全方面管理，须注重质量管理全程中各个质量指标的波动及质量指标体系的发展变化，研究变化规律并打破制约瓶颈，寻求质量指标可发展的空间，加大质量指标发展的深度，为高校教育质量的持续进步铺平道路，为高校寻求适合发展空间及其特色办学创造条件。最后，本书在研究高校内部质量指标时，突破原有研究视域，通过对美国不同类型与层次高校的实践研究，真实提供高校充分使用内部质量指标提升教育质量的佐证，通过描述统计方法分析美国不同类型与层次高校内部质量指标的差异性，并从形态、功能等方面对其进行理论提炼，引导高校合理定位，克服同质化倾向，形成各自的办学理念和风格，在不同层次、不同领域办出特色，争创一流方面做出了重要贡献。

对于美国高校内部质量指标的研究，是对美国高等教育质量研究的管窥，是对美国高等教育质量研究新事物的抛砖引玉，是对美国高等教育质量研究新视野的引介，其目的是在美国高校内部质量指标理论研究、实践探讨、总结分析、结论获得中呈现美国高等教育内部质量指标研究的真实面貌，以飨理论研究者与实践工作者深入研究与实践指导之需。同时，研究美国高校内部质量指标，从对我国以及世界高等教育质量的时代呼声与诉求入手，并在研究过程中不断反思，高校通过质量提升获得自由与自主发展空间、外界政策与舆论支持，竭力呈现学术自由、大学自治的时代特色。然而，由于高校内部质量指标体系构建受到诸多因素影响，其复杂性与多变性对于高等教育质量的提升具有深远影响，所以，美国高校内部质量指标的研究与实践未来还需要更多理论研究者与实践工作者的共同努力，促进高校内部质量指标为实现高等教育质量全面提升发挥其应有的功能。高校内部质量指标研究仍然是一片处女地，随着高校内部质量指标的完善与细化，未来关于高校内部质量指标的研究，既可以进行微观研究，又可以开阔宏观领域，既可以进行理论探索，又可以挖掘实践意义。从长远来看，高校内部质量指标还可以着眼于高校内部质量指标体系的完善与完整、高校内部质量指标构建原则、高校内部质量指标科学细化等方面进行深入研究，也可以在高校质量管理与政府宏观调控、高校质量发展与市场规律协调、高校质量提升与利益相关者的诉求等方面进行互动研究，空间广阔。

附　　录

附录一　美国教育指标研究的四个层次

层次		概况与特征
全国教育指标系统	教育现况	1. 用各类国家统计资料及相关数据进行分析。 2. 为纵横二维：一是就相关背景变量做分类分析；二是就时间发展做变化、趋势分析和预测。 3. 采用文字分析和图表交互运用的指标结果呈现方式。
	教育目标小组	“美国2000年教育策略”于1990年颁布后，同年7月成立“全国目标小组”，定期检测教育目标的执行和实施情况。 为了监控全国教育目标的实施情况，全国教育目标小组编制了系列的教育指标。以1995年报告书为例，该报告书共分为总报告、全国性统计资料、州统计资料、执行摘要等。美国全国教育目标小组年度报告中呈现的教育指标有其特定性，反映了美国社会特有的教育关注与教育问题。
州层级教育指标系统		在州的部分，美国州层级教育指标主要是以“各州教育指标”为代表。州学校首长委员会（Council of Chief State School Office，CCSSO）配合联邦教育部推动各式教育改革计划，成立“州教育评量中心”（State Educational Assessment Center），发展全国标准化的教育指标系统，比较各州的教育表现，在教育指标的发展上具有重要的地位。 “各州教育指标”是以“州”为测量单位，进行指标的建构，分析每一州K—12年级公立学校教育的现状和进展。各州教育指标报告基本上是以描述性的资料为主，依实际情况分别列出各州量化的资料或数据，至于其所包括的主要项目视该年资料与重点而调整。

续表

层次	概况与特征
国际性比较指标系统	经济合作与发展组织（OECD）于1973年开始从事教育对社会影响的指标研究。在1987年，OECD开始推动“教育指标系统计划”，美国政府和OECD开始进行国际教育系统的研究，正式成立教育指标的国际性组织。OECD更应会员国的要求，于1988年开始研究“国际教育指标制度”，负责规划及发展国际教育指标。 美国于20世纪90年代出版多个国际比较的指标报告。如“国际观点的教育指标”（它主要比较美国与其他工业国家的教育情况）、“州与全国的教育：1991年美国各州与其他工业国家的指标比较”。
其他教育指标系统	学校层级的教育指标近年来受到教育界及社会大众的重视。为协助学校达到“效能”与“绩效”的目标，学校表现指标（学校质量指标）的建立与推动成为关注的焦点。 美国学校表现指标发展因州不同而有所差异。

附录二　美国1991年“教育状况”指标架构（高等教育部分）

一　进展与成果

（一）入学机会与参与率

高中应届毕业生升入大学比率；高中毕业生四年内就读大学的比率；大学就学平均总成本；大学就学平均净成本。

（二）就学继续性

大学各年级续学率；平均完成大学教育年限。

（三）教育程度与课程

25—29岁高中生完成大学教育的比率；大学毕业生占22岁人口的比率；大学生研究领域/按种族分；大学生研究领域/按性别分；各级学位授予/按种族分；各级学位授予/按性别分。

（四）研究所教育

研究所入学考试（GRE）平均成绩；大学生毕业一年就业率及升学率；各所研究生比率/按种族分；各所博士生完成学位平均时间及在学时间的中数。

（五）经济方面成果

大学各科系毕业生起薪的中数差异；不同受教年数 25—34 岁青年人口就业率；不同受教年数 25—34 岁青年人口收入的中数比。

（六）大学院校的产出及生产力

高中毕业和拥有各级学位的人数比率变化；外籍学生与本地学生获得博士学位的比率；高等教育研究和发展经费的来源比率。

二　背景

（一）学校的规模与发展

大学院校在学率。

（二）学生特征

各种族大学生分布比率；全时、部分时间的大学生年龄分布的比率。

三　资源

（一）财务特征

大学每生教育支出的分配比；大学及研究生的就业补助比率。

（二）教师与行政人员

专任教师在教学准备、研究、授课与学生接触时间的比率；大学专任教师年薪以及总收入。

附录三　美国1997年与2000年教育状况的教育指标（高等教育部分）对比

1997 年	2000 年
一、入学、参与、进步 1. 1972 年、1980 年、1992 年的高三学生毕业两年内在高等教育机构注册率 2. 接受高等教育的种族差异 3. 对学位与证书课程的坚持与参与情况 4. 大学成本与家庭收入 5. 高等教育就学阶段工作与学习坚持 6. 目前就业人员的工作及其训练情形	一、教育参与 1. 大学在学率的发展与预测 2. 少数族裔学生大学在读率 3. 研究生在学率与就业状况 4. 成人教育参与率

续表

1997 年	2000 年
二、成就、收获与课程 1. 成人读写能力的国际比较 2. 教育程度 3. 不同年龄层教育程度的国际比较 4. 高中生参与高等进阶考试情形 5. 高等教育机构的补救教育 6. 各领域学士学位与情形 7. 研究所教育主修领域的性别差异	二、学习者的成果 25—34 岁年收入
三、经济及其他教育成果 1. 从大学到就业的转换 2. 25—34 岁成人的就业情形 3. 不同教育程度 25—34 岁成人的年收入 4. 大学毕业生的起薪	三、学生努力与学业进展 1. 参与补救课程的高等教育学生完成学位比率 2. 完成学士学位坚持力 3. 研究生性别差异 4. 女性在不同领域完成学士学位比率 5. 不同族裔人口学历
四、教育机构的组织与管理 1. 教师使用不同教学方法情形 2. 班级规模 3. 教师参与专业发展活动情形 4. 教师参与学校决策情形 5. 高等教育极端全职教师教学负荷	四、中小学教育环境品质
五、教育机构的气氛和多样性 1. 学生饮酒与药物使用情况 2. 学生被停学比例 3. 教师满意度 4. 大学就学期间打工情形 5. 非全日制就学大学课程情形	五、高等教育情境 1. 高教机构提供阅读、写作、数学等补救课程比率 2. 各类高教机构新生对教学满意率 3. 各级大学教师任教大学课程比率 4. 高教机构提供远距离教学课程比率 5. 对高等教育特殊学生提供的服务 6. 高等教育机构教师的平均年薪 7. 大学专业教师每周教学、研究、行政时间分配 8. 大学兼任教师比率
六、教育机构的财力与人力资源 1. 公立与私立学校全职教师的异动情形 2. 高等教育教师的研究成果 3. 高等教育机构非终身职教师比例	六、学习的社会支持

附录四 美国大学院校研究机构的任务与目标

大学	院校研究机构	任务	目标
墨西哥州立大学	院校研究、规划与结果评估	院校研究、规划与结果评估	院校研究：（1）向大学教学与行政人员、外界人士、外部机构提供全校教学资料；（2）预计政策和决策的研究工作；（3）针对特定需要，获取和分析数据、信息，提供支持；（4）参与设计和维护内部信息系统，旨在行政使用。 规划：（1）为大学评价、规划和决策提供政策分析与其他支持；（2）为大学决策和政策发展提供研究与结果评估的规划；（3）协助大学了解外部环境及大学的机遇和挑战，了解大学的优势，帮助决策者制定方向、政策和战略，以期完成大学任务；（4）与大学行政人员的外联活动和责任相一致，为外部机构提供大学目标、优势、需求与未来发展趋势等相关信息。 结果评估：（1）促使人们对大学结果评估有清晰认识；（2）作为一个沟通者协调和促进各个学院的结果评估；（3）将评估结果纳入大学外部和内部的规划和计划中；（4）为教学单位的结果评估提供资源支持。
乔治梅森大学	院校研究与报告	研究与报告大学官方信息	确认、收集、分析、维护和传播大学数据，并向校内外人士和机构提供大学信息，目的是描述、记录、出版大学信息和有效评估。
罗耀拉大学马里兰分校	院校研究办公室	领导与支持大学的规划与评估，管理学院报告与责任进程，向校内外需求者提供信息	协调学院院校研究职能，其中包括联邦和各州报告，内部和外部调查，特定数据请求和纵向研究项；编写准确、简洁和及时的管理信息以支持有效规划和决策；促进罗耀拉大学参与国家关于学生、教师和工作人员调查项目；支持学院的学术评估活动；维护学院数据的准确性和完整性；发布年度 FACTBOOK；为学术单位的专业评估与自我评估提供数据；为行政机构和院校的研究与评估提供支持。

续表

大学	院校研究机构	任务	目标
俄勒冈州立大学	学术规划与评估办公室	收集、分析和及时准确地传播大学水平数据；促进与领导俄勒冈州立大学数据所有者与使用者的合作，加强与俄勒冈大学系统的合作；预测和应对大学数据突发需求；培育专业发展、互相支持、合作、持续改进与不断努力的健康环境	提供准确、有效和及时的数据报告，帮助回答俄勒冈州立大学重要问题；有效管理具有竞争力的优势项目，并明确各方职责；使俄勒冈州立大学的资源满足报告提出的各种需求；为促进教师与行政人员的发展，院校研究办公室的经营与服务能更好地满足实际需要。
圣约翰大学	院校研究办公室	研制和提供及时、准确、持续的定量和定性信息，分析各种内部和外部因素	向行政和学术单位提供统计数据，用以支持各种规划，专业评估，结果评估与外部投资报告；在保持率分析、招生预测与专项研究等方面支持行政和学术单位；发起和支持大学发展，管理与分析各种调查结果。
哥伦比亚特区大学	院校研究、规划与评估	通过提供信息提高大学效率，支持学术机构和大学的规划，加强评估和决策过程；为内部和外部提供大学人口及与教育相关的信息和研究方面支持	支持大学决策的宣传，负责收集、分析和介绍大学数据；协调大学数据收集工作，支持校内外报告，遵守管理机构和认证机构的各项规定；提供并公布大学数据；通过提供资源和数据，协助评估和专业评估；通过收集、分析、总结各种数据，为大学规划提供重要支持；编制 FACTBOOK，需要时从事专项研究。
旧金山大学	院校研究办公室	研制和公布大学研究，分析学术规划、政策制定、行政决策相关的各种研究报告，实现大学目标；核实、分析、整合大学统计数据；处理总校长、教务长、分校校长以及其他高级管理人员和他们的代表需求的各种统计资料	提供连续的、准确的、正式的旧金山大学各种数据报告；进行研究和分析，以支持大学提高效率，制定规划和决策；处理特定机构研究项目；根据情况收集，评估和分发与大学、高级官员及办公室相关的外部报告和数据；为实现大学的任务和目标，研究特定项目。

续表

大学	院校研究机构	任务	目标
印第安纳大学布卢明顿分校	大学规划、院校研究与问责办公室	研制大学的“文化证据”。包括规划与政策分析（前两项）；院校研究发展能力和直接研究支持（中间三项）；外部支持与问责	为大学规划和政策制定提供大量复杂的规划和研究支持；促进发展大学具有适当基准与评估标准的绩效目标；进行大学的各项研究，向全校公布各种影响大学规划、管理与经营的相关问题；同印第安纳大学院校研究人员与办事处保持联系，提高促进大学质量，保证工作的一致性；开发信息资源，扩大获取和有效利用大学数据，用以制定战略和战术决策；协助大学校长研制大学绩效指标，为大学董事会、印第安纳市民，其他广泛的利益相关者负责，包括校友，商界和工业界合作伙伴，目前和未来学生和研究伙伴；确保大学发展与外部要求一致，为大学各个部分提供支持；完成联邦政府的统计报告与印第安纳高等教育委员会要求的（ICHE）报告和数据材料。
坦普尔大学	院校研究办公室	提供坦普尔大学信息，为规划、决策和政策的形成提供支持；收集、分析和向消费者介绍资料；监测大学统计资料的准确性和完整性	负责大学数据质量管理、安全、处理和传播，以提高大学效率；致力于准确和及时处理日常工作与临时报告，代表大学索取联邦、州和其他外部机构资料。
维克多谷学院		支持评价、规划、改善，即学生学习结果评估与向内部与外部利益相关者提供完整数据	设计、处理与发布统计研究，支持各项政策、项目规划和发展；设计、处理与发布需求研究，以满足部门、大学、社区、州与联邦政府的需求；向教师、工作人员与管理人员提供帮助、指导和支持，协调区与高校相关的研究工作；维护决策支持系统，用户通过网络能够访问学生和课程的数据；通过网站提供院校研究和年度FACTBOOK。
奥克伍德大学	院校实效办公室	促进和支持奥克伍德大学决策制定与质量提高	指导和支持目前正在进行的、综合的、机构广泛研究为基础的规划和评价；通过访问、收集和分析数据提供定性和定量信息；担任大学认证联络员事务。

附录五　质量监控的发展指标

案例：威诺娜州立大学

目标：为质量监控而发展一套具有广泛意义的校园数据库，使用250多个指标。数据来源包括对学生、职员、教师以及有关人事制度文件、图书馆、财政和设备的调查。

一　背景和目的

威诺娜州立大学正在研究和运用一个综合评估数据库来评价提供给学生的教育的质量。大学水平的数据库将由250多个指标组成，这些指标是从学生、教职员工和行政人员的协同效应中研究得到的。（这些指标是通过大学的学生、全体教师、全体职工和行政人员通力合作建立的。）这些指标是与威诺娜州立大学长期发展规划所阐明的特定目标紧密联系的，也与制度的全部使命相一致。

综合的质量指标数据库一旦被运用，将成为威诺娜州立大学为其学生所提供的教育质量发展的测试器。

二　方法

大学的质量保证和评估规划于1993年被所有的威诺娜州立大学代表团体核准实施。数据搜集开始于许多已经核实的指标。250多个指标中的80多个指标的数据现在就能够搜集到，另外170个指标需要借助一些工具来搜集信息。数据工具包括CIRP新生调查；对毕业班学生的ACT-COMP调查；对登记学生、教职员工的内部调查；针对特定的学生群体的调查。其他的指标数据是从威诺娜州立大学的主数据库中提取的，如学生概况、人数统计以及成绩数据等。人事、财政、设备和图书馆数据也被采用。

三　调查结果

大学的质量保证和评估规划对于评估威诺娜州立大学任务和目标

的实施进程非常有用，它为以后的规划和管理决策提供了有价值的信息。前述两个主要的调查所提供的数据（CIRP 新生调查；对毕业班学生的 ACT-COMP 调查），已经搜集了四年，一些初步的走势图已经建立。这些调查为威诺娜州立大学提供了近 25 个关键的指标的相关信息。

一些调查结果反映出学校近年来已经提高了招生的标准，也采取了措施来改进学校的形象。学生们越来越强烈地指出，学术声誉是选择威诺娜州立大学的重要因素。对其他重要指标的度量反映出学生从事科研的时间在增加，指定阅读任务量在增加，教育质量在改善，学生们小组合作的时间增加了。特别是：（1）威诺娜州立大学提高了入学要求，要求从复合 ACT 分数至少 19 分，高中毕业班排名前 60%，提高到复合 ACT 分数至少 21 分，高中毕业班排名前 50%。（2）特定的高中预备标准对于所有的新生来说都是很有用的。这些标准要求学生很好地完成四年的英语，三年的数学，三年的自然课，三年的社会研究，三年有关世界语言、世界文化和艺术的选修等学业。（3）1990 年秋季，39% 的新生将学术声誉作为选择威诺娜州立大学的理由，三年后，这个比例为 45%。（4）在 1991—1992 学年度，35% 的威诺娜州立大学学生声称一周花 16 小时或更多时间来学习，一年之内，这部分学生人数达到 42%。（5）要求大部分或全部课程指定阅读任务的学生人数从 87% 增加到 91%。（6）对教育质量满意的威诺娜州立大学学生比例从 60% 增加到 68%。（7）1992 年，47% 的威诺娜州立大学被调查者表现出显著的进步，成为上进的群体中的一员；1993 年，这个比例为 52%。

四 调查结果的运用

最初的威诺娜州立大学数据搜集工作是用于为生源提供一个概况。这些信息可以用来调整招生标准，设定注册管理目标，研究更为有效的方法将学生引导和整合到大学生活的主流。搜集的有关学生成绩的数据已经帮助学校判断一些重要 performance 成就指标的满意度和设置提高学生成绩的目标，同时衡量实现这些目标的进展状况。那些收集的有关学生成绩的数据也有助于大学对关键成绩指标的现时满意水平作出测定，并在测量达到那些目标所取得的进步的过程中设立旨在提高学生表现的目标。

现在所搜集的关于150个质量指标的数据将给威诺娜州立大学提供一套综合的基本数据来评估和改进教学过程的方方面面。有关学生、教职员工、行政、预算开支、教学设备、教学氛围和许许多多方面的信息每隔一段时间都将进行搜集和分析。我们将建立起内部和外部的标准，分析和调整教学过程以提高成绩。

改进的主要侧重点在于学生学习的积极性。当我们使用一些最初的调查结果来改进教学过程和成绩时，以大学教育实践的七原则为基础的指标测度和威诺娜州立大学任务书中确定的学习效果，将有助于集中学校的精力。指标测度所获得的额外的信息将被分析，并用以改进教学环境和加强教职员工、行政人员和学生之间的人际关系。

五 成功的因素

长期规划和质量保证及评估规划已经与威诺娜州立大学所规定的任务和目标结合起来，有关已经建立的并被学校教职员工、行政人员和学生团体通过的质量指标的数据正在搜集。数据的搜集尽可能地包含在进程中。这些质量指标是广泛参与的学校部门研究和协商的，这些过程的一些例子包括新生注册和申请毕业等。

六 威诺娜州立大学质量保证和评估规划的样本目标和指标

（一）学生目标和目的

1. 目标1

学生：大学将会招收和接纳多种文化背景的、代表传统或非传统年龄组的复合条件的新生。

样本指标：ACT（或SAT）分数，高中学校排名，高中学校GPAs不同百分比间隔的大学新生人数或百分数。

样本指标：完成大学预备课程的大学新生人数或百分数。

2. 目标 2

课程：大学将提供一套具有实力的、以学生为中心的课程，这些课程传授知识、提高终身学习技能，培养学生情感方面成长和进步，并且贯彻运用了由明尼苏达州立大学准入最高委员会认可的教育质量七原则指标。

样本指标：参与教师研究的学生人数或百分比。

样本指标：主要强调多元文化内容和学习积极性的学科数量或百分比。

样本指标：高年级学科要求一定数学基础的课程数或百分比，要求具有一定数学竞争力以学习高层次课程的项目的数量或百分比。

样本指标：要求有实习期的课程数或百分比。

样本指标：图书馆每平方米学生人数或百分比。

样本指标：为了学术目的经常使用计算机的学生人数或百分比。

3. 目标 3

通识教育：大学将提供有实力的通识教育课程，这些课程以文学传统为背景，以对人的通识教育非常重要的在知识、技能和态度方面具有代表性的学科为支撑。

4. 目标 4

教学：大学将提供一套有实力的课程教学体系，这套课程教学体系贯彻了高校教育实践七原则，支持最优的教学战略。

样本指标：每一季度课外时间中教师会见学生的次数的平均数。

样本指标：曾经选修少于 15 人的课程的学生百分数。

样本指标：一个季度参与学生学习小组的学生人数或百分数。

样本指标：每周学生学习的平均小时数。

样本指标：每周教师准备教学教案的平均小时数。

样本指标：一周内报告通常接受教育评估的学生人数或百分数。

样本指标：表示对学科的学术挑战性很满意的学生人数或百分数。

样本指标：对较高班级课程水平有一半或更多声望要求的项目的数量或百分数。

5. 目标5

学生发展：大学将促进学生的成长并研究出学术服务和联合课程活动的方案，以此来增强学生的独立生活能力、社交能力、身体健康成长与学术成功的潜能。

样本指标：参与系学生定向活动的学生人数或百分数。

样本指标：对新生定向项目和活动表示满意的学生人数或百分数。

样本指标：教师每周花在学生指导上的平均小时数。

样本指标：对所受到的指导表示满意的学生人数或百分数。

样本指标：参与校园活动（运动会、歌剧、讲演、音乐作品等）的学生人数或百分数。

样本指标：对于所接受的咨询服务表示满意的学生人数或百分数。

6. 目标6

学生学习：学生要展示（Q10）知识、技能、人生观以及鉴别能力，这些代表了即将毕业的学生应该知道并且能够做到的。

样本指标：学生档案包含有学生素质质量的证明材料，证明学生完成了大学质量保证计划中规定的11项学习目标。

样本指标：在11项学习技能的每一个方面，都对他们的准备和能力表示满意的男毕业生人数和百分数。

7. 目标7

学生成长和成绩提高；学生将通过正式的和非正式的学习组织、联合课程活动和学术服务项目来证实其独立生活能力、身体素质和社会交往能力的提高。

样本指标：报告与他人交往能力有提高的学生人数或百分数。

样本指标：认为自己在团队中更加活跃的学生人数或百分数。

样本指标：认为领导技能有提高的学生人数或百分数。

（二）人力资源目标和目的

在人事方面，教育成绩的质量将从三个大的方面来衡量，这三个方面与所建立的学生发展和学习的目标有关。与每个目标相联系的指标将评估在满足与学生相关的目标和目的方面人事工作的改进。在威诺娜州立大学，当前评估的人事工作的主要目标包括如下几方面。

1. 目标1

人力资源：大学将雇佣和储备能够在教学、科研和服务工作中取得成绩的高素质全职的教师，行政人员和职工。

样本指标：全职教职员工和行政人员的固定比例。

2. 目标2

教师发展：大学将保持有实力的教工发展计划，这将刺激教育优化，科研和投身学术的积极性，创造性成绩和其他形势的专业性改进和参与。

样本指标：参与大学发起的有关服务的研究会、研讨会或演出的教职员工的人数或百分数。

样本指标：对学术活动、创造性成就、研究、继续学习所提供的支持程度满意的教师人数或百分数。

3. 目标3

教师要展示在达到旨在实施有效教学和学术服务的专业发展计划的成果方面取得的进步。

样本指标：一直在充实和提高自己的教师数量或百分数。

（三）学习环境资源和支持结构的目标或目的

在学习环境资源和支持结构方面，教育成就的质量将用与学生发展和学习目标相关的七个大方面来衡量。通过对与每个目标相关的指标的衡量来评估与学生相关的目标或目的相适应的资源和支持结构。威诺娜州立大学正在评估的资源和支持结构的主要目标如下所述。

1. 目标1

校园氛围：大学将创造出有组织的文化和心理氛围，其中贯彻了相互尊重的价值观、道德行为，协同决策的制定，对差异的欣赏和在所有支持者中建立积极的联系。

样本指标：反映在大学活动中有社团经历的学生、教职员工数量或百分比。

样本指标：对制度决策的制定参与程度满意的学生、教职员工数量或百分比。

2. 目标 2

设备和资源：大学将提供和维护有吸引力的、对环境无害的健身器械，包括具有一定水准的教育资源和技术来达到有效的教育和学习效果。

样本指标：每周图书馆对学生和教师开放的小时数。

样本指标：在全部教学空间中占有一定比例的互动小教室的数量。

3. 目标 3

财政资源：大学行政工作将提供财政资源和预算供给，以有效实施学术过程并达到学习目标。

样本指标：教师岗位所需的年财政预算数量和百分比的变换。

样本指标：分配给图书馆的物质或资源占全年财政预算的百分数。

4. 目标 4

教学氛围：大学教职工和学生将创造一种互动式的教学氛围，这有益于高效学习和促进人与人之间的互动。

样本指标：在课堂上经常被鼓励发言的学生人数或百分比。

样本指标：报告大学有对种族的、文化的、宗教的容忍的氛围的学生人数或百分数。

5. 目标 5

管理过程：大学管理要有效地支持高质量的教育过程，这需要拥有充足的经济资源、实施参与管理方式、保持学院间关系和实施有效的领导以保持大学优良传统来实现。

样本指标：全体教师和职员中报告对他们参与大学决策过程程度满意的数量百分比。

样本指标：全体教师和职员中报告对他们参与大学管理满意的数量或百分比。

样本指标：全体教师和职员中报告由于工作优秀而得到承认和受到积极强化的数量或百分比。

样本指标：全体教师和职员报告中了解威诺娜州立大学任务和目标的数量或百分比。

6. 目标6

不断改进的过程：大学要有效地评价它所进行的以改进课程、教学和学生学习为目的的评价所提供的信息和结果。

样本指标：大学的系和学术组织已经为每个项目和每项服务列出具体的目的和目标的数量或百分比。

7. 目标7

大学地位：大学要通过使项目符合外部优秀标准（external standards of excellence）、利用好（qualify for）公众和私人的捐赠、全体教师、职工和行政人员的专业成就来取得学术质量的认可。

样本指标：符合执照或证书要求或标准的课程数量。

样本指标：报告把威诺娜州立大学这一高质量大学的积极形象作为选择大学的原因之一的学生的数量或百分比。

参考文献

一 英文

（一）著作

[1] Althach, P. G., *Higher Education in International Perspectives*, Mansell Publishing Limited, 1985.

[2] Cave, Martin, Stephen Hanney, Mary Henkel and Maurice Kogan, *The Use of Performance Indicators in Higher Education—the Challenge of the Quality Movement* (third edition), Great Britain: Biddles Ltd, Guildford and King's Lynn, 1997.

[3] Jones, Larry G., *Campus Fact Books—Keeping Pace with New Institutional Needs and Challenges*, Jossey-Bass Publishers, 1996.

[4] Jowett, Paul and Margaret Rothwell, *Performance Indicators in the Public Sector*, London: the Macmillan Press, Ltd, 1988.

[5] Kells, H. R., *Self-regulation in Higher Education: A Multi-national Perspective on Collaborative Systems of Quality Assurance and Control*, London: Jessica Kingsley Publisher Ltd, 1995.

[6] Morley, Louise, *Quality and Power in Higher Education*, *Society for Research into Higher Education*, Open University Press, 2003.

[7] Nowles, A. S., *The International Encyclopedia of Higher Education*, Jossey-Bass Publishers, 1978.

[8] Smith, H. Michael Armstrong and Sally Brown, *Benchmarking and Threshold Standards in Higher Education*, London: Biddles Ltd,

Guildford and King's Lynn, 1999.

[9] Suslow, Sidney, *A Declaration on Institutional Research*, ESSO Educational Foundation and Association for Institutional Research, 1972.

（二）文章

[10] Anderson, J. A., D. J. Carter and A. G. Malizio, 1989 – 90 Fact Book on Higher Education, Washington, D. C.: American Council on Education, 1989.

[11] Axt, R. G., The Fact Book on Western Higher Education, Boulder, Colo.: Western Institute Commission for Higher Education, 1960.

[12] Bluhm, H. P., The Place of Institutional Research in the Organizational Structure: Publications and Reports, Tallahassee, Fla.: Association for Institutional Research, 1971.

[13] Drewnowski, J., Social Indicators and Welfare Measurement: Remarks on Methodology, *Journal of Development Studies*, 1972, 8 (3).

[14] Eck, J., College and University Fact Books: A Functional Analysis, Report, Institute of Higher Education, University of Georgia, 1996.

[15] Elliott, S., The History of Fact Books in Higher Education, Report, Institute of Higher Education, University of Georgia, 1996.

[16] Enarson, H. L., R. G. Axc and H. L. Sprague, College Self Study Lectures on Institutional Research, Boulder, Colo.; Western Interstate Commission for Higher Education, 1960.

[17] Fincher, C. and Mecord Iv., Management Concepts in Academic Administration, Athens: Institute of Higher Education, University of Georgia, 1971.

[18] Flint, C. C., Institutional Research in the Junior College, Los Angeles: Junior College Leadership Program, School of Education, U-

niversity of California, 1962.

[19] Folger, K. and R. S. Sugg, Fact Book on Higher Education in the South, Atlanta, Ga.: Southern Regional Education Board, 1956.

[20] Holmes, B. O., Managing Institutional Research at the Small College, Fayetteville, N-C.: Fayetteville State University, 1976.

[21] Howard, R. D. and Mc Whorter, Fact Books: A Tool for lntra-institutional Communication, Paper presented at the Southern Conference on Institutional Research, Atlanta, Ga., Oct. 1977.

[22] Kirks, J. L., Workable Methods of Communicating Institutional Research Data: Institutional Research and Communication in Higher Education, Tallahassee, Fla.: Association for Institutional Research, 1968.

[23] Leischuck, G. S., Communicating the Results of Institutional Research, Tallahassee, Fla.: Association for Institutional Research, 1970.

[24] Lins, L. J., The Association for Institutional Research-A History, Tallahassee, Fla.: Association for Institutional Research, 1966.

[25] Marks, J. L., SREB Fact Book on Higher Education: Georgia Highlights 1994/1995, Atlanta, Ga.: Southern Regional Education Board, 1996.

[26] Massen, P. A. M., Institutional Research and of National Adaptation, Paper presented at the Eight European AIR Forum, Southborough, England, 1986.

[27] Montgomery, R., Institutional Research—A Future Unfolding, Tallahassee, Fla.: Association for Institutional Research, 1967.

[28] Nichols, O., R. D. Howard., and B. Sharp, A Primer on Institutional Research, Tallahassee, Fla.: Association for Institutional Research, 1987.

[29] Roueche, J. E., and J. R. Boggs, Junior College Institutional Research: The State of the Art, Washington, D. C.: American Associ-

ation of Junior Colleges, 1968.

[30] Saupe, J. and J. R. Montgomery, The Nature and Role of Institutional Research—Memo to a College or University, Tallahassee, Fla.: Association for Institutional Research, 1970.

[31] Scaskey, P. J., Issues for the Eighties, Tallahassee, Fla.: Association for Institutional Research, 1979.

[32] Schietinger, E. F., Introductory Papers on Institutional Research, Atlanta, Ca.: Southern Regional Education Board, 1968.

[33] Smartt and W. L. Godwin, "Foreword" in Fact Book on Higher Education in the South, 1979 and 1980, Atlanta, Ga.: Southern Regional Education Board, 1980.

[34] Smith, G. and Strickland, Moving Live Information to the Constituencies, *Planning far Higher Education*, 1979, 8 (1).

[35] Smith, G., Systematic Information Sharing in Participative University Managemen, *Journal of Higher Education*, 1980, 51 (S).

[36] Southern Association of Colleges and Schools, Manual for Institutional Self-Study Program of the Commission on Colleges, Atlanta, Ga.: Southern Association of Colleges and Schools, 1974.

[37] Sprague, H. T., Reports on Research. Projects in Higher Education, in G. K. Smith (ed.), *Current Issues in Higher Education*, Washington, D. C.: Association for Higher Education, 1960.

[38] Suape, J. L., The Function of Institutional Research, Tallahassee, FL: The Association of Institutional Research, 1990.

[39] The Association for Institutional Research Forum Proceedings 1981 and Directory 1987 – 82, Tallahassee, Fla.: Association for Institutional Research, 1981.

[40] Volkwein, Fredericks, The Four Faces of Institutional Research, New Directions of Institutional Research, 1999.

[41] Wechsler, H. S, "Foreword" in The NEA 1994 Almanac of Higher Education, Washington, D. C.: National Education Association,

1994.

[42] West, E. D., "Foreword" in Fact Book on Higher Education, Washington, D. C.: American Council on Education, 1984.

（三）网上电子公告

[43] *Fact book of Clayton College* (http://www.clayton.edu/institutional-research/factbook).

[44] *Fact book of Uta Valley College* (http://www.uvu.edu/search/?q=fact+book).

[45] *Fact book of Southernwest College* (http://www.sckans.edu/other/institutional-research/fact-book/).

[46] *Fact book of Golden Community College* (http://www.gdn.edu/pdf/StrategicPlan.pdf).

二　中文

（一）著作

[47] 陈丽珠:《美国教育财政改革》, 五南图书出版公司 2001 年版。

[48] 陈利民:《办学理念与大学发展: 哈佛大学办学理念的历史探析》, 中国海洋大学出版社 2006 年版。

[49] 陈学飞:《美国高等教育发展史》, 四川大学出版社 1989 年版。

[50] 程星、周川:《美国院校研究实例》, 苏州大学出版社 2008 年版。

[51] 戴晓霞:《高等教育的大众化与市场化》, (台北) 扬智文化出版社 2008 年版。

[52] 简茂发、李琪明:《当代教育指标——国际比较观点》, (台北) 学府文化事业有限公司 2001 年版。

[53] 林玉体:《美国教育思想史》, 九州出版社 2006 年版。

[54] 乔玉全:《21 世纪美国高等教育》, 高等教育出版社 2000 年版。

[55] 沈红:《美国研究型大学形成与发展》, 华中理工大学出版社 1999 年版。

[56] 施芳:《准备去美国读书》, 人民日报出版社 2005 年版。

[57] 施晓光：《美国大学思想论纲》，北京师范大学出版社 2001 年版。
[58] 史秋衡、刘文华等：《我国民办高校评估指标体系研究》，陕西人民教育出版社 2008 年版。
[59] 王廷芳：《美国高等教育史》，福建教育出版社 1995 年版。
[60] 王英杰：《美国高等教育的发展与改革》，人民教育出版社 1993 年版。
[61] 席巧娟主编、马永霞副主编：《院校管理——研究与探索》，北京理工大学出版社 2007 年版。
[62] 肖化移：《审视高等职业教育的质量与标准》，华东师范大学出版社 2006 年版。
[63] 袁仲孚：《今日美国高等教育》，上海翻译出版公司 1988 年版。
[64] 张力主编：《教育政策的信息基础》，高等教育出版社 2004 年版。
[65] 朱九思、姚启和编：《高等教育辞典》，湖北教育出版社 1993 年版。
[66] [美] 德里克·博克：《美国高等教育》，乔佳义译，北京师范大学出版社 1991 年版。
[67] [美] 克拉克·克尔：《大学的功用》，陈学飞译，江西教育出版社 1993 年版。
[68] [美] 克拉克·克尔：《高等教育不能回避历史：21 世纪的问题》，王承绪译，浙江教育出版社 2001 年版。
[69] [美] 罗伯特·M. 赫钦斯：《美国高等教育》，汪利兵译，浙江教育出版社 2001 年版。
[70] [美] 唐纳德·肯尼迪：《学术责任》，阎凤桥译，新华出版社 2002 年版。
[71] [美] 威廉·墨菲、D. J. R. 布鲁克纳编：《芝加哥大学的理念》，彭阳辉译，上海人民出版社 2007 年版。
[72] [美] 约翰·布伦南等：《高等教育质量管理——一个关于高等院校评估和改革的国际性观点》，陆爱华等译，华东师范大学

出版社 2005 年版。

（二）博士学位论文

［73］蔡国春：《美国院校研究的性质与功能及其借鉴》，博士学位论文，南京师范大学，2004 年。

［74］王保进：《高等教育表现指标之研究》，博士学位论文，（台北）“国立”政治大学教育研究所，2004 年。

（三）期刊文章

［75］蔡国春：《“院校研究”：国内研究进展与文献述评》，《高等教育研究》2004 年第 5 期。

［76］蔡国春：《“院校研究”是什么，不是什么——解读美国“院校研究”》，《比较教育研究》2005 年第 11 期。

［77］蔡国春、周川：《院校研究的历史发展及若干理论问题探讨——基于国外文献的分析》，《比较教育研究》2004 年第 2 期。

［78］谌启标、柳国辉：《美国高等教育绩效评价政策述评》，《宁波大学学报》（教育科学版）2004 年第 6 期。

［79］胡建华：《高等教育质量内部管理与外部监控的关系分析》，《高等教育研究》（武昌）2008 年第 5 期。

［80］李福华：《高等教育质量：内涵、属性和评价》，《现代大学教育》2003 年第 2 期。

［81］刘国艳：《大学内部教育质量保障制度的缺陷及其调整》，《教育发展研究》2008 年第 21 期。

［82］刘卫国：《美国重塑政府理论及其启示》，《岭南学刊》2001 年第 5 期。

［83］刘献君：《大力加强院校研究，推进现代大学管理》，《高等教育研究》2005 年第 1 期。

［84］刘献君、赵炬明、陈敏：《加强院校研究：高等学校改革和发展的必然要求》，《高等教育研究》2002 年第 2 期。

［85］孙崇文：《院校研究需要教育管理咨询业的支撑》，《教育发展

研究》2005 年第 2 期。
[86] 孙小西：《院校研究：美国高等教育变革的风向标——对 RHE 文章 1991—2001 的检索分析》，《高等教育研究》2005 年第 8 期。
[87] 王嘉毅：《英国大学校内质量保证的主要举措及其特点》，《清华大学学报》2009 年第 6 期。
[88] 吴绍春：《关于院校研究几个问题的思考》，《西安欧亚职业学院学报》2005 第 1 期。
[89] 余东升：《“院校研究：领导与战略”国际学术研讨会综述》，《高等教育研究》2006 年第 8 期。
[90] 余小波：《高等教育质量概念：内涵与外延》，《高教发展与评估》2005 年第 6 期。
[91] 张庆东：《“重塑政府”改革去向何方？——兼评对新公共管理的定位》，《中国行政管理》2002 年第 4 期。
[92] 张志泽、王丽：《美国重塑政府运动对我国行政改革的启示》，《学术界》2007 年第 3 期。
[93] 赵景来：《“新公共管理”若干问题研究综述》，《国家行政学院学报》2001 年第 5 期。
[94] 赵炬明：《现代大学与院校研究（上）——美国院校研究发展述评》，《高等教育研究》2003 年第 3 期。
[95] 赵炬明：《现代大学与院校研究（下）——美国院校研究发展述评》，《高等教育研究》2003 年第 4 期。

后　记

厦门大学是全国最美丽的大学之一。在求学期间，我领略了她的美丽，更让我流连忘返的是厦门大学教育研究院这片沃土。它不但促进我在学术方面的孜孜以求，还促使我不断成熟。

能够成为史秋衡老师学术家族的一员，让我终身受益。虽然刚刚入学就远离他的亲身教诲，但他为我提供了更多的学习机会和学习资料，让我结识了许多高等教育研究领域的专家和学者，这是我一辈子的财富。在史老师身边的日子，越来越为他的人格魅力和严谨的学术态度所折服。他敏锐的学术洞察让我不断掌握国内和国外高等教育领域的新变化、新发展、新视野。他的宽容与大度让我感受到一个博士导师的宽广胸襟。他对学生生活和身体的呵护，让我从颓废中坚强地走出来。对史老师的感激之情，溢于言表。

已经耄耋之年的潘先生，他的不断学习的精力让我敬畏，他对学术的追求令我惊叹，他的慈祥与和蔼让我多次往返于先生家的学术沙龙却不知疲倦。是先生的朴实无华、深入浅出的课堂教学，将我带入高等教育学研究领域；是先生沙龙上的点拨与启发，经常让我在感到困惑的高等教育问题上顿悟；是先生以身作则、亲力亲为的教学实践，让我对中国高等教育的实践有了管窥之见。今生能求学于先生门下，是我一生的幸事。

在求学的日子中，刘海峰老师开放的教学方式、邬大光老师独特的教学方法、谢作栩老师务实的治学精神让我在高等教育学习、研究及未来研究生活中受益匪浅。武毅英老师、张亚群老师提供的学习机会，弥补并丰富了我的高等教育知识。教育研究院的杨广云老师、范孝平老师、小叶、小吴等教育学院的领导与老师在学业和生活上为我提供了无数帮助，在此一并感谢！

与此同时，我要感谢让我走上教育学研究之路的沈阳师范大学教育系的各位老师，是他们让我从对教育的无知与懵懂走向了解与研究，是他们为我开启了教育研究的大门，促使我不断发展与深入研究。

我受人之恩太多，在此难以一一细述。尽管如此，我还是要向以下诸位表示感谢：美国东密执根大学助理副校长宁斌博士、美国约翰逊大学院校评估办公室主任刘玉祥博士、美国宾夕法尼亚大学博士生Allan Joseph Medwick及美国院校研究协会的同仁，他们在我求学和论文撰写过程中提供了大量的资料并提出中肯建议，是他们的帮助让我获得第一手材料；同时，我还要感谢与我一样拥有研究梦想的同窗及师弟师妹们；感谢一直关心我学习和生活的朱少琴、虞瑨瑨、廖永毅，与他们共同成长，是我一生的财富。

最后，我要感谢我的家人，是他们无私的爱和支持让我能安心求学，是他们的呵护、关心与安慰让我能在疾病的痛楚中站起来，是他们让我走到了今天。

王桂艳

沈阳师范大学知行楼105室